经济·统计前沿论丛

居民收入分布的拟合及其影响因素研究

周雪娇 ◎ 著

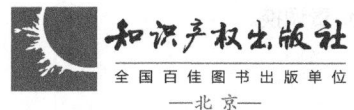

知识产权出版社
全国百佳图书出版单位
—北京—

图书在版编目（CIP）数据

居民收入分布的拟合及其影响因素研究 / 周雪娇著.
北京：知识产权出版社，2025.8. --（经济·统计前沿论丛）. -- ISBN 978-7-5245-0054-4

Ⅰ. F126.2

中国国家版本馆CIP数据核字第2025JB7120号

内容提要

收入分配问题始终是社会和居民普遍关注的核心议题，而收入分布及其变化规律是解决收入分配问题的关键所在。本书主要估计居民收入分布函数形式，通过多维描述统计和实证研究，从动静的视角探究随着时间的变化居民收入分布的演变过程，在此基础上测算出基尼系数，衡量居民收入分布现实情况。以此为研究基础，进一步探讨哪些原因导致收入分布出现如此演化轨迹是值得深究的问题。本书旨在为推动和谐发展与共同富裕，构建科学合理的收入分配格局提供理论依据和实证支持。

责任编辑：刘 嚣	责任校对：谷 洋
封面设计：邵建文 马倬麟	责任印制：孙婷婷

经济·统计前沿论丛

居民收入分布的拟合及其影响因素研究

周雪娇 著

出版发行：知识产权出版社有限责任公司	网　　址：http://www.ipph.cn
社　　址：北京市海淀区气象路50号院	邮　　编：100081
责编电话：010-82000860 转 8119	责编邮箱：liuhe@cnipr.com
发行电话：010-82000860 转 8101/8102	发行传真：010-82000893/82005070/82000270
印　　刷：北京中献拓方科技发展有限公司	经　　销：新华书店、各大网上书店及相关专业书店
开　　本：787mm×1092mm 1/16	印　　张：12.5
版　　次：2025年8月第1版	印　　次：2025年8月第1次印刷
字　　数：179千字	定　　价：89.00元
ISBN 978-7-5245-0054-4	

出版权专有　侵权必究
如有印装质量问题，本社负责调换。

前　言

随着改革开放的发展历程，我国居民收入出现了显著变化，形成了众多差异化的收入群体，需求日趋多样化。我国居民家庭的收入得到了持续的积累，但居民收入水平的差距也不断拉开，收入分配差距日渐凸显。因此，应清醒意识到已经获得的成果与党中央的要求和人民群众的期盼尚有差距。这一现象背后，居民收入分布演变始终扮演着重要角色，其隐含着收入阶层结构或者说各阶层的收入增长速度和人群密度的持续转变。基于居民收入大幅度的变化，收入分布的形态、位置和延展性等方面也随之呈多元化发展形势，本书称此种变化为收入分布的演变，主要由位置效应、尺度效应和残差效应组成，残差效应主要反映异质性（如教育程度、收入结构等）引起的收入差异化，由此研究位置—尺度—残差效应对居民收入分布演变的影响程度将更具有现实意义。

收入分布是体现居民收入分配结构和演化趋势的基本方式，是体现财富分配状况随时间变化的一种主要形式，是定量研究居民收入问题的基础。在统计研究方面，最常见的研究是拟合收入分布函数和收入密度函数，收入密度函数可以清楚地描述居民收入分布的结构及其演变过程。因此，本书旨在估计居民收入分布函数形式，通过多维描述统计和实证研究，从动、静的研究视角探究随着时间的变化居民收入分布的演变过程，并以此为研究基础，探讨哪些原因导致居民收入分布会出现如此演化轨迹是值得深究的问题，深入分析影响居民收入分布的重要因素，发现影响收入分布演变路径的原因及其影响程度，调整哪些因素能有利于提高收入水平且缩减收入差距，以此实现社会公平，提升经济增长效益，推动全面共享和谐发展成果，为构建科学合理的收入分配格局提供参考依据。

本书研究过程中采用理论与实际相结合、定性研究与定量研究相结合、静态分析与动态分析相结合的方法，将拟合收入分布作为研究基础，积极探究居民收入分布的演变过程及其影响因素。根据居民收入分布的发展现状及数据特征，将 Yeo-Johnson 变换与混合高斯分布相结合，进而推导居民收入的混合分布函数，利用 EM 算法和数值法来估计分布参数，而后对居民收入分布进行拟合，并且从动态的角度研究居民收入分布随时间变化的演变过程，给出符合实际情况的解释和结论。根据居民收入分布两极化的特点，构建混合分位数回归模型，采用贝叶斯估计对混合分位数回归进行统计推断，利用数值研究检验估计方法应用的精确性和有效性，揭示在不同收入层次下家庭教育水平、家庭收入结构和家庭规模对居民收入分布的影响作用。

具体的研究思路按如下层次展开：

首先，通过归纳总结国内外相关文献研究，更全面地了解目前我国居民收入分布的现状及研究进度，从中找出研究的不足之处，进一步明确本书的研究目的和研究思路，确定研究内容、研究方法和研究创新点。

其次，基于 1989—2015 年居民收入分布情况进行描述统计分析，研究居民收入分布的形态并对其进行拟合，利用数理统计相关方法估计居民的收入分布函数，并进行拟合优度检验，进而探究混合分布的演变过程和规律。由于收入分布的位置—尺度参数随着时间推移向右移动而导致分布不断变化，将时间作为变量因素考虑其对收入分布的位置参数、尺度参数及变换参数的影响，从时序维度探究位置—尺度参数随着时间变化的趋势。

最后，在拟合收入分布的基础上，详细分析 1989—2015 年历年居民收入位置—尺度变动所产生的经济增长效应和收入分配效应对收入分布演变的作用，从经济增长和收入分配的角度具体分析各收入区间的居民收入群体人口比重的变化过程。基于居民收入分布演变的异质性特征，从微观层面对影响居民收入演变的主要因素进行详细的实证分析,选择具有代表性的家庭收入结构、家庭教育水平和家庭规模个体异质性因素,构建混合分位数回归模型,利用贝叶斯推断估计回归系数,探究在不同的分位数水平下各变量对居民收入分布的影响程度。

根据描述统计与实证研究的结果,提出切合实际的对策建议,应改善收入分配机制,初期既须保证经济效益也须关注公平程度,再分配阶段应更注重公平程度。基于工资性收入是促进居民增收最重要的来源,应增加居民工资性收入,完善收入结构,同时,针对不同收入群体提高教育平等度,保障教育质量,尤其针对低收入群体和经济欠发达地区。

目　录

第 1 章　绪论 ································· 1

 1.1　研究背景、意义及目的 ···················· 1
  1.1.1　研究背景 ··························· 1
  1.1.2　研究意义和目的 ······················ 2
 1.2　国内外文献综述研究 ······················ 4
  1.2.1　收入差距的发展现状研究 ·············· 4
  1.2.2　收入分布的拟合及演变趋势研究 ········ 7
  1.2.3　收入分布演变的影响因素研究 ········· 10
 1.3　研究内容及框架 ························· 17
  1.3.1　研究内容 ·························· 17
  1.3.2　线路框架 ·························· 19
 1.4　研究方法和创新点 ······················· 20
  1.4.1　研究方法 ·························· 20
  1.4.2　研究创新之处 ······················ 20

第 2 章　相关理论及方法基础 ··················· 22

 2.1　收入与收入分布的基本概念 ················ 22
  2.1.1　收入的概念与类别 ··················· 22
  2.1.2　收入分布的基本概念 ················· 23
  2.1.3　收入分布的拟合函数 ················· 23

2.1.4　收入分布的拟合方法 …………………………………… 27
　　2.1.5　拟合优度检验理论 …………………………………… 28
2.2　混合分布模型及估计方法 …………………………………… 29
　　2.2.1　混合分布模型的简述 …………………………………… 29
　　2.2.2　EM 算法的基本理论 …………………………………… 30
　　2.2.3　Yeo-Johnson 变换理论 …………………………………… 31
2.3　分段线性模型 …………………………………… 33
2.4　贝叶斯理论 …………………………………… 35
　　2.4.1　贝叶斯推断 …………………………………… 35
　　2.4.2　MCMC 方法 …………………………………… 35
　　2.4.3　Gibbs 采样 …………………………………… 36

第 3 章　基于混合模型的居民收入分布的拟合研究 …………………………………… 38
3.1　居民收入分布的描述统计 …………………………………… 39
　　3.1.1　数据选择及变量说明 …………………………………… 39
　　3.1.2　居民收入分布的描述统计 …………………………………… 41
　　3.1.3　居民收入分布的核密度估计 …………………………………… 44
3.2　居民收入分布的拟合函数 …………………………………… 46
　　3.2.1　有限混合分布模型 …………………………………… 46
　　3.2.2　参数估计的 EM 算法 …………………………………… 48
　　3.2.3　数值研究 …………………………………… 51
3.3　居民收入分布的拟合研究 …………………………………… 54
　　3.3.1　收入分布参数估计分析 …………………………………… 54
　　3.3.2　收入分布 χ^2 拟合优度检验 …………………………………… 57
　　3.3.3　居民收入分布演变的经济含义 …………………………………… 58
　　3.3.4　居民收入分配差距的基尼系数 …………………………………… 62
3.4　本章研究结论 …………………………………… 64

第 4 章　基于混合动态模型的居民收入分布的演变研究 …………… 66

4.1　居民收入分布的研究概述 ………………………………… 66
4.2　居民收入分布的动态模型 ………………………………… 68
4.2.1　数据说明及描述统计 ………………………………… 68
4.2.2　有限混合动态分布模型 ……………………………… 71
4.2.3　Yeo-Johnson 动态变换 ……………………………… 74
4.2.4　动态参数估计的 EM 算法 …………………………… 75
4.2.5　数值研究 ……………………………………………… 84
4.3　居民收入分布的动态模型拟合 …………………………… 87
4.3.1　数据描述和处理 ……………………………………… 87
4.3.2　动态分布的参数估计与分析 ………………………… 88
4.3.3　基于动态分布的基尼系数测算分析 ………………… 93
4.4　居民收入分布动态演变的因素分解与测度 ……………… 95
4.4.1　居民收入分布演变的动态区间分解 ………………… 95
4.4.2　居民收入分布演变群体的区间测度 ………………… 99
4.4.3　居民收入分布演变的因素效应分析 ………………… 103
4.5　本章研究结论 ……………………………………………… 107

第 5 章　基于混合分位数回归的居民收入分布的影响因素研究 …… 110

5.1　居民收入分布影响因素的描述分析 ……………………… 110
5.2　数据及变量说明 …………………………………………… 112
5.2.1　数据及变量选择 ……………………………………… 112
5.2.2　变量的描述统计 ……………………………………… 116
5.3　混合分位数回归模型及估计方法 ………………………… 120
5.3.1　分位数回归模型的应用 ……………………………… 120
5.3.2　混合分位数回归模型的构建 ………………………… 122

　　　　5.3.3 贝叶斯推断方法 ·· 124
　　　　5.3.4 数值研究 ·· 128
　　5.4 居民收入分布影响因素的统计研究 ····················· 134
　　　　5.4.1 居民收入分布影响因素的模型构建 ············· 134
　　　　5.4.2 居民收入分布影响因素的实证分析 ············· 135
　　5.5 本章研究结论 ·· 146

第6章 研究结论和展望 ··· 148
　　6.1 研究结论 ··· 148
　　6.2 研究展望 ··· 151

参考文献 ·· 153

附录 A ·· 166

附录 B ·· 172

第 1 章

绪 论

1.1 研究背景、意义及目的

1.1.1 研究背景

收入分配问题始终都是社会和居民普遍关注的核心议题，党的二十大报告明确提出"人民生活更加幸福美好，居民人均可支配收入再上新台阶，中等收入群体比重明显提高"，强调"居民收入增长和经济增长基本同步，劳动报酬提高与劳动生产率提高基本同步"。其宗旨是扩大中等收入人群规模，并实现个体收入水平与经济增长水平有机融合，使不断提升的劳动生产率可以有效惠及人民大众。目前，中国特色社会主义进入新时代，社会主要矛盾随之产生深刻变化。以习近平同志为核心的党中央，坚持以人民为中心的发展思想，将其确立为新时期收入分配改革的指导原则和主线路，从提升人民收入水平、共享经济发展硕果、保障和改善民生、促进基本公共服务均等、缩小收入分配差距、推动社会公平等角度，为收入分配改革赋予了新的时代内涵，并提出新的目标要求；同时，明确指出鼓励勤劳守法致富，扩大中间收入群体比重，提高低收入群体收入水平，调整过高收入，取消灰色收入，调整收入分配结构和体制,提高居民收入水平,缩减收入分配的差距,最终实现全体人民共同富裕。

经过改革开放40余年的迅速发展,人民生活水平普遍提高。然而,收入分配结构性矛盾也日渐凸显,其中收入不均衡问题就是我国经济高速增长过程中长久累积而来的。我国自20世纪90年代后,基尼系数长期处在0.4以上,虽然自2009年起基尼系数出现"六连降"的变化趋势,收入分配不均衡情况有所改善,但是居民内部收入差距却呈现不断加剧的情况,从我国区域端、城乡间及城乡内部剖析而见的居民收入不平衡的发展趋势不容乐观。我国将以人为本作为发展的核心,发展的宗旨是为了人民共享其成果,提升整体收入水平,基于发展的最终目的是实现人们的幸福生活,而收入分配是解决民生问题和提高生活质量的重要步骤。因此,收入分配问题不仅是国家和居民关注的焦点,也是衡量国民生活水平不可或缺的主要标志。

通过扩大中等收入群体的比重,消除收入两极化的格局,既能够激发消费潜力、促进内需,还能加速供给改革和高质量发展,形成经济增长与收入提升互促共进的良性循环。众所周知,收入分布研究基础对于探究收入分配问题具有重要意义,可是国内关于此领域的研究尚须进一步深化和拓展。针对收入分布的研究主要是探讨实际的分布形态,以此刻画收入分配的总体情况,并根据收入分布探究中等收入群体分布流动性和收入不均衡等民生问题。由此可知,研究居民收入分布及其变化规律是解决收入分配问题的关键所在。

1.1.2 研究意义和目的

伴随着我国改革开放40余年经济发展的历程,国民经济呈现显著增长的态势,人民生活水平亦得到迅速提升。然而,目前我国居民收入水平增长速度滞后于经济增长速度,并且其增长速度参差不齐。居民收入水平的提高,有助于推动经济快速、良好地发展,但也加剧了收入差距

第1章 绪 论

的恶化。如何在提高收入水平的同时消除居民收入差距，是国家和居民必须面对的难题，对社会有序发展具有重要的意义。

在我国社会经济快速发展的大环境下，居民收入水平提高和收入差距的扩大都是经济增长过程中长久积聚而成的。由于收入分布是反映居民收入分配结构和演化趋势随时间变化的一种基本形式，是定量研究居民收入问题的关键。因此，学者们对居民收入分布的研究视角呈多元化，其中最基本的是研究居民收入差距的长期演变轨迹呈现的是波浪形还是倒 U 形，从而能够更准确地估计收入分布的函数形式。目前，我国收入分配格局已进入新的转折期，在复杂多变的宏微观经济环境下，如何科学地估计收入分布形式，从而实现既能公平有效地分配居民收入，又能保持经济持续高质量发展，已成为当前社会各界关注的焦点。实现居民收入分配的合理化，对制定科学有效的政策具有重要的理论价值和实际意义。

研究收入分布的目的是发现居民收入与相应人口规模之间的关系，深入分析收入分布的实际情况。在统计研究方面，最常见的研究角度是拟合收入分布函数和收入密度函数，倘若能合理拟合居民收入分布函数，清楚地刻画居民收入分布的结构及其演变过程，则可以基本掌握收入群体的全部信息。本书旨在估计居民收入分布函数形式，通过多维描述统计和实证研究，从动、静的视角探究随着时间的变化居民收入分布的演变过程，并在此基础上测算基尼系数，衡量居民收入不平衡的现实情况。以此为研究基础，进一步探讨哪些原因使收入分布出现如此演化轨迹，深入解析影响居民收入分布的重要因素，发现影响收入分布演变路径的原因及其影响程度，分析调整什么因素能有利于提高收入水平且缩减收入差距。在提升经济增长水平的同时，注重社会公平，调节劳动者之间的利益关系，推动和谐发展与共同富裕，为构建科学合理的收入分配格局提供理论依据和实证支持。

1.2 国内外文献综述研究

1.2.1 收入差距的发展现状研究

1.2.1.1 收入差距现状及成因研究

通过系统梳理国内外有关收入分配的研究文献，可以发现收入分配作为国民共享发展成果的核心机制，始终是经济学研究的重要议题。学界对收入分配的探讨主要聚焦于两个维度：分配公平性与差距程度。其中，收入差距的测度与分析构成了研究收入分配公平性问题的理论基石。国内外学者围绕这一领域开展了持续深入的理论探索与实证研究，积累了丰富的研究成果。

关于收入分配的研究主要是基于收入差距不断扩大而展开的，世界绝大多数国家都存在收入差距的相关问题，发达国家亦不例外。雅各布·博尔等（Jacob Bor et al.，2017）指出，在过去的40年内，美国收入不均等在不断加剧，其主要是由高收入人群推动的，收入分配较低的地区聚集了大部分的中低收入人群。特别是在2001年后，收入百分位数之间的生存差距不断扩大，反映了美国低收入者实际收入的下降。2008年金融危机后，美国基尼系数高达0.49，2018年经过回降仍为0.45。20世纪90年代起，我国基尼系数长期处在0.4以上，收入不均衡持续扩大。李实和罗楚亮（2011）在估计我国居民收入过程中，考虑到可能会出现的偏差性，尝试构建更为客观准确的测算收入差距的指标，运用帕累托分布修正了住户收入差距的抽样调查偏差，结果显示我国居民收入差距已达到较高的程度，高收入群体的偏差估计造成严重低估城镇内部收入差距，且很大程度上城乡间与我国整体收入差距均被低估了。程名望和史清华（2015）利用分位数回归法研究了我国农村收入存在较大的收入不平衡的现状,且经济越发达地区,不均衡现象越严重。吕世斌应用两部分模型探究了城镇化和整体收入差距的相关性,忽略了城乡内部收入差距及收入分布重叠的影响会造成对总体收入差距的低估和对转折位置的误判。伴随我国城镇化过程的持续,未来全国总体的收入差距仍然保持在较高的水平,即使有"轻微"的下降趋势,但仍然是一种"高位拐点"。吴彬彬和李实(2018)利用CHIP[1] 2002和CHIP2013中城乡住户的调查数据,发现收入分配新政策使地区和城乡间及城乡内部收入差距均呈现缩减的趋势,总体上农村收入不均等程度要高于城镇。在较大的收入差距下,仍须继续提升农村居民收入,调整收入分配政策,从根本上消除收入不均等的现象。孙敬水等(2015)、吴伟(2013)从我国区域、城乡间及城乡内部剖析了居民收入差距发展趋势不容乐观。方师乐等(2024)指出相较于社会经济地位处于弱势的农村群体,那些拥有较高收入的精英阶层从电商发展中获取了更为丰厚的利益,此种现象实质上加剧了农村的收入不平等状况。

对于造成收入差距不断扩大的原因进行梳理,陈斌开和林毅夫(2013)使用1978—2008年各省(区)宏观数据,对库兹涅茨假说进行了验证,研究发现城乡收入差距随着经济增长呈现正U形发展趋势,这表明经济增长自身不是造成城乡收入差距拉大的因素,所以收入差距也不会伴随经济发展而有所缩减。同时,基于政府发展的角度,城镇化是造成城乡收入差距不可缩小的主导因素。杨楠和马绰欣(2014)提出金融发展对城乡差距的影响具有门槛效应,不同产业类型的地区存在方向上和阶段上的差别。吴彬彬和李实(2018)通过利用CHIP2002和CHIP2013中城乡住户的调查数据,发现收入分配新政策使地区和城乡内外的收入差距均呈现缩减的趋势。曾国安和胡晶晶(2008)通过收入结构的视角研究发现,工资性收入是居民收入差距的重要成因,其次是转移性收入和经营性收入。总体来讲,农村收入不均等程度要高于城镇,

---

[1] CHIP:中国家庭收入项目。

在较大的收入差距下，仍须继续提升农村居民收入，调整收入分配政策，从根本上消除收入不均等的现象。安德雷斯等（Andres et al.，2010）运用1995—2000年102个区域家庭面板数据探究人力资本是如何影响收入分配的，发现教育水平的高低与收入水平呈现正相关，而福利较高的国家（瑞典）的收入差距较小。

1.2.1.2 基尼系数指标的研究

衡量收入不平等或收入差距的指标比较多，常见的指标包括基尼系数、泰尔指数、相对离方差和变异系数，还有罗宾汉指数、ZENGA 指数等，但基尼系数是应用范围最广泛的衡量指标。基尼系数作为衡量居民收入分布离散程度的综合指标，估计方法主要分为参数估计和非参数估计。其中参数估计方法主要是拟合洛伦茨曲线或分布函数，在此前提条件下估计收入基尼系数；非参数估计方法主要根据分组数据估计基尼系数的上下区间。

基尼系数的估计方法和评价标准还未得到统一，很多学者对此持不同意见，鉴于各国家或地区的实际情况、历史因素及社会价值观不同，对基尼系数临界值的定义也有所差异。森德罗姆（Sundrum，1990）提出根据收入状况分为穷、富两群体来估算混合群体的基尼系数，但需要实现穷、富两群体的收入分布不可重叠的前提条件。考埃尔（Cowell，2000）认为混合群体的基尼系数在不同群组没法完全分解，其不但需要包含各组内部差距，还应涵括组间差距和交叉项。程永宏（2006，2007）利用 Sundrum 公式构建城乡混合基尼系数的算法，无须考虑城乡收入分布不重叠的条件，但也删除了传统估计法的合理部分。他提出了主观差距和客观差距的概念，解释了我国基尼系数超过 0.4 的警戒线为何仍保持经济平稳发展，倘若考虑居民的非正常收入，基尼系数会有大幅度的提高，足以表明我国收入差距问题的紧迫性和复杂性。徐映梅和张学新（2011）采用参数和非参数多种方法在居民收入渐近服从正态分布的条件下来估计基尼系数及其警戒估计值，并提出在充足的数据样本下，任何估测收入基尼系数的临界值都比较科学。陈家鼎和房祥忠等（2012）基于国家统计局公布的城乡个人收入分组数据,估计城乡新混合总体的基尼系数及其区间下限,在不给定城乡各总体分布函数的假定下,测算基尼系数的最大下限。杨耀武、杨澄宇(2015)利用估算基尼系数的点估计方法,估计我国居民收入的基尼系数且构造了其置信区间,发现2008—2013年中仅有3次基尼系数的结果通过统计检验,而基尼系数在不断下行的推断还有待商榷。艾小青(2015)以分布函数为基础,提出新的城乡混合基尼系数分解方法,解决了传统方法中存在的技术难题,在估算基尼系数过程中拟合收入分布函数的重要性。陈云等(2021)采用基尼回归方法测算居民收入数量流动速度,构建基尼秩流动指数测算居民收入位次流动,研究收入流动、收入不平等和收入增长之间的长期平衡关系。国内外学者运用 Sundrum 公式估计我国城乡混合基尼系数忽视了穷、富两群体的收入分布不能重叠,这在现实情况中很难实现,且估计基尼系数的上限区间存在一定技术上的困难。

1.2.2 收入分布的拟合及演变趋势研究

1.2.2.1 收入分布拟合方法的研究

研究收入分布首先要确定其具体分布函数,以此描述收入分配的整体状况,而后在确定分布形式的基础上探究收入分布群体是如何变动的、收入差距的发展现状等问题。收入分布及变动趋势是研究收入分配的基础,它可以充分地反映出收入结构特征和变化规律。所以,估计收入分布是研究收入分配问题的关键点,学者们围绕居民收入分布的演变过程展开了多层次、多视角的研究,通过梳理国内外收入分布相关性研究进行总结归纳,为进行系统性的研究奠定了良好的理论基础。

国外学者关于收入分布的相关研究比较早,帕累托(Pareto,1983)最早提出帕累托分布来估计收入分布函数,打开了收入分布研究的新视角。皮奥特等(Piotr et al.,2004)对比研究了美国和波兰居民收入的概率模型,认为个人收入服从 Dagum 分布,并发现单一收入家庭与双收入家庭的收入分布在两个国家存在明显的差异。阿南德（Anand，2006）针对澳大利亚的收入数据分别用指数函数、对数正态曲线和伽马分布进行拟合，发现指数函数最适合收入分布研究，尤其是针对低收入位置，能够很好地解释政府的收入再分配效应。迈克尔等（Michael et al.，2011）通过对近年来美国人口普查局获得的个人收入数据的分布形式进行研究，发现大多数人口的收入分布符合指数分布模型。王亚峰（2012）基于函数形式的最大熵分布拟合我国总体居民收入分布函数，研究发现1985—2009年我国收入分布呈单峰形态且分散化程度日益增加，可是分布变迁形式不尽一致。阮敬和纪宏等（2015）以异质性视角采用混合分布测度方法拟合1989—2011年收入分布函数，对拟合效果的评判方法进行了探讨，结果显示，近几年城乡居民收入分布出现"多峰"特征，低收入群体的收入增长能有效缩减本身的人口比重，中收入群体收入的增长虽同样有利于低收入群体比重的下降，但对增加自身群体比重影响较小，高收入群体收入增长则将有益于提高自身群体比重。刘洪、王超（2017）通过对中国健康与营养调查（CHNS）中的居民家庭人均收入数据提出反向帕累托-对数正态组合分布拟合收入分布，利用变量替换法推算出城乡居民收入分布，以此为基础估算出城乡居民的基尼系数；指出居民家庭人均收入具有显著的左偏特性，同时结果显示农村居民收入基尼系数要大于城镇居民。奎阿（Quah，1993）最先利用非参数方法来估计全球的收入分布和探讨其演变过程，诠释收入不平等的动态变化特征。迟巍等（2008）运用核密度平滑拟合出我国城镇居民收入分布，并针对其演进过程分析了影响因素。纪宏、陈云（2009）基于非参数核密度估计方法来拟合我国居民收入分布，并对我国中等收入者的比重及变动情况进行了测度研究。陈娟（2013）运用非参数估计对CHNS中收入数据拟合出收入分布，并对拟合结果进行了K-S检验，在此基础上测度基尼系数，结论显示城乡居民的收入不均衡在持续加剧恶化。

1.2.2.2 收入分布演变趋势的研究

很多前辈学者主要研究各时间点居民收入分布的变迁趋势及其影响

因素，认识到收入分布的离散程度不断恶化及其客观存在的事实性，以及分析收入分布格局极化的原因（万定山，2005；罗楚亮，2010；李建伟，2018）。对居民收入分布的演变历程和收敛的研究多数集中在静态分析，抑或是利用非参数核密度探究某时间段内分布形式的动态趋势。萨拉（Sala，2006）认为拟合收入分布的研究对象应是个人而不是国家，鉴于不同国家的人口基数不相等，其内部经济活动主体的收入水平也不一样。基于诸多客观因素，系统性探讨我国居民收入分布长期持续动态演变的研究寥寥无几，故对居民收入分布函数和密度函数的演变过程的研究尤为紧迫。王亚峰（2012）利用最大熵分布估计1989—2009年中国总体居民收入分布的变迁趋势，从静态的视角分析各年收入分布的离散化日趋增加且其演化形式不尽一致，在拟合分布函数的条件下，估算我国混合基尼系数低于大多数现有的文献资料。张萌旭、陈建东和蒲明（2013）使用2005—2010年安徽省城镇家庭调查数据研究居民收入分布函数，在分布函数已知的基础上估计衡量收入分配情况的指标。周浩和邹筱（2008）运用非参数Kernel密度分析了我国城镇居民收入分布的动态变化形势。罗楚亮（2018）基于CHIP和中国家庭微观调查（CFPS）中的住户微观数据分析了中国居民收入分布的总体极化特征。张建升（2012）使用Kernel密度估计农村居民收入分布呈两极分化甚至多级分化的演变过程及趋势，居民收入朝向高、低两个平衡点处收敛。胡志军和陶纪坤（2018）在杜克洛斯等（Duclos et al.，2004）的认同—疏离框架基础上，采用广义beta II分布拟合我国居民收入分布函数并估计其参数，在此分布下估算居民收入分布的极化程度（DER），以此衡量收入分布的聚散现象；从静态分解角度，1985—2015年居民收入的认同性程度呈逐渐下降的迹象，且疏离性程度呈倒U形变化，在2009年达到最大值。从动态分解层面，疏离性程度的提高和认同性程度的降低造成整体居民收入分布极化程度的加剧。阮敬等（2024）利用Lognormal分布、Gamma分布和Dagum分布针对2010—2018年CFPS个人收入数据进行多参数拟合，其结果显示Dagum分布更适合收入分布的模型构建。

经过上述对国内外研究动态的总结可知，很多学者对收入分布的拟合及其演变轨迹的研究已经展开了大量的工作，他们通常采用参数估计方法或非参数估计方法拟合居民收入分布函数。选用不同的研究方法和数据样本，获得的研究结论也不尽相同，大多数文献显示随着收入差距的扩大，导致收入分布并非只有单峰形式，已出现双峰甚至多峰分布情况，这种情况下更倾向采用非参数估计方法拟合收入分布函数，这虽能够得到较好的拟合效果，但无法估计出具体的分布形式。由于研究视角及方法的差别，发现大多数研究均为针对单一年份收入分布拟合形式的研究。因此，本书从动静态的角度拟合居民收入分布的演变轨迹，探究收入分布函数的位置参数和尺度参数随时间推移的动态变化趋势，更全面剖析居民收入分布的变迁情况及其差距的收敛状态。

1.2.3　收入分布演变的影响因素研究

鉴于收入是与居民切身利益最息息相关的话题之一，居民增收是国家稳步实现共同富裕的目标，如何提高居民收入水平是社会各界关注的焦点。通过归纳国内外文献资料研究发现，影响居民收入的因素众多，其中从宏观层面上对居民收入的影响因素分析比较全面，主要集中于城乡、行业、地区居民收入差距成因方面，但在微观层面上对居民收入影响因素的研究较为单一。

1.2.3.1　经济增长与收入分配的相关关系

关于经济增长与收入分配的研究文献较多，从宏观角度讨论二者的辩证关系，经济增长既推动了居民收入水平也扩大了收入差距，由此收入差距将反过来阻碍经济增长。阿莱西纳和罗德里克（Alesina and Rodrik，1994）通过构建内生性增长模型，探讨了收入分配不公对经济增长的影响，指出收入分配差距拉大将造成边际税率的上升，收入不均衡将提高产权成本，进而制约经济发展。珀森和塔贝里尼（Persson and Tabellini，1994）在再分配公正实行前提下，利用OLG模型分析收入分配差距对经济增长具有消极的影响作用,经济增长与收入分配差距的相互关系还未有一致性定论,对发达国家和发展中国家的实证研究往往得到不同的结果。巴罗(Barro,2000)运用很多国家的平行数据研究收入均衡与经济增长率之间的影响关系,结果显示在欠发达的国家较高的收入不均衡将制约经济增长,相反在发达国家收入不均衡将推动经济增长。巴纳吉和杜弗洛(Banerjee and Duflo,2003)使用非参数方法再次验证了收入不均衡与经济增长的相关性,结论显示两者呈平稳的倒 U 形曲线相关关系。所以,不管不均衡程度是增加还是减少都将导致下期经济增长率的下降,说明线性回归不能获得两者一致性的关系结果。伊斯特利(Easterly,2007)采用跨国数据再次探究了收入不均衡与经济增长的相关性,结果显示收入不均衡不但抑制经济增长,而且制约教育和体制的良好发展。博维诺(B.A.Bovino,2014)通过大量研究发现,收入不平等现象减少 10%,经济增长周期的预期长度将增加 50%,收入不平等与经济增长持续时间的关系最显著。美国目前的收入不平等程度正在抑制经济增长,还制约了贸易投资等发展,加重了政府压力。数字经济对收入差距的影响呈现非线性特征,表现为正 U 形或倒 U 形曲线的分布特点(樊轶侠等,2022;Jiang 等,2022)。

陆铭、陈钊和万广华(2005)探讨了收入差距、教育和经济增长的关系,从累积效应而言,收入差距对经济增长具有显著的反面作用,但经济增长有助于缩减收入差距,结论符合库茨涅茨的倒 U 形假说。曹裕、陈晓红和马跃如(2010)以城市化为切入点,分析城乡收入差距与经济发展的相关性,结论显示城乡差距无益于经济发展,同时城市化将缩小城乡差距,从而推动经济迅速发展,但不同区域有明显的差异性。王慧敏(2014)提出,经济增长对促进农民收入具有长期显著的正向影响。龙莹(2015)提出,我国经济增长促进居民收入分布向右移动所产生的经济增长效应要超过收入分配政策造成收入分布扁平化所产生的收入分配效应,这表示增长效应是导致收入分布向右移动的主要宏观因素。权衡(2017)表明经济增长是收入分布的关键因素,倘若没有经济持续发展，根本无须探讨收入分配结构，经济增长是消除贫困且提高生活质量的物质基础，也是造成收入分布呈扁平化动态演变的宏观原因。谭凤连和彭宇文（2018）指出，快速的经济增长对农民收入具有长期且正向促进作用，城镇化对农民收入具有长期负向抑制作用。周强（2019）证明经济增长和城镇化对收入差距具备显著的决定性作用，高水平城镇化能有效缩减收入差距，并且城镇化、经济增长与收入之间任何两者对第三方都具有显著的影响作用。马金利和李翠锦（2019）研究表明经济增长能够提高新疆居民收入，贫困率逐渐下降，但加重了收入分配差距。

1.2.3.2 教育与收入的相关关系

国内外对于教育与收入的相关研究已获得很大的价值，但国外研究资料更为全面丰富，大多数从教育程度和教育不平等的视角探究其与收入不均等的影响关系。伯尔根（Bergen，1972）、瓦恩加顿（Winegarden，1979）和帕克（Park，1996a）等研究发现，受教育年限的增加和人口受教育程度的均衡分布促进了收入分配的改善。可是拉姆（Ram，1984）报道了相反的实证结果，他发现更高的教育水平对收入分布有温和的平衡影响，这与大多数研究结果相符；但是，他的结论却是更大程度的教育分散改善了收入分配，这与之前的许多研究相悖。帕克（Park，1996b）指出受教育水平较高的人其收入水平就较高，这是决定经济地位的重要因素，基于此研究人员和政策制定者一直在推动提高美国人口的受教育程度。特里·西库勒等（Terry Sicular et al.，2007）采用 1999—2002 年CASS 家庭数据来剖析我国居民收入分布和收入差距的影响因素，地区和教育是首要影响因素，家庭规模、社会地位和政治地位均为次要影响因素。巴洛伊和科拉克（Barroy and Corak，2013）提出扩大教育被视为减弱收入不平等的一项重要政策工具，不仅能促进经济增长，也可以帮助打破贫困的代际传递，减少机会不平等及收入再分配的必要性，因此，从这个角度来看，教育扩张具有双赢的潜力，可以同时实现效率和公平的目标。黄斌等（2014）选用浙江、安徽和陕西三省农村住户调查数据，重点剖析 2009—2010 年不同收入层次的居民教育受益情况和其收入差异的影响程度,结果表明,农村收入差距问题非常严重,教育拓展对收入差距具有两面性影响,整体上加大了收入差距,实行职业技术培训将有利于缩减农村收入差距。李鹏和王明华(2014)指出,城乡教育差距的缩减并不会导致城乡收入差距缩减,反而加大了城乡收入差距。博维诺(B.A.Bovino,2014)指出,教育差距是造成收入差距不断扩大的主要原因,同时也影响着工资和净资产。在 1980 年到 2005 年间,美国教育程度的增长速度显著放缓,教育放缓是教育工资差距扩大的最重要原因,也是造成收入不平等的主要原因。同时,数据显示 2005 年美国的教育水平落后于其他国家,如日本和韩国。国家层面的数据支持拥有受过良好教育的劳动力的国家都是高工资国家的结论,一个国家的劳动力的受教育程度和工资收入水平之间存在着清晰而紧密的联系。然而制定极端或沉重的收入分配政策,反而会制约经济发展扰乱经济秩序,将弊大于利。孙早和宗睿(2025)认为工业智能化和技能结构导致"垄断强化效应",促使行业收入差距扩大。

苏必伟和阿尔玛斯·赫什马蒂(Biwei Su and Almas Heshmati,2013)利用 OLS 和条件分位数回归对影响 CHNS 中家庭收入的决定因素进行分析,结果表明,教育和职业是家庭收入水平的重要决定因素,这两个因素在收入分配的不同百分位上发挥着异质性的作用;城镇地区中教育对高收入家庭的影响更为显著,而在农村地区,专科或高等教育对低收入家庭更为有利。白雪梅和李莹(2014)运用分位数回归方法以性别、城乡等为控制变量来研究教育对居民收入的影响,研究发现教育对收入分布演化有明显的正向影响作用,同时也导致收入分布离散程度的扩大,加剧了居民收入差距。马尔古扎塔·切维克等(Malgorzata Cwiek et al.,2015)采用波兰中央统计局发布的 2005—2013 年家庭个人数据来分析户主教育水平对家庭收入分布的影响作用,结果表明家庭收入随户主受教育程度的提高而增加,户主受教育程度对家庭收入有显著影响,且家庭收入差距随着户主教育水平的提高而扩大。张学敏和张明(2016)采用中国综合社会调查(CGSS)2011 年微观数据分析认为,教育水平的提高可以增加居民收入从而提升居民个体的收入满意度,通过 R^2 的 shape 值分解结果显示,教育对非国有部门居民个体获得满意收入的影响要比国有部门更为显著。童光荣和罗婵(2017)通过明瑟收入方程,运用 OLS 方法分析教育与教育收益率对不同群体收入差距的不同影响,结论显示教育能够有效减缓群体内外的收入差距,在高低分位点处教育收益率对收入差距的影响作用逐渐减弱。帕克和康(Park and Kang H., 2017)通过在世界经济框架下研究亚洲地区的教育与全球化对收入分配的影响关系,发现 15 岁以上人口受教育水平的提高能够改善亚洲地区的收入分配,教育不平等对收入分配产生了负面影响,教育在减少收入不平等方面发挥了重要作用;全球化程度越高,收入不平等程度就越高。李振宇等(2018)采用 CGSS 中的农村微观数据样本,利用回归和分解法探讨了教育结构演化对低收入群体状况的正面影响,结果表明,随着教育水平的提升,贫困增长率呈显著下降的趋势,教育结构优化对减小贫困增长率具有促进作用,可长期维持这种积极作用将出现边际递减,不同地域受教育程度对贫困增长率具有不同的影响作用。

1.2.3.3 其他宏观因素对收入的影响关系

目前许多研究集中在全球化和收入不平等之间的联系。万广华(2005)应用夏普里值分解法评估了中国的省级面板数据,证明了全球化对各区域收入差距具有明显的积极作用且随时间的推移而增强,而且资本是导致各区域间收入差距的最为主要且日益重要的因素。拉芬(Ruffin,2009)认为全球化倾向于改善全球收入不平等,其原因是较为贫穷的国家通常由于生活成本较低而在交换中获益。朱利亚和雨果等(Giulia and Hugo et al.,2015)探讨全球化与收入分布和收入不平等的关系,主要以美国、德国和挪威为研究对象来讨论公民之间的收入分配不平等的原因、后果及潜在的政策解决办法。发达国家的收入不平等是由各种因素造成的,其探讨分析税收和教育政策、基础设施、移民、贸易和金融等因素对美国、德国和挪威收入不平等的影响,并提出在当前政治和经济环境中消除收入不平等的潜在实用性办法。调查结果表明，全球化加重了个人和国家之间的不均衡，使欠发达国家的穷人边缘化，并使最贫穷的国家落伍；然而，融入世界经济一体化的国家，商品和市场的全球化缩小了收入差距。转移支付对减少收入不平等的影响大于税收。此外，教育不平等程度最低的挪威是收入不平等最低的国家。权衡（2017）总结了全球范围内收入分配发展现状与趋势，发现在初次分配阶段，发达国家劳动者报酬占 GDP 比例较高，再分配阶段各国居民可支配收入比例高于劳动者报酬比例，发达国家贫富差距相对较小，新兴和欠发达国家贫富差距相对较大。

很多学者从体制视角研究其对收入分配的影响作用。贾康（2008）认为制度不合理造成收入水平的差距，制定政策深化分配体制，改变收入结构才是关键。白重恩（2009）指出 1992—2005 年初次分配中劳动收入比例下降与经济结构转型和部门劳动收入份额的变化息息相关。王小鲁（2010）指出收入差距拉大与劳动者报酬比例减小具有直接影响关系，致使收入分配差距恶化的成因是社会保障体制的不完善，资源配置的不合理及与腐败和寻租行为更深入地歪曲了收入分配成果。刘勇等（2018）认为提高消费税来推动经济发展，能够抑制收入差距的增大。

政府支出是所有收入水平国家的一项重要宏观政策工具，很多研究基于宏观视角研究国家宏观政策对居民收入的影响作用。克雷（Kraay，2006）发现，政府消费支出对每天减少 1 美元贫困的再分配组成部分的影响在统计上并不显著，而对增长组成部分的影响实际上是正向的。李建军（2008）指出，在短时间内政府支出对农村居民的收入影响效应较弱，但在长时间内能够促进收入水平的持续增长。韦格尔（Wagle, 2012）发现，政府消费支出对收入贫困影响的大小和意义，根据使用的样本和规范，存在显著差异。高云和詹慧龙等（2013）采用时间序列数据从理论和实证方面研究影响农村居民收入的主要因素，且提出收入结构中工资性收入和家庭经营收入是主要收入来源，但未具体分析收入结构对居民收入水平变动的影响程度。雷希等（Rhee et al.，2014）认为，政府支出最有可能减少收入贫困，因此经常被贴上"亲贫困"的标签。姚旭兵和罗光强（2015）选用中国30个省份1997—2000年的面板数据研究城镇化对于农村居民收入具有门槛效应的影响作用，结果表明，低等城镇化对农民收入的影响不显著，而中等城镇化对其具有最显著的影响，高等城镇化影响作用呈现逐渐下降的趋势。张晶等（2015）选择中国省级面板数据运用分位数回归探究人均教育年限、人均积累资本、就业率和收入结构等对城镇和农村居民收入的影响力度。其中，人均教育年限对城乡居民收入都表现出显著的促进作用，且对农村居民影响程度更强烈，就业率对提高城镇居民收入具有明显的积极作用。但收入结构对城乡居民收入的影响作用却相反，财产性收入和转移性收入对城镇居民收入具有反向作用，而对农村居民收入具有正向作用。王慧和李欣章（2016）从宏观方面使用主成分回归分析法研究影响我国城乡居民收入的重要因素，结果发现，经济发展水平促进居民收入的提高，而经济环境因子却与居民收入呈负向关系，推动城镇化、提高政府购买力等有利于提高居民收入水平。付晓枫和李峥（2014）提出政府支出对城乡居民的收入影响是有差别的，对城镇居民收入分配的影响作用要高于农村居民。安德森等（Anderson et al.，2018）以中低收入国家为研究对象，通过多元回归分析来解释政府支出和收入贫困之间异质性关系，结果表明，在中低收入国家，政府支出的增加在减少收入贫困方面并未发挥重要的作用。何冬妮（2019）提出从微观视角看公共服务财政支出直接或间接地影响居民收入结构的变化。俞立平和李雯（2025）采用向量自回归模型及面板门槛回归模型发现企业技术创新速度通过多种路径影响居民收入差距，表现出线性和非线性双重影响。曹高航等（2025）提出政府环境注意力对城乡收入差距的影响呈显著的倒U形非线性关系，并存在明显的空间异质性效应。

　　经过对国内外研究动态的总结，能够看出对于收入差距和收入不均衡的影响因素的研究已相当丰富，大部分结论表示教育对提高居民收入具有显著的促进作用，对社会经济发展和收入分配格局具有重要意义。国内主要是从城乡差距、地区差距、行业差距等角度研究各方面差距的成因和影响作用。由于国内外的文献资料基本是在收入分布与经济增长的相互影响架构下开展论述的，同时多数研究是从体制和教育两大视角对收入分布演化的原因进行了阐述。从宏观层面上对居民收入及其分布的影响因素分析较为全面，但在微观层面上对收入分布影响因素的研究较少，关于这方面的研究较为单薄。因此，鉴于以往的研究资料，本书将从微观层面探究影响居民收入分布的主要因素及其影响程度和影响方式。微观层面主要包括收入结构等家庭特征、教育程度和家庭规模等个人异质性因素。本书主要研究变量因素是如何影响居民收入变化的以及影响程度大小，以求通过影响因素的调整来缩减收入差距从而达到共同富裕。

1.3 研究内容及框架

1.3.1 研究内容

通过对国内外研究文献综述的总结归纳，本书首先拟合居民收入分布函数作为研究出发点，在此基础上探讨居民收入分布随着时间变化的动态性演变路径，以及收入分布演变的效应分析，再从微观层面剖析影响居民收入分布变化的主要因素，构建合理的多元统计模型，选择适用的研究方法进行实证研究。具体的逻辑思路按如下层次展开：

（1）第一部分主要包含研究意义、研究思路、研究内容、研究创新点及国内外文献综述。通过归纳总结国内外相关文献研究，更全面地了解目前我国居民收入分布的现状及研究进度，从中找出研究的不足之处，进一步明确本书的研究目的和研究思路，确定研究内容和研究方法。

（2）第二部分主要对收入分布相关的概念、方法和理论进行总结阐述，对居民收入分布拟合过程、拟合函数、拟合方法进行梳理归纳，主要目的是掌握拟合居民收入分布的方法和理论，为后续研究奠定坚实的基础。

（3）第三部分主要根据居民收入分布现状的描述统计及拟合居民收入分布中所存在的问题，进而拟定收入分布密度函数，利用杨和约翰逊（I.K.Yeo and R.A.Johnson）提出的Yeo-Johnson变换理论改善分布的对称性和正态性，用EM算法和数值方法来估计混合收入分布的未知参数，确定居民收入分布函数，利用χ^2拟合优度检验拟合效果，进而探究其分布的演变过程和经济含义。根据收入分布函数估算居民收入的基尼系数，以此评估居民整体收入差距的状况。

（4）第四部分主要基于收入分布的位置—尺度参数随着时间推移向右移动而导致分布不断变化，以此将时间作为变量因素考虑其对收入分布的位置参数、尺度参数及变换参数的影响，从动态视角探究位置参数和尺度参数随着时间的变化而变化的趋势。根据收入分布的位置效应、尺度效应所引起的宏观经济效应，在拟合分布的基础上利用动态区间分解法量化各收入群体人口比重的流动的情况，探讨随时间的变化混合收入分布的整体演变规律。

（5）第五部分重点构建混合分位数回归模型研究居民收入分布的影响因素。基于居民收入分布演变的异质性特征，从微观层面对影响居民家庭收入的主要因素进行详细的描述分析，解释变量主要选择具有代表性的家庭收入结构、家庭教育水平和家庭规模等个体异质性因素，构建混合分位数回归模型，运用贝叶斯推断估计回归系数，更深入地研究解释变量对居民家庭收入变化的影响程度。

（6）第六部分综合上述的研究，归纳本书的研究创新和研究内容，得到主要研究结论、研究展望和政策建议。

1.3.2 线路框架

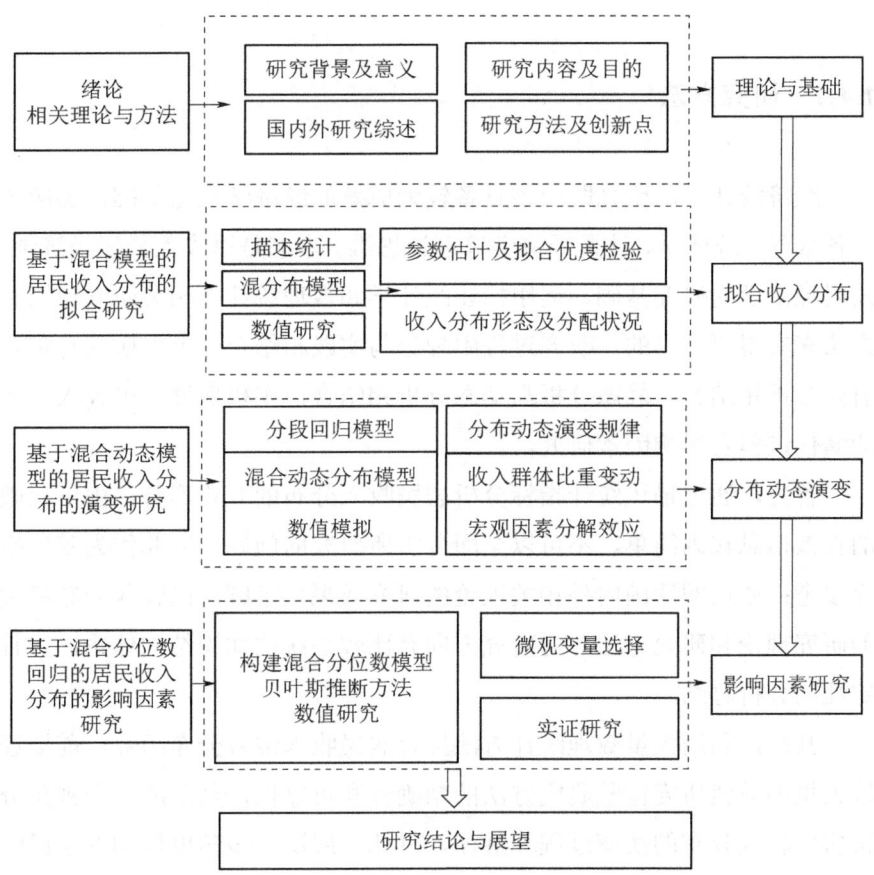

1.4 研究方法和创新点

1.4.1 研究方法

经济统计学的研究既应该具备较为成熟的经济学理论基础，还应该具备数学、统计学、计量经济学等理论思维。本书是以收入分配经济学、发展经济学为研究基础，运用描述统计学和数理统计学相关研究理论和方法来实现研究目的。研究过程中理论与实践相结合、定性研究与定量研究分析相结合、静态分析与动态分析相结合，积极探究居民收入分布的演化过程及影响因素研究。

首先，通过描述统计指标分析居民收入分布的变化形势，由于反映的有效信息较为简单，不可以全面分析所研究的问题，因此作为基础研究参考；通过阅读国内外相关理论的研究成果，了解居民收入分布相关的研究理论和研究方法，对研究方向有比较系统的知识结构体系，进行定性的分析总结。

其次，利用大量数理统计方法拟合居民收入混合分布函数，前期经过大量的数值研究检验研究方法的精确性和可靠性，从动静两个视角分析居民收入分布的演变过程和规律，以此多层次、多角度地测度居民收入分布演变过程的因素分解，以及构建混合分位数回归模型探讨影响居民家庭收入变化的主要因素，并给出符合实际的经济解释。

1.4.2 研究创新之处

本书主要研究内容包括居民收入分布的拟合、居民收入分布动态演变过程的测度和居民收入分布变化的影响因素研究等，以及书中所提出的研究框架和研究方法，都体现了本书的主要创新之处，概括为以下几点：

首先，通过归纳居民收入分布的估计方法和理论研究，分析各种估计方法的优缺点，根据居民收入分布的发展现状及收入数据特征，采用Yeo-Johnson变换理论与高斯混合分布模型相结合，进而推出居民收入的混合分布函数。利用EM算法和数值求根法来估计分布参数，运用数值模拟检验估计方法的准确性，而后对居民收入分布进行模型拟合和经济分析。

其次，由于居民收入分布的形态和位置随着时间的推移而不断变化，主要是分布的位置效应和尺度效应导致收入分布形态的差异化，以此从时序的角度考虑时间因素对分布的位置参数和尺度参数的影响作用。从动态的角度研究居民收入分布随时间变化的演变过程，构建位置—尺度参数的模型，运用数值研究检验估计方法的可靠性，从而对收入混合动态分布进行拟合，给出比较符合实际情况的解释和结论，从动静两个角度开展了居民收入分布的拟合研究。在拟合收入分布的基础上，使用动态区间测度位置—尺度效应对收入分布各群体比重流动的变化过程和规律。

再次，通常选用分位数回归模型或一般线性模型，构建其他因素变量与收入变量之间的相关模型，几乎没有通过构建混合分位数回归来探讨居民异质性群体变量因素对居民收入的影响作用。因此，基于居民收入分布异质性的特点，本书提出混合分位数回归模型，利用贝叶斯估计方法对混合分位数回归进行统计推断，利用数值研究检验该方法对混合分位数回归估计的精确性。

最后，已有的文献资料在研究不同经济变量对收入水平变化的影响作用方面，主要集中在城乡、行业、地区居民收入差距成因方面的分析，对于收入分布影响因素的研究资料较少；并且从宏观层面上对居民收入的影响因素分析比较全面，但在微观层面上对居民收入分布影响因素的研究较为单一。因此，本书使用微观调查数据，选择家庭教育水平、家庭收入结构和家庭规模这些具有代表性的变量指标，揭示在不同收入层次下解释变量对不同群体居民收入分布的影响作用。

第 2 章

相关理论及方法基础

2.1 收入与收入分布的基本概念

2.1.1 收入的概念与类别

收入是经济学中的一个基础问题,《简明牛津词典》曾经将收入的概念界定为:"收入是来自人们的土地、劳动和投资等所得。"现在收入的概念通常是指根据出售商品或劳务而得到的货币或货币等价物,或指从资本或劳动或这两种的结合中得到的收益。理论研究中收入的概念与经济统计领域所研究的收入概念是有所区别的,由此依据研究目标的不同选用适合的收入数据。

按照对收入概念界定视角的不同,收入主要分为三种类别:从宏观视角,可分为国民收入、财政收入、税收收入等;从中观视角,可分为销售收入、主营业务收入、利润收入等,它们从整体上反映了一个国家的经济发展水平;从微观视角,可分为工资性收入、经营性收入、财产性收入及转移性收入。统计上居民收入是指以个体或家庭为单位可获得的货币收入和实物收入,其来源主要是工资性收入、经营性收入、财产性收入和转移性收入。根据本书研究目的和研究方向的设定,仅从微观层面选择相关收入数据开展居民收入分布的相关研究问题。

2.1.2 收入分布的基本概念

居民收入分布通常指不同收入水平与相对应人口比重之间的统计规律，可以清楚地刻画整体居民收入分布的结构和形态，是映射收入分配情况随时间变换的一种主要形式。其中，最普遍的形式是收入分布函数（CDF）和收入密度函数（PDF）。假如可以有效拟合居民收入分布函数，那么基本可以把握收入群体的所有信息。关于收入分布的研究首要是研究分布函数的具体形式，刻画居民收入分配的整体状况，以此探讨低、中、高收入群体的流动规律，评估居民收入分配差距情况等。所以拟合收入分布形式及剖析演变过程是掌握收入分配问题的关键所在。研究收入分布的目的是发现居民收入与对应人口规模之间的相关关系，深度挖掘收入分布的实际情况，因此拟合居民收入分布显得尤为重要。

2.1.3 收入分布的拟合函数

收入分布的研究对于解决收入分配问题具有重要的意义，既可以了解居民收入结构，还能探究收入分布具体演变的过程，并且也能为提高居民收入提供一些量化参考。可是国内关于此领域的研究还需要更深入的拓展，例如各种收入分布模型的拟合效果、数值特征以及在收入不均衡研究领域的应用等。本章将对拟合收入分布的函数进行了简单的汇总，并得到一些新的启示。

2.1.3.1 收入分布的研究脉络

以收入分布为基础探究收入分配的研究路径，分布视角下收入分配的研究过程主要分为以下步骤：

（1）收集研究对象所具有代表性的数据样本。

（2）根据收入数据样本的统计描述，初步判断收入分布形态，设定收入分布函数,选择采用适合的统计方法,如参数方法、非参数方法或半参数方法估计收入分布中的未知参数,进而拟合收入分布函数。

(3) 根据收入分布的拟合效果选择合适的分布形式。

(4) 根据收入分布形式的确定,估算可以衡量收入不平衡、收入两极化、收入群体流动性等问题的代表性指标。

(5) 根据衡量指标的结果,从经济和实际的角度诠释收入分配现状和发展趋势,由此提出政策建议以供参考。

2.1.3.2 收入分布函数类型

基于拟合收入分布函数❶是研究收入问题的关键,而且分布函数包括很多种类,选择哪种 PDF 拟合收入分布是重点。塞勒姆和芒特(Salem and Mount,1974)提出选用的分布函数既要最适于拟合实际的收入分布形式,还需要其中的未知参数便于估计且具有经济含义。可是,在现实中这两点比较相斥,拟合效果好的分布函数其参数较多并不便于估计,相反参数便于估计且具有实际意义的分布函数拟合效果不佳。所以,选择符合实际的分布形式且便于估计其参数是本书研究的基础和关键。

通过对国内外文献的归纳,分布函数的种类较多,根据不同的判断标准学者选用的 PDF 不同。目前,主要选用的单峰分布函数包含帕累托分布、对数正态分布、威布尔分布、伽马分布、贝塔分布、指数分布等,双峰或多峰分布函数主要是各单峰分布函数的有限组合,这为混合分布函数奠定了研究基础。本书按照收入分布拟合形态分为单峰分布函数和多峰分布函数,下面简述各种函数拟合居民收入分布的效果并估计其基尼系数。

1. 帕累托分布

帕累托分布是于 1895 年由帕累托(Pareto)所提出来的,它是最早用于拟合收入分布的分布函数,其形态参数 α 决定分布右尾的厚度,帕累托提出帕累托分布能拟合所有的收入分布,但哈里森(Harrison,1979)研究发现帕累托分布适于拟合英国高收入人群,即前 1%~3%的高收入

---

❶ 在经济统计领域,概率密度函数(PDF)是收入分布拟合函数的主要形式,本书提到收入分布函数均是指 PDF。

人群。王海港与周开国（2006）采用帕累托分布拟合1995年我国城乡居民收入前20%和10%的群体，结果表明收入分布尾部拟合有显著的偏差。段景辉与陈建宝（2010）运用2004年《中国城乡居民生活综合调查》中家庭人均收入样本数据，首次采用帕累托分布、正态分布及指数分布的混合分布对全国及各地区的收入分布进行拟合，利用分布函数法估算了我国不同地区的基尼系数。依照帕累托分布估计的基尼系数只与形态参数α相关，α越大、基尼系数越小，反之亦然。

2. 对数正态分布

对数正态分布是由吉布拉特（Gibrat）于1931年所提出的，$\log(x)$服从正态分布，即x服从对数正态分布，分布函数μ, σ是对数正态分布的形态参数和尺度参数。对数正态分布常用于对收入分布函数的拟合，斯泰恩（Steyn，1959）研究发现，对数正态分布能够很好地拟合农村居民收入分布，麦克唐纳和兰塞姆（McDonald and Ransom，1979）利用伽马分布、贝塔分布、布尔分布及对数正态分布对美国居民收入分布进行拟合，相比其他三种分布，发现对数正态分布的拟合效果最为不佳。朱岩和关士来（1991）对城镇居民家庭收入分布进行拟合，发现相较于对数正态分布，广义正态分布的拟合效果更佳。对数正态分布的参数σ决定了基尼系数的大小。对数正态分布拟合的条件必须符合正态性前提假设，不适用于异质性收入群体，而适用于低收入群体分布拟合。

3. 伽马分布

伽马分布（Gamma分布）属于经典分布，其中α, β分别为分布的形态参数和规模参数。阿莫罗索（Amoroso，1925）采用伽马分布来拟合居民收入分布，拟合效果较好且便于估计参数。塞勒姆和芒特（Salem and Mount，1974）采用1960—1969年美国居民家庭收入数据进行拟合，结果表明Gamma分布比对数正态分布的拟合效果更优。麦克唐纳和兰塞姆（McDonald and Ransom，1979）利用伽马分布拟合1969—1975年美国居民收入分布结果发现：在两参数的分布中，伽马分布优于对数正态分布，然而显然劣于三参数的其他分布。麦克唐纳（McDonald，1984）、马奇（March，1989）、布兰切曼等（Branchmann et al.，1996）在比较伽马分布与其他二参数分布的拟合效果后都认为，伽马分布在两个参数分布中的拟合效果是最好的。毛亮等（2009）采用了伽马分布拟合 2005—2007 年我国城镇家庭工薪收入分布。

4. 贝塔分布族

贝塔分布（Beta 分布）族包含两参数分布函数、三参数分布函数和四参数广义分布函数等多种分布形式，在实际中贝塔分布族都被用于拟合收入分布。莱斯特（Lester，1970）采用两参数贝塔分布较好地拟合了美国收入分布情况。麦克唐纳和徐（Mcdonald and Xu，1984，1995）拟合了美国 1985 年居民家庭收入分布形式且采用了 χ^2 拟合优度检验，结果发现四参数贝塔分布拟合效果优于三参数贝塔分布。班多里安等（Bandourian et al.，2002）采用含有五参数的广义贝塔分布及其 10 种分布形式，拟合 23 个国家的居民收入分布函数，详细对比了不同分布函数的拟合效果，尽管某些分布拟合效果较优，但含有较多参数的分布函数使其经济意义的可解释性降低。胡志军等（2011）阐述了不同分组数据的拟合方法，而且选用威布尔分布、对数正态分布以及第 2 类贝塔分布来估计城乡居民的收入分布，结果表明 B2 的拟合效果最好。

5. 威布尔分布

威布尔分布最初由弗雷切特（Frechet）于 1927 年提出，其中 α，β 分别为分布的形态参数和规模参数。麦克唐纳（McDonald，1984）发现三参数和四参数分布函数的拟合效果较好，但威布尔分布拟合效果优于其他两参数的分布函数。特雷德（Trede，1996）指出两参数威布尔分布的拟合效果仅次于伽马函数，但是均劣于三参数、四参数的分布函数。威布尔分布的基尼系数也仅与形态参数 α 有关，α 越大，基尼系数越小。

6. 混合分布

随着社会经济的快速发展，居民收入分布形态由单峰分布逐渐向双峰或多峰形态演化。其原因是收入群体的异质性特征，异质性是指拥有的要素禀赋等因素差异，导致收入群体内部分化成具有各自特征的不同子群体。达利等（Daly et al.，1997）与巴克豪斯等（Burkhauser et al.，1999）指出，20世纪80年代美国收入不均衡使中等收入群体缩减，高收入群体增加。詹金斯（Jenkins，1995）指出英国收入不均衡程度加剧，导致两极化的趋势。刘靖等（2009）采用1991—2006年数据拟合收入分布，发现1991年已呈现双峰趋势。陈宗胜等（2015）展现了我国收入分配格局由金字塔形向葫芦形的变化过程，收入两极化程度不断加剧。所以，单峰分布函数不能很好地拟合居民收入双峰甚至多峰分布形态，为了充分了解收入分布的演变历程，学者们探寻更好的混合分布函数来拟合收入分布形式。弗拉谢尔等（Flachaire et al.，2007）利用混合对数正态分布成功对具有异质性特征的收入分布进行拟合。段景辉与陈建宝（2010）利用指数分布、对数正态分布和帕累托分布来对居民低中高收入分布进行拟合。阮敬等（2015）利用对数正态分布和伽马分布来对居民收入分布进行拟合。事实上，还未出现一种固定分布函数或混合分布函数能够准确统一地拟合居民收入分布。其原因是不同的地域或国家在不同时期的收入分布在时刻发生变化，并且不同的研究角度、不同的数据样本、不同的判断标准等因素都造成收入分布的拟合形式差异较大，由此不可一概论之。

2.1.4　收入分布的拟合方法

在收入分布形式确定后，常用的估计方法包括参数方法、非参数方法和半参数方法。

1. 参数方法

参数方法事先需要假设总体服从某种特定的已知分布，即分布函数的形式必须已知，如高斯分布、伽马分布、贝塔分布等。然后需要利用样本数据估计分布的参数。可是，实际上准确地设定收入分布形式是比较困难的,倘若开始设定分布形式偏差较大,分布的拟合效果将不会很好。而且设定分布类型多为单峰分布函数,已有许多学者研究表明收入分布呈双峰或多峰的发展趋势,于是尝试使用混合分布来对收入进行拟合,但混合分布的函数形式较为复杂,复杂的理论加大了参数方法的估计难度。

2. 非参数方法

非参数方法事先无须设定总体分布的具体形式,尽可能从样本数据自身获取所需的价值信息,通过估计进而得出分布结构,而后建立对事物的统计描述。非参数方法不存在设定分布形式的问题,但在实际计量中估计结果没有固定参数表达式,即核密度估计的非连续性使其无法进行积分运算,不利于对收入分布动态演变的定量研究。此外,如果对总体的分布有深入的了解且可以确定其分布类型,非参数方法估计效果将不如参数方法更具有针对性和有效性。

3. 半参数方法

半参数方法介于参数方法和非参数方法之间,是结合参数方法和非参数方法的诸多优点的估计方法,因此得到了广泛的应用。半参数方法针对混合分布函数进行估计,避开了两者的弊端,包括 EM 算法(后续有简介)、最大熵估计法等。

2.1.5 拟合优度检验理论

拟合优度检验根据样本的经验分布和所假设的理论分布之间的吻合程度来决定是否接受原假设,拟合效果用于判断拟合方法的有效性和可靠性,能够作为所选分布函数的一种检验标准。传统评估拟合效果的方法主要分为两种:

(1)依照衡量指标,将所估算的基尼系数指标与权威组织发布的基尼系数做比较,两者差距越小则拟合效果越好。由于估算的基尼系数会存在一定的误差,这种拟合效果的判断标准只能是相对的。

(2) 依照假设检验，将所拟合的收入分布与真实值之间进行 χ^2 拟合优度检验，不拒绝真实收入分布函数的假设，或是对真实收入数据进行服从某分布的检验、如正态性检验、k-s 检验等，但需要预先已知收入分布函数，非参数方法所估计的分布函数拟合效果则为无效。

基于 χ^2 检验是使用范围较广的一种假设检验方法，它属于非参数检验的范畴，其基本思想是检验理论频数与实际频数的吻合程度或拟合优度。χ^2 拟合优度检验常用于检验总体是否服从某指定分布，检测观测数据与理论数据之间的一致性，判断实际观察的属性类别分配是否符合已知属性类别分配理论或学说的假设检验，其基本原理和检验过程如下：

① 设 H_0 为总体分布服从所指定的分布函数，H_1 为总体不服从所指定的分布函数。

② 构造统计量：

$$\chi^2 = \sum_{i=1}^{k} \frac{(f_i - e_i)^2}{e_i}$$

式中，f_i 为第 i 类别的观测频数；e_i 为第 i 类别的期望频数；k 为类别总数。

③ 比较统计量 χ^2 和临界值 $\chi_\alpha^2(k-1)$，假如 $\chi^2 > \chi_\alpha^2$，则拒绝原假设 H_0，否则接受原假设 H_0。

2.2 混合分布模型及估计方法

2.2.1 混合分布模型的简述

混合分布模型是包含多个的随机变量的集合，它是对广泛的随机现象进行统计建模的工具方法，有限混合分布由有限个分布函数组合，将整体复杂的函数分解为若干个简单的密度函数,实践证明该模型具有良好的适应性。近些年来,有限混合分布模型获得了迅速且深入的发展,在统计数据分析中扮演着越来越重要的角色,广泛应用于社会各领域,尤其是生物学、心理学、金融保险等领域。

假设混合分布的密度函数为

$$p(y|\theta) = \pi_1 p_1(y|\theta_1) + \pi_2 p_2(y|\theta_2) + \cdots + \pi_k p_k(y|\theta_k) \quad (2-1)$$

式中,$\theta = (\theta_1, \theta_2, \cdots, \theta_n)$ 为混合分布的参数;π_j 为各分量密度函数 $p_j(y|\theta_j)$ 的混合权重;k 为混合分布模型的分量个数,$\pi_j > 0$,$\sum_{j=1}^{k} \pi_j = 1$,$j = 1, 2, \cdots, k$。

混合分布模型能够用简单的结构对复杂的数据和问题进行模拟,无论数据总体是否服从相同分布,需要选择适当的混合模型进行参数估计。混合分布模型将参数模型的解析优势和非参数模型的灵活性结合起来,在参数的框架下为复杂现象建模提供了一个可行的建模环境。因此,混合分布模型具有更多的建模优势。在实际应用中,混合分布模型的核心问题主要包括如何选择合适的混合各分量密度函数和如何利用有效的方法估计混合模型中的未知参数。

2.2.2 EM算法的基本理论

最大期望算法(EM算法)期初受到缺失思想的影响,其目的是解决数据缺失情况下参数的估计问题,随着理论的发展,EM算法不仅能用于处理缺失数据,处理的问题更加宽泛,且算法简单,稳定的估计步骤能够很好地找到"最优收敛值"。近些年,EM算法得到迅速的普及,主要原因是目前科学研究及在实际应用中数据样本越大,直接处理数据的难度系数较大,通过添加适合的"潜在数据"将复杂的问题简单化,能够有效地解决实际问题。对于混合分布等复杂的统计模型来说,由于似然函数过于复杂,利用极大似然方法很难直接估计结果。EM算法是解决混合模型参数估计的主要方法，它是在概率模型中寻找参数最大似然估计或者最大后验估计的算法，其中概率模型依赖于无法观测的隐性变量，EM 算法是解决存在隐含变量优化问题的有效方法。

EM 算法主要是由 E 步和 M 步所组成，由式（2-1）中 $p(\theta|y)$ 表示参数 θ 基于观测数据的后验分布密度函数，引入潜在变量 Z，$p(\theta|y,Z)$ 表示潜在变量和观测数据构成完备数据集的 θ 的密度函数，$p(Z|y,\theta)$ 表示在观测数据与参数 θ 下潜在变量 Z 的条件密度函数。

E 步：求 $p(\theta|y,Z)$ 的对数似然函数的条件期望，即

$$Q(\theta|\theta^{(m)},y) = E[\log(p(\theta|y,Z)|\theta^{(m)},y]$$

式中，$\theta^{(m)}$ 为估计过程中第 m 次迭代参数的估计值。

M 步：将 $Q(\theta|\theta^{(m)},y)$ 最大化，求第 $m+1$ 次的估计值 $\theta^{(m+1)}$，即

$$Q(\theta^{(m+1)}|\theta^{(m)},y) = \max\{Q(\theta|\theta^{(m)},y)\}$$

对上面的 E 步和 M 步迭代运行，直到满足 $\|\theta^{(m+1)} - \theta^{(m)}\|$ 充分小的条件停止循环，求得最后的估计值。

2.2.3　Yeo-Johnson 变换理论

Box-Cox 变换（1964）是由 Box 和 Cox 共同提出的一种基于极大似然法的广义幂变换方法，能广泛应用在连续性响应变量不满足正态分布的假设前提下。Box-Cox 变换通过引入一个未知参数 λ 对数据样本进行估计从而确定数据变换形式，它能够有效地改善数据的正态性、非线性及对称性，也不会丢失数据信息。

Box-Cox 变换公式如下：

$$f(\lambda,x) = \begin{cases} \dfrac{x^{\lambda}-1}{\lambda} & \lambda \neq 0 \\ \log(x) & \lambda = 0 \end{cases} \quad (2-2)$$

式中，$f(\lambda,x)$ 为 Box-Cox 变换的幂变换族，当 $\lambda=0$ 时，Box-Cox 变换

变成了对数变换。但是，Box-Cox 变换是在原始变量为正数的前提条件下，只对符合 $x>0$ 的数据进行变换，这在一定程度上制约了其使用范围。因此，2000 年由杨和约翰逊（I.K.Yeo and R.A.Johnson）在 Box-Cox 变换的基础上提出了一种新的幂变换分布族，称为 Yeo-Johnson 变换。它具有与 Box-Cox 变换相似的优良性质，不仅可以应用于原始变量为正变量的数据类型，还适用于非正变量的数据类型，而且 Yeo-Johnson 变换本身具有对称性，其变换效果要更优于 Box-Cox 变换。

Yeo-Johnson 对 $\varphi(\lambda,x)$ 的变换公式如下：

$$\varphi(\lambda,x)=\begin{cases}[(x+1)^\lambda-1]/\lambda & (x\geqslant 0,\lambda\neq 0)\\ \log(x+1) & (x\geqslant 0,\lambda=0)\\ -[(-x+1)^{2-\lambda}-1]/(2-\lambda) & (x<0,\lambda\neq 2)\\ -\log(-x+1) & (x<0,\lambda=2)\end{cases} \quad (2-3)$$

根据式（2-3）对 x 求导，所得如下：

$$\varphi'_x(\lambda,x)=\begin{cases}(x+1)^{\lambda-1} & (x\geqslant 0,\lambda\neq 0)\\ 1/(x+1) & (x\geqslant 0,\lambda=0)\\ (-x+1)^{1-\lambda} & (x<0,\lambda\neq 2)\\ 1/(-x+1) & (x<0,\lambda=2)\end{cases} \quad (2-4)$$

根据式（2-3）对 λ 求导，所得如下：

$$\varphi'_\lambda(\lambda,x)=\begin{cases}\dfrac{(x+1)^\lambda\cdot\log(x+1)}{\lambda}-\dfrac{(x+1)^\lambda-1}{\lambda^2} & (x\geqslant 0,\lambda\neq 0)\\ 1/(x+1) & (x\geqslant 0,\lambda=0)\\ \dfrac{(-x+1)^{2-\lambda}\cdot\log(-x+1)}{2-\lambda}-\dfrac{(-x+1)^{2-\lambda}-1}{(2-\lambda)^2} & (x<0,\lambda\neq 2)\\ 1/(-x+1) & (x<0,\lambda=2)\end{cases}$$

$$(2-5)$$

Yeo-Johnson 变换具备以下理论性质：

① 当 $x\geqslant 0$，则 $\varphi(\lambda,x)\geqslant 0$；当 $x<0$，则 $\varphi(\lambda,x)<0$。

② 当 $\lambda\geqslant 1$，$\varphi(\lambda,x)$ 在 x 中呈现凸面状，当 $\lambda<1$，$\varphi(\lambda,x)$ 在 x 中

呈现凹面状。

③ $\varphi(\lambda,x)$ 是关于 λ,x 连续函数。

④ $\varphi(\lambda,x)$ 随着 λ 和 x 的变化而递增的。

⑤ 若 $\varphi^k = \partial^k \varphi(\lambda,x)/\partial \lambda^k$ 时，对于 $k \geq 1$，

$$\varphi^k = \begin{cases} \{(x+1)^\lambda[\log(x+1)]^k - k\varphi^{k-1}\}/\lambda & (x \geq 0, \lambda \neq 0) \\ [\log(x+1)]^{k+1}/(k+1) & (x \geq 0, \lambda = 0) \\ -\{(-x+1)^{2-\lambda}[-\log(-x+1)]^k - k\varphi^{k-1}\}/(2-\lambda) & (x < 0, \lambda \neq 2) \\ [-\log(-x+1)]^{k+1}/(k+1) & (x < 0, \lambda = 2) \end{cases}$$

在 (λ,x) 中是连续的。

⑥ 对于 $x > 0$，$\varphi(\lambda,x)$ 随着 λ 的变化呈凸面形，对于 $x < 0$，$\varphi(\lambda,x)$ 随着 λ 的变化呈凹面形，且 $\varphi^0 \equiv \varphi(\lambda,x)$。

由于 Box-Cox 变换和 Yeo-Johnson 变换主要是引入参数 λ，通过使用极大似然方法估计其值来确定变换的具体形式。当 $\lambda = 1$ 时，Box-Cox 变换和 Yeo-Johnson 变换都将变成一条直线，$|\lambda - 1|$ 的距离值越大，需要进行变换的变量其非线性程度将会越大，变换曲线的弯曲程度也就越大。当 $\lambda = 0$ 时，Box-Cox 变换和 Yeo-Johnson 变换都成为对数变换，能够看出两者比对数变换的应用范围更加广泛。式（2-3）显示 Yeo-Johnson 理论应用范围比对数变换更广泛，其优良特质已经受到国内外学者的关注。

2.3 分段线性模型

为了研究两变量之间的关系，一般需要对变量的散点图进行拟合来揭示其回归关系，通常采用简单线性拟合，但这种简单的线性拟合不能全面反映变量间的函数关系，而非线性拟合增加了估计的困难性。分段线性回归法的基本思想是将较为复杂的曲线关系划分为两条或两条以上

的直线进行线性拟合，对各分段进行局部线性拟合来分析其变化趋势，再汇总成一个完整的函数模型。

下面主要介绍两阶段分段线性模型：

$$Y_i = \begin{cases} \beta_0 + \beta_1 X_t + \varepsilon_t \\ \beta_3 + \beta_4 X_t + \varepsilon_t \end{cases}, \quad t = \begin{cases} t \leqslant t_0 \\ t > t_0 \end{cases}, i = 1, 2 \quad (2-6)$$

式中，t_0 为分段模型的转折点。引入虚拟变量 D_t：

$$D_t = \begin{cases} 0, & t \leqslant t_0 \\ 1, & t > t_0 \end{cases}$$

当 Y_i 在 $t = t_0$ 处不连续时，Y_i 在 t_0 处存在一个跳跃点，将式（2-6）转为

$$Y_i = \beta_0 + \beta_1 X_t + (\beta_3 + \beta_4 X_t - \beta_0 - \beta_1 X_t) D_t + \varepsilon_t, \quad i = 1, 2 \quad (2-7)$$

当 Y_i 在 $t = t_0$ 处连续时，则

$$\beta_3 = \beta_0 + \beta_1 X_{t_0} - \beta_4 X_{t_0} = \beta_0 - (\beta_4 - \beta_1) X_{t_0}$$

得

$$\begin{aligned} Y_2 &= \beta_0 - (\beta_4 - \beta_1) X_{t_0} + \beta_3 X_t \\ &= \beta_0 - (\beta_4 - \beta_1) X_{t_0} + \beta_4 X_t - \beta_1 X_t + \beta_1 X_t \\ &= \beta_0 - (\beta_4 - \beta_1) X_{t_0} + (\beta_4 - \beta_1) X_t + \beta_1 X_t \\ &= \beta_0 + (\beta_4 - \beta_1)(X_t - X_{t_0}) + \beta_1 X_t \end{aligned}$$

令 $\beta_2 = \beta_4 - \beta_1$，即分段回归模型为

$$Y_i = \beta_0 + \beta_1 X_t + \beta_2 (X_t - X_{t_0}) D_t + \varepsilon_t \quad (2-8)$$

当 $t \leqslant t_0$ 时，$E(Y_1) = \beta_0 + \beta_1 E(X_t)$；当 $t > t_0$ 时，$E(Y_2) = \beta_0 + \beta_1 E(X_t) + \beta_2 E(X_t) - \beta_2 X_{t_0}$；当 $t = t_0$ 时，$E(Y_1) = E(Y_2)$。

2.4 贝叶斯理论

2.4.1 贝叶斯推断

贝叶斯推断（Bayesian inference）是基于著名的贝叶斯定理发展而来的。贝叶斯定理充分利用样本信息和参数的先验信息进行贝叶斯后验推断，贝叶斯推断是使用贝叶斯定理从数据中推导出有关种群或概率分布的属性的过程。其中，先验分布是指总体分布参数 θ 的一个概率分布。形式上，把参数 θ 看成一个随机变量，并给出 θ 的概率分布或概率密度，这个分布函数在抽样前就给出了，把它称为 θ 的先验分布。在选定能够表达对参数先验认识的先验分布后，可由先验概率密度 $p(\theta)$ 和样本的似然函数 $L(x|\theta)$ 相结合推出参数的联合后验分布 $p(\theta|x)$。所以，贝叶斯推断方法的表达式为

先验信息 $\oplus$ 样本信息 $\Rightarrow$ 后验信息

$$\pi(\theta) \oplus p(x|\theta) \Rightarrow \pi(\theta|x) \tag{2-9}$$

而贝叶斯定理的公式如下：

$$\pi(\theta|x) = \frac{\pi(\theta)p(x|\theta)}{\int \pi(\theta)p(x|\theta)\mathrm{d}x} \tag{2-10}$$

式中，符号 $\oplus$ 为贝叶斯定理的作用；$\pi(\theta)$ 为参数先验分布的密度函数；$\pi(\theta|x)$ 为参数后验分布的密度函数；$p(x|\theta)$ 为条件概率密度函数。

2.4.2 MCMC 方法

马尔科夫链蒙特卡洛（MCMC）方法是一组用马氏链从随机分布中取样的算法，实质上是利用马尔科夫链进行蒙特卡洛积分。目前，MCMC

方法已经成为非常流行贝叶斯计算方法，一方面是因为它的编程方法相对容易，另一方面是由于它可以高效率地处理非常复杂的问题。其主要用于在统计推理中进行模拟抽样，尤其在贝叶斯推理中有着非常广泛的应用。MCMC 方法使用马尔科夫链的蒙特卡洛积分，其核心思想是建立一个具有平稳分布的马尔科夫链，其平稳分布为 $\pi(x)$ 后验分布，再对 $\pi(x)$ 抽样产生一系列有效样本，最后基于这些样本就可做各种统计推断。

利用 MCMC 方法求解问题的基本步骤主要分为以下三点：

（1）在观测样本上选择合适的马尔科夫链，使 $\pi(x)$ 为其对应的平稳分布。

（2）由观测样本上的某一点 $x^{(0)}$ 出发，用所产生的马尔科夫链进行模拟，产生后验样本 $x^{(0)}, x^{(1)}, \cdots, x^{(n)}$。

（3）在给定的 m 和足够大的 n 下，任一函数 $f(x)$ 的期望估计为

$$\hat{E}_\pi f = \frac{1}{n-m} \sum_{i=m+1}^{n} f(x^i)$$

采用 MCMC 方法的重点是构造转移核，不同的 MCMC 方法得到转移核的构造方法也不同，使给定的概率分布 $\pi(x)$ 为相应的马尔科夫链的平稳分布。

2.4.3 Gibbs 采样

吉布斯采样（Gibbs 采样）是统计学中用于马尔科夫链蒙特卡洛（MCMC）方法的一种算法，基于 Gibbs 采样在高维特征时的优势，通常被用于在难以直接采样时从某一多变量概率分布中近似抽取样本序列。Gibbs 采样是 MCMC 方法的一种特殊采样方法，Gibbs 采样可以从复杂的概率分布中生成数据，只需要知道每个分量相对其他分量的条件就可以进行采样。Gibbs 采样的本质就是从已知的联合概率分布 $\pi(\theta|x)$（后验分布）推导出满条件分布，然后从满条件分布中抽取样本。它的基本

思想是通过参数的满条件分布的完整设置中每次迭代产生数值以更新向量 θ 的组成部分。其迭代过程如下：

先给定任意参数初值 $\theta^{(0)} = (\theta_1^{(0)}, \theta_2^{(0)}, \cdots, \theta_k^{(0)})$，观测样本 $x = (x_1, x_2, \cdots, x_n)$，并且选择调试期 M_0。

（1）由下列满条件分布，从 $\theta^{(j)} = (\theta_1^{(j)}, \theta_2^{(j)}, \cdots, \theta_k^{(j)})$ 中抽取

$$\theta^{(j+1)} = (\theta_1^{(j+1)}, \theta_2^{(j+1)}, \cdots, \theta_k^{(j+1)}),$$
$$\pi(\theta_1^{(j+1)} | \theta_2^{(j)}, \cdots, \theta_k^{(j)}, x)$$
……
$$\pi(\theta_i^{(j+1)} | \theta_1^{(j+1)}, \theta_2^{(j+1)}, \cdots, \theta_{i-1}^{(j+1)}, \theta_{i+1}^{(j)}, \theta_k^{(j)}, x)$$
……
$$\pi(\theta_k^{(j+1)} | \theta_1^{(j+1)}, \theta_2^{(j+1)}, \cdots, \theta_{k-1}^{(j+1)}, x)$$

（2）重复迭代至 M 次，此时样本 $\theta^{(M)} = (\theta_1^{(M)}, \theta_2^{(M)}, \cdots, \theta_k^{(M)})$ 可用，令 $(\theta_1^{(0)}, \theta_2^{(0)}, \cdots, \theta_k^{(0)}) = (\theta_1^{(M)}, \theta_2^{(M)}, \cdots, \theta_k^{(M)})$

（3）重复迭代第一步，直到 $(\theta^{(j+1)} | \theta^{(j+1)} = (\theta_1^{(j+1)}, \theta_2^{(j+1)}, \cdots, \theta_k^{(j+1)}))$ 收敛，最后求得参数 θ 的 M 次迭代结果的算术平均值。

经过 Gibbs 采样过程估计未知参数，它是当前比较受欢迎的贝叶斯推断方法。Gibbs 采样是在 M-H 采样的基础上进化而来的，同时 Gibbs 采样要求数据至少有两个维度，一维概率分布的采样是没法应用 Gibbs 采样的，而 M-H 采样仍然能够应用。基于由于 Gibbs 采样具有处理高维数据的优势，通常选用的 MCMC 方法都是 Gibbs 采样。运用 Gibbs 采样来获取概率分布的样本集，使用蒙特卡洛方法来对样本集模拟求和，将它们相结合，奠定了 MCMC 算法在大数据时代高维数据模拟求和的作用。

第 3 章

基于混合模型的居民收入分布的拟合研究

收入分布是反映居民收入分配结构和演化趋势的基本方式,是体现财富分配状况随时间变化的主要形式,是定量分析居民收入问题的关键。研究收入分布首先要确定其具体分布形式,以此描述收入分配的整体状况,而后在确定分布形式的基础上探究收入分布群体是如何变动的、收入差距的发展现状等问题。因此,拟合收入分布是研究收入分配问题的关键环节。

由于每个国家或地区的居民收入分布都随着经济发展而持续变化,无论在统计方法方面还是在收入数据上,拟合收入分布形式都是有一定难度的,尤其在我国改革开放之后,国家的经济水平和收入结构都在不断地发生改变,因此,对居民收入分布的拟合及其演变过程的研究具有理论和现实的双重价值。

3.1 居民收入分布的描述统计

3.1.1 数据选择及变量说明

中国健康与营养调查（CHNS）是由美国北卡罗来纳大学和中国疾病预防控制中心营养与健康所共同组织调查的数据样本，该调查由具备营养学、经济学、社会学及人口学等专业背景的国际研究团队组织实行，其目的为研究国家和地方政府实施的健康营养状况和社会经济转型问题。CHNS 数据调查始于 1989 年，已经开展 10 轮追踪调查，分别对 1989 年、1991 年、1993 年、1997 年、2000 年、2004 年、2006 年、2009 年、2011 年和 2015 年的相关数据进行收集整理，历经了 20 多年，时间跨度较长，调查时间间隔也不均等，能更详细地反映居民收入分布的演变过程及发展趋势。1989—2009 年的调查对象主要为辽宁、黑龙江、江苏、山东、河南、湖北、湖南、广西和贵州 9 个省（区），2011 年又增加了北京、上海和重庆 3 个直辖市，2015 年再增加了云南、陕西和浙江 3 个省。地区调查跨域较广，包括我国的西部地区、中部地区及东部地区，涵盖城镇、乡村，覆盖范围全面，涉及中国 56% 的人口，每轮调查居民家庭 3000～5800 户不等。该项目的调查范围在不断扩展和改善，所选的省（市、区）在地域、经济、资源及人口方面均具有较大的差异，主要体现在收入、教育、现代化、营养和人口等指标。调查方式主要采用多阶段随机聚类和加权抽样随机确定调查样本，采集样本数据多样化，对所调查省（市、区）按照低中高的收入水平进行内部分层，基于随机抽样原则选取其中 4 个县域，同样对于社区、乡村和城镇的选取均按照随机抽样的原则实施。

CHNS 调查所选择的调查对象在经济发展，公共资源和健康指标方面都存在很大的差异,因此数据样本在社会、经济、健康和人口等方面的研究具有较好的代表性,其目的是探究改革开放后中国社会经济发展对国民收入水平、国民生活质量和国民营养健康的影响作用,这也为周期性探究居民收入分布及其影响因素奠定了良好的基础。对居民家庭的调查数据主要包含了收入、人口、经济及消费支出等数据样本,其中家庭收入数据基本通过两种方式获取:一是调查问卷的直接统计结果,二是各项经济活动所获得的收入汇总。CHNS调查数据被国内外学者广泛应用于考察居民收入发展状况,其时间跨度较长,适用于分析居民收入分布的演变过程及其影响因素的研究。

本章研究目的是探究居民收入分布的演变过程,选用CHNS调查整理的10年相关微观数据,调查数据资料分别属于调查年度的前一年。采用的"HHINCPC_CPI"指标数据,是以2015年为基准消除了价格指数影响的居民家庭人均收入数据,书中居民收入数据均来自此指标数据,剔除指标中的"不知道"等无效回答后,剩余样本量如表3-1所示。

表3-1 居民收入分布的统计特征值

年份	样本量	平均值/元	中位数/元	标准差/元	最大值/元	最小值/元	偏度	峰度
1989	3740	3289	2836	2723	67644	0	6.00	103.34
1991	3586	3262	2810	2434	34801	0	2.62	16.25
1993	3397	3763	2931	3241	40270	0	3.17	21.57
1997	3806	4668	3784	3900	56066	0	3.20	22.70
2000	4292	6081	4703	6328	98041	0	4.93	44.89
2004	4316	8078	5659	8477	88797	0	3.12	16.07
2006	4358	9122	6250	9759	98205	0	3.03	17.25
2009	4410	13548	9362	17038	333556	0	7.27	99.73
2011	5788	16496	12508	18574	427034	0	7.05	102.90
2015	5548	23338	17308	28138	439279	0	5.68	55.55

注:根据CHNS调查数据计算所得。

3.1.2 居民收入分布的描述统计

通过整理所调查年份 CHNS 中居民家庭人均收入数据，获得与居民收入分布相关的描述统计结果（以 2015 年物价为基准消除价格影响），如表 3-1 所示；居民收入平均值和中位数的变化趋势如图 3-1 所示。

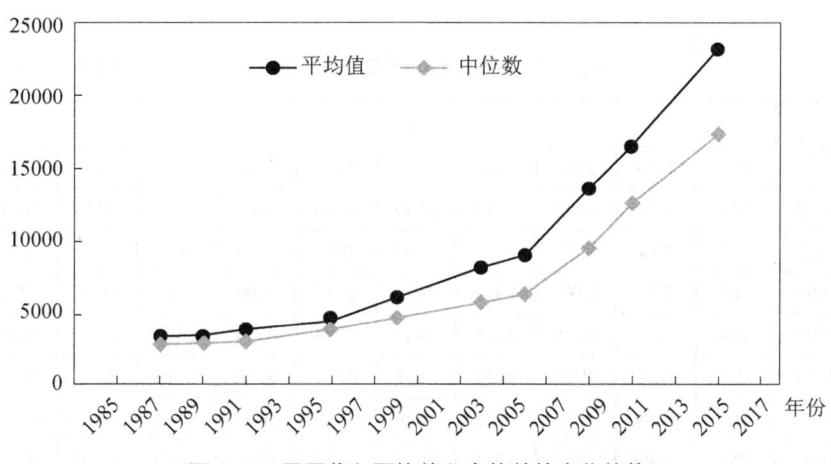

图 3-1 居民收入平均值和中位数的变化趋势

由图 3-1 和表 3-1 发现，1989—2015 年居民收入的平均值和中位数都在不断地快速增长，尤其从 2006 年开始，居民收入切换成高速增长的模式，同时收入差距也在持续扩大甚至有恶化的趋势。这说明居民收入水平在不断提高，其内部收入差距展现出愈演愈烈的变化趋势，居民收入分布存在严重的失衡已成为不争的事实，这主要是由我国经济发展所产生的经济效应和收入效应所致。

在统计中偏度表示统计分布的偏斜程度和方向，峰度表示统计分布形态的尖峰程度，它们反映统计分布的分布形态。表 3-1 中，历年收入分布的偏度和峰度均大于 0，并未出现显著的变化趋势，说明居民收入分布呈右偏长尾，出现更多的正向离群值，而且历年收入中位数低于平均值。这表明居民收入分布的失衡状况越来越严重，而且高收入群体收入增长幅度远高于低收入群体。其中，1989年和2011年的峰度值较大，表示1989年和2011年居民收入分布形式最为尖峭，其余年份的分布相对较为平缓。

为了更深入地描述居民收入分布及其演变情况，表3-2给出了5%、10%、20%、30%、40%、50%、60%、70%、80%和90%分位点处的收入分布特征值，依次分析历年不同收入层次下居民收入分布的演变情况。

表3-2 居民收入分位数特征值　　　　　　　　　　单位：元/年

年份	分位点									
	5%	10%	20%	30%	40%	50%	60%	70%	80%	90%
1989	540	779	1330	1813	2349	2836	3362	3954	4770	6018
1991	581	880	1383	1834	2294	2810	3364	3941	4675	6034
1993	563	925	1390	1915	2399	2931	3609	4442	5601	7356
1997	718	1139	1825	2453	3085	3784	4574	5496	6802	9010
2000	622	1126	1949	2854	3763	4703	5756	7016	8745	11954
2004	668	1299	2246	3421	4474	5659	7091	9214	11882	17096
2006	853	1500	2460	3511	4875	6253	8028	10338	13545	19612
2009	943	2154	3888	5634	7307	9362	11911	14971	19616	27615
2011	1051	2308	5000	7262	9599	12508	15688	19513	24471	32882
2015	1394	3103	6453	9956	13543	17293	21939	27216	33386	44529

注：根据CHNS调查数据计算所得。

表3-2显示，这10轮调查结果中，在不同分位数下居民收入具有不同的特点。在5%分位点的收入水平下，1989—2015年低收入群体的收入水平呈波动性演变，1991—1993年与1997—2000年低收入群体的收入水平呈下降的发展趋势，从2006年起低收入群体收入水平逐步提高；同样，在10%的分位点处1997—2000年，在40%、50%、70%、80%的分位点处1989—1991年收入群体均出现短暂的收入水平轻微下降的

现象，虽然其他分位点处1989—1991年居民收入水平没有类似情况，但1989年和1991年居民收入水平变化并不显著；除此之外，大部分情况下群体收入水平呈稳步提升的走势。

整体来讲（见图3-2），1989—2015年随着时间的变化，在各分位点处居民收入水平均呈逐年递增的演变过程。可是，在不同分位水平下居民收入增长速度存在较大的差异，其中5%~30%收入水平所对应的中低收入群体的收入水平增长速度不及收入水平在30%~70%的中等收入群体，而收入水平在70%~90%的中高收入群体的收入水平增长幅度最迅速。众所周知，从5%~90%随着分位点的增加，历年居民收入水平也随之呈递增的趋势，同时，1989—2015年各分位点居民收入的增长速度在不断增长。尤其在2006年后，居民收入水平呈现出更为明显的加速态势。总之，结果表明在收入水平不断提高的同时，随之产生的收入差距也在持续加剧，高收入群体的增收速度远超过低收入群体的增收速度，不同层次下居民收入增减幅度并不一致，还出现少部分群体短暂的返贫现象。

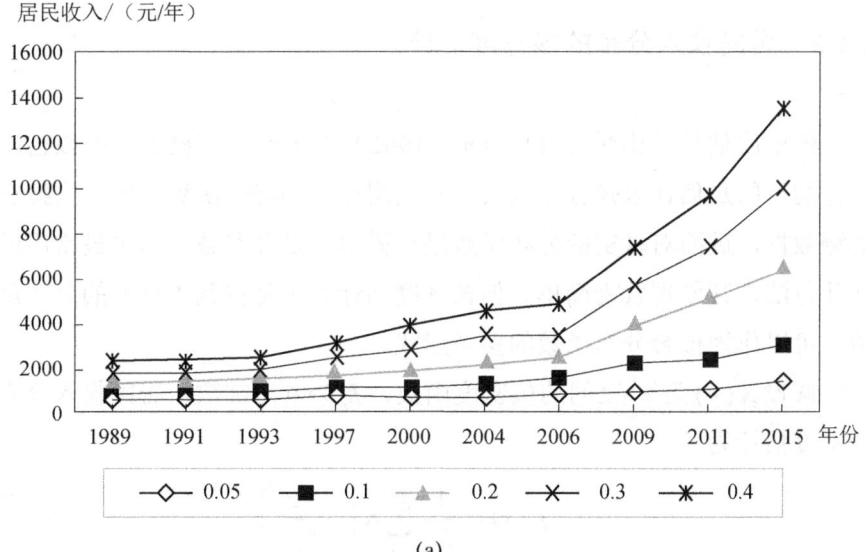

(a)

图3-2 历年居民收入分位数的演变趋势

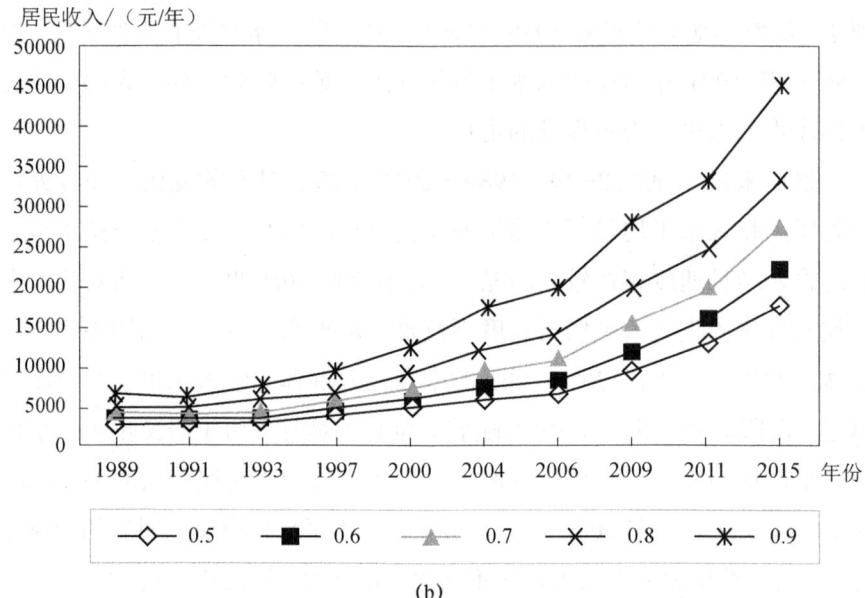

(b)

图 3-2 历年居民收入分位数的演变趋势（续）

3.1.3 居民收入分布的核密度估计

核密度估计是由帕岑（Parzen，1962）提出的，在概率论中核密度估计的目的是估计未知分布函数，其运用光滑的峰值函数（核）来拟合观测数据，进而对真实的分布函数进行模拟，是非参数方法中最常用的估计方法，其原理较为简单。但核密度估计并不是找到了真实的分布函数，可以作为拟合分布函数的参考形式。

假设 $K(\cdot)$ 为 R^1 空间的核密度函数，$h_n > 0$ 为常数，居民收入分布核密度估计为

$$f_n(x) = \frac{1}{nh_n} \sum_{i=1}^{n} K\left(\frac{x - x_i}{h_n}\right)$$

式中，$f_n(x)$ 为总体未知密度函数 $f(x)$ 的核密度估计；$K(\cdot)$ 为核密度函数；h_n 为核密度的带宽。

第3章 基于混合模型的居民收入分布的拟合研究

由国内外文献总结得知，核密度估计运用最多的核函数是高斯密度函数。采用高斯密度核函数对1989—2015年的居民收入分布进行核密度估计，其拟合结果如图3-3所示，居民收入分布演变的直观特征总结如下。

首先，收入分布逐步右移，并且分布两边的"厚尾"程度愈加显著，分布扁平化程度愈加严重，说明总体居民收入水平在提高，其差距也在扩大。并且高收入群体比例越来越高，中等收入群体密度有持续降低的趋势，低收入群体尾部厚薄程度有波动性，各收入群体变动幅度此起彼伏。总之，高、低收入群体比重呈不断上升的态势，中等收入群体比重呈不断下降的态势，居民收入分布呈现出两极的演变趋势，分配不均衡问题逐渐凸显。

其次，1989年和1991年居民收入分布已出现较明显的初期双峰趋势，基本在中等收入群体呈现双峰分布。随着收入分布的演变，双峰分布更为明显且双峰距离逐渐拉开，出现高、低收入差距两极化的M形演变格局，与葫芦形分布相似，中等收入群体流向高、低收入群体，中等阶层缺失造成葫芦形的分布结构。

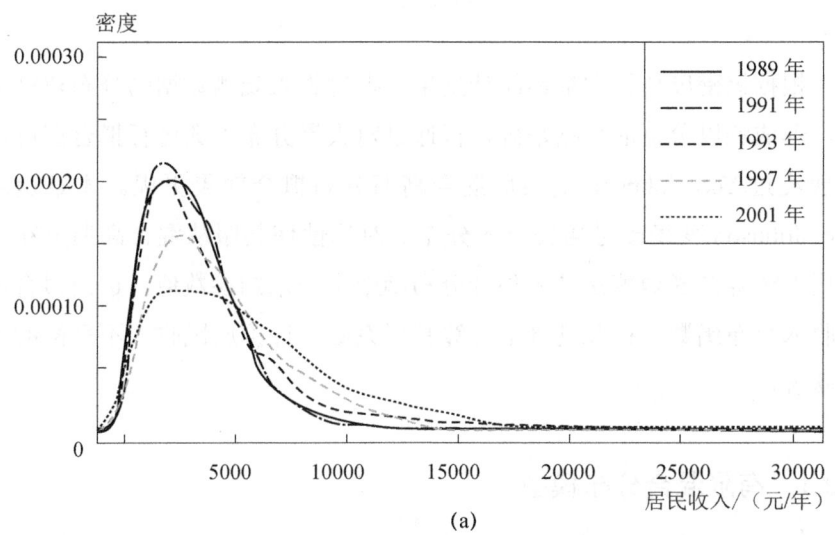

图3-3 1989—2015年居民收入分布核密度估计拟合结果

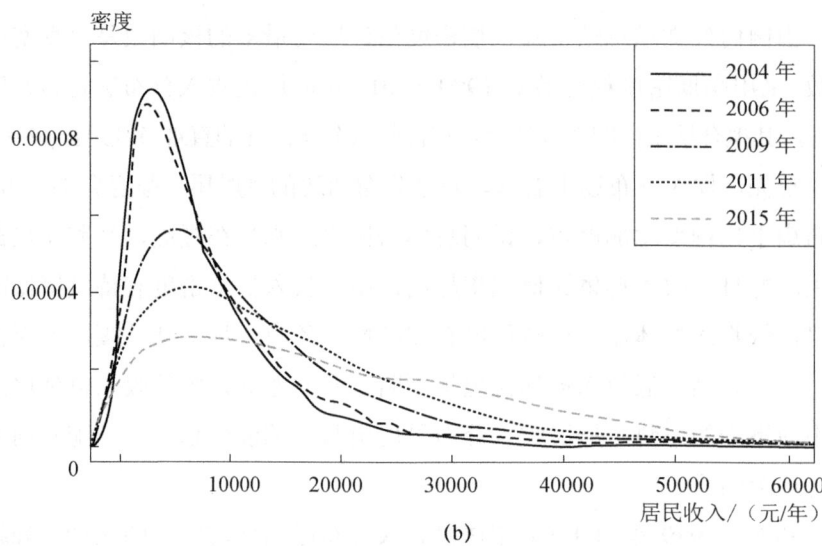

图 3-3　1989—2015 年居民收入分布核密度估计拟合结果（续）

3.2　居民收入分布的拟合函数

根据核密度估计和描述统计结果，探讨收入观测数据的分布双峰形式，形成赖以分析的数据基础，再通过对大量分布函数进行拟合探讨，发现经过 Yeo-Johnson 变换后混合高斯分布拟合效果更优。本章运用 Yeo-Johnson 变换改进居民收入分布的对称性使其服从混合高斯分布。利用 EM 算法和数值法共同估计分布函数中的未知参数值，进而拟合居民收入分布函数，在此基础上计算基尼系数，评价居民收入不平衡的整体状况。

3.2.1　有限混合分布模型

设 $X=(X_1,X_2,\cdots,X_n)$ 是随机变量集合，且 $X_1,X_2,\cdots,X_n$ 独立且服

第3章 基于混合模型的居民收入分布的拟合研究

从同一分布,使 X 经过 Yeo–Johnson 变换成为 $\varphi(\lambda, X)$,令 $Y = \varphi(\lambda, X)$ 表示变换变量且服从混合高斯分布,则随机变量 Y 的有限混合高斯模型为

$$\begin{aligned}g(Y) &= \pi_1 g_1(Y|\mu_1, \sigma_1^2) + \pi_2 g_2(Y|\mu_2, \sigma_2^2) + \cdots + \pi_k g_k(Y|\mu_k, \sigma_k^2) \\ &= \sum_{j=1}^{k} \pi_j g_j(Y|\mu_j, \sigma_j^2)\end{aligned} \quad (3-1)$$

式中,$g(Y)$ 为有限混合高斯模型,$g_j(Y) \geqslant 0$;π_j 为 $g_j(Y|\mu_j, \sigma_j^2)$ 的混合权重,$\sum_{j=1}^{k} \pi_j = 1$,且 $\pi_j \geqslant 0$;j 为混合分布第 j 组分量,$j = 1, 2, \cdots, k$。

由于 $Y = \varphi(\lambda, X)$,根据雅可比行列式则其反函数为 $X = \varphi^{-1}(\lambda, Y)$,从而得到关于 X 的分布函数如下:

$$F_X(x) = P(X \leqslant x) = P(\varphi^{-1}(\lambda, Y) \leqslant x) = P(Y \leqslant \varphi(\lambda, x)) = F_Y(\varphi(\lambda, x))$$

由分布函数得出关于 X 的概率密度函数为

$$f(x) = F_X'(x) = F_Y'(\varphi(\lambda, x)) = g[\varphi(\lambda, x)] \varphi_x'(\lambda, x) \quad (3-2)$$

即

$$f(x) = [\pi_1 f_1(x) + \pi_2 f_2(x) + \cdots + \pi_k f_k(x)] \varphi_x'(\lambda, x) \quad (3-3)$$

其中,$f_j(x) = \dfrac{1}{\sqrt{2\pi}\sigma_j} \exp\left[-\left(\varphi(\lambda, x) - \mu_j\right)^2 / \left(2\sigma_j^2\right)\right]$,$j = 1, 2, \cdots, k$。

本章主要研究二维混合分布模型,即混合密度函数为

$$\begin{aligned}f(x) &= [\pi_1 f_1(x) + \pi_2 f_2(x)] \varphi_x'(\lambda, x) \\ &= \dfrac{\pi_1}{\sqrt{2\pi}\sigma_1} \exp\left[-\left(\varphi(\lambda, x) - \mu_1\right)^2 / \left(2\sigma_1^2\right)\right] \varphi_x'(\lambda, x) + \\ &\quad \dfrac{\pi_2}{\sqrt{2\pi}\sigma_2} \exp\left[-\left(\varphi(\lambda, x) - \mu_2\right)^2 / \left(2\sigma_2^2\right)\right] \varphi_x'(\lambda, x)\end{aligned} \quad (3-4)$$

其中,$\pi_2 = 1 - \pi_1$,令 $\theta = (\pi_1, \lambda, \mu_1, \sigma_1^2, \mu_2, \sigma_2^2)$ 为式(3-4)的未知参数集。

3.2.2 参数估计的 EM 算法

通常对式（3-4）取对数后利用极大似然来估计参数 θ，其似然函数为

$$\log f(\theta, X) = \sum_{j=1}^{k} \log[\pi_1 f_1(x) + (1-\pi_2) f_2(x)] \qquad (3-5)$$

直接利用极大似然对式（3-5）进行估计是非常困难的。由于 EM 算法是估计混合分布函数的重要方法，它能够简易地估计出 θ，所以采用 EM 算法来估计混合分布中的未知参数。

首先，将样本 $x_1, x_2, \cdots, x_n$ 视为不完全数据集，而后引入潜在变量 Z_i，从而构造完备数据集，设 Z_i 取值定义如下：

$$Z_i = \begin{cases} 1, & x_i \text{来自 } f_1 \text{分布中} \\ 0, & \text{其他} \end{cases} \qquad i = 1, 2, \ldots, n$$

则关于 θ 的似然函数如式（3-6）所示：

$$L^*(Z, X) = (\pi_1 f_1)^z \cdot [(1-\pi_1) f_2]^{1-z} \qquad (3-6)$$

则样本数据似然函数得：

$$L(Z, X) = \prod_{i=1}^{n} \left[\pi_1 f_1(x_i)\right]^{z_i} \cdot \left[(1-\pi_1) f_2(x_i)\right]^{1-z_i} \qquad (3-7)$$

对式（3-7）进行对数变换如下：

$$\begin{aligned}\log[L(Z,X)] = & \sum_{i=1}^{n}[z_i \log f_1(x_i) + (1-z_i) \log f_2(x_i)] + \\ & \sum_{i=1}^{n}[z_i \log(\pi_1) + (1-z_i) \log(1-\pi_1)]\end{aligned} \qquad (3-8)$$

EM 算法是估计混合分布模型的主要方法，主要分为 E 步和 M 步来

对未知参数进行估计，其中 π_1 根据样本量占比权重来估计，假如参数 $\theta^{(0)}$ 为任意初值，E 步中计算关于 $\theta^{(m)}$ 的对数似然函数的条件期望，E 步估算过程如下：

$$E\{\log[L(Z,X)]|\theta^{(m)},X\} = E\left\{\sum_{i=1}^{n}[z_i \log f_1(x_i) + (1-z_i)\log f_2(x_i)]|\theta^{(m)},x_i\right\} +$$
$$E\left\{\sum_{i=1}^{n}[z_j \log(\pi_1) + (1-z_j)\log(1-\pi_1)]|\theta^{(m)},x_i\right\}$$
$$= \sum_{i=1}^{n}\left[\log f_1(x_i) \cdot E(z_j|\theta^{(m)},x_i) + \log f_2(x_i) \cdot E(1-z_j|\theta^{(m)},x_i)\right] +$$
$$\sum_{i=1}^{n}\left[\log(\pi_1) \cdot E(z_j|\theta^{(m)},x_i) + \log(1-x_i) \cdot E(1-z_j|\theta^{(m)},x_i)\right]$$
$$= Q(\theta,\theta^{(m)})$$

其中，令

$$\gamma_i = E(z_i|\theta^{(m)},x_i) = P(z_i=1|\theta^{(m)},x_i)$$
$$= \frac{P(z_i=1)P(\theta^{(m)},x_i|z_i)}{P(z_i=1)P(\theta^{(m)},x_i|z_i) + P(z_i=0)P(\theta^{(m)},x_i|z_i)}$$
$$= \frac{\pi_1 f_1(x_i,\theta^{(m)})}{\pi_1 f_1(x_i,\theta^{(m)}) + (1-\pi_1)f_2(x_i,\theta^{(m)})}$$

对于 M 步，其主要目的是将 $Q(\theta,\theta^{(m)})$ 极大化，使得 $Q(\theta,\theta^{(m+1)}) = \max Q(\theta,\theta^{(m)})$，从而估计 θ 参数，过程如下：

$$Q(\theta,\theta^{(m)}) = \sum_{i=1}^{n}\left[\log f_1(x_i) \cdot E(z_i|\theta^{(m)},x_i) + \log f_2(x_i) \cdot E(1-z_i|\theta^{(m)},x_i)\right]$$
$$= \sum_{i=1}^{n}\left[\log f_1(x_i) \cdot \gamma_i^{(m)} + \log f_2(x_i) \cdot (1-\gamma_i^{(m)})\right] +$$
$$\sum_{i=1}^{n}\left[\log(\pi_1) \cdot \gamma_i^{(m)} + \log(1-\pi_1) \cdot (1-\gamma_i^{(m)})\right]$$

通过 $Q(\theta,\theta^{(m)})$ 的最大化对 μ_1 求导：

$$\frac{\partial Q(\theta,\theta^{(m)})}{\partial \mu_1} = \frac{\partial \{\sum_{i=1}^{n}[\gamma_i^{(m)}\log f_1(x_i)+(1-\gamma_i^{(m)})\log f_2(x_i)]\}}{\partial \mu_1}$$

$$= \frac{\partial\left\{\sum_{i=1}^{n}\gamma_i^{(m)}\left[\log\frac{1}{\sqrt{2\pi}\sigma_1^{(m)}}-\frac{\left(\varphi(\lambda^{(m)},x_i)-\mu_1\right)^2}{2(\sigma_1^2)^{(m)}}+\log\left(\varphi_x'(\lambda^{(m)},x_i)\right)\right]\right\}}{\partial \mu_1}$$

$$= \sum_{i=1}^{n}\gamma_i^{(m)}\frac{[\varphi(\lambda^{(m)},x_i)-\mu_1]}{(\sigma_1^2)^{(m)}} = 0$$

于是由 $\sum_{i=1}^{n}\gamma_i^{(m)}\left[\varphi(\lambda^{(m)},x_i)-\mu_1\right] = \sum_{i=1}^{n}\gamma_i^{(m)}\varphi(\lambda^{(m)},x_i)-\mu_1\sum_{i=1}^{n}\gamma_i^{(m)}=0$

即得 μ_1 迭代 $m+1$ 的估计式 $\mu_1^{(m+1)} = \dfrac{\sum_{i=1}^{n}\gamma_i^{(m)}\varphi(\lambda^{(m)},x_i)}{\sum_{i=1}^{n}\gamma_i^{(m)}}$

通过 $Q(\theta,\theta^{(m)})$ 的最大化对 σ_1 求导：

$$\frac{\partial Q(\theta,\theta^{(m+1)})}{\partial \sigma_1} = \frac{\partial \{\sum_{i=1}^{n}[\gamma_i^{(m)}\log f_1(x_i)+(1-\gamma_i^{(m)})\log f_2(x_i)]\}}{\partial \sigma_1}$$

$$= \frac{\partial\left\{\sum_{i=1}^{n}\gamma_i^{(m)}\left[\log\frac{1}{\sqrt{2\pi}\sigma_1}-\frac{\left(\varphi(\lambda^{(m)},x_i)-\mu_1^{(m)}\right)^2}{2\sigma_1^2}+\log\left(\varphi_x'(\lambda^{(m)},x_i)\right)\right]\right\}}{\partial \sigma_1}$$

$$= -\frac{1}{\sigma_1}\sum_{i=1}^{n}\gamma_i^{(m)}\left\{1-\frac{\left[\varphi(\lambda^{(m)},x_i)-\mu_1^{(m)}\right]^2}{\sigma_1^2}\right\} = 0$$

于是有 $\sum_{i=1}^{n}\gamma_i^{(m)}-\sum_{i=1}^{n}\dfrac{\gamma_i^{(m)}}{\sigma_1^2}\left[\varphi(\lambda^{(m)},x_i)-\mu_1^{(m)}\right]^2 = 0$

即得 σ_1^2 迭代 $m+1$ 的估计式 $(\sigma_1^2)^{(m+1)} = \dfrac{\sum_{i=1}^{n}\gamma_i^{(m)}\left[\varphi(\lambda^{(m)},x_i)-\mu_1^{(m)}\right]^2}{\sum_{i=1}^{n}\gamma_i^{(m)}}$

同理，对 $Q(\theta,\theta^{(m)})$ 求得 μ_2 和 σ_2^2 迭代 $m+1$ 的估计式

$$\mu_2^{(m+1)} = \frac{\sum_{i=1}^{n}(1-\gamma_i^{(m)})\varphi(\lambda^{(m)},x_i)}{\sum_{i=1}^{n}(1-\gamma_i^{(m)})}, \quad (\sigma_2^2)^{(m+1)} = \frac{\sum_{i=1}^{n}(1-\gamma_i^{(m)})[\varphi(\lambda^{(m)},x_i)-\mu_2^{(m)}]^2}{\sum_{i=1}^{n}(1-\gamma_i^{(m)})}$$

同样，对 $Q(\theta,\theta^{(m)})$ 求 λ 导数，令其导数等于 0，结果如下：

$$\frac{\partial Q(\theta,\theta^{(m)})}{\partial \lambda} = \frac{\partial\{\sum_{i=1}^{n}[\gamma_i^{(m)}\log f_1(x_i)+(1-\gamma_i^{(m)})\log f_2(x_i)]\}}{\partial \lambda}$$

$$= \frac{\partial\left\{\sum_{i=1}^{n}\log(\varphi'_x(\lambda,x_i)) - \sum_{j=1}^{k}\left[\gamma_i^{(m)}\frac{(\varphi(\lambda,x_i)-\mu_1^{(m)})^2}{2(\sigma_1^2)^{(m)}} + (1-\gamma_i^{(m)})\frac{(\varphi(\lambda,x_i)-\mu_2^{(m)})^2}{2(\sigma_2^2)^{(m)}}\right]\right\}}{\partial \lambda}$$

$$= \sum_{i=1}^{n}\mathrm{sgn}(x_j)\log(|x_i|+1) - \sum_{i=1}^{n}\frac{\gamma_i^{(m)}}{(\sigma_1^2)^{(m)}}\left[\varphi(\lambda,x_i)-\mu_1^{(m)}\right]\cdot\varphi'_\lambda(\lambda,x_i) -$$

$$\sum_{i=1}^{n}\frac{1-\gamma_i^{(m)}}{(\sigma_2^2)^{(m)}}\left[\varphi(\lambda,x_i)-\mu_2^{(m)}\right]\cdot\varphi'_\lambda(\lambda,x_i) = 0$$

已知 λ 不具有显示表达式，使用数值法来估计 λ，整个估计过程需要不断重复 E 步和 M 步，迭代估计直到满足 $\|\theta^{(m+1)}-\theta^{(m)}\|<10^{-4}$ 的收敛条件而停止，进而估计出混合分布函数中的参数值。

3.2.3 数值研究

根据式（3-1），设 y 的混合高斯分布函数为

$$\begin{aligned}g(y) &= \pi_1 g_1(y) + (1-\pi_1)g_2(y) \\ &= \frac{\pi_1}{\sqrt{2\pi}\sigma_1}\exp\left[-(y-\mu_1)^2/(2\sigma_1^2)\right] + \\ &\quad \frac{\pi_2}{\sqrt{2\pi}\sigma_1}\exp\left[-(y-\mu_2)^2/(2\sigma_2^2)\right]\end{aligned} \quad (3-9)$$

再根据式（2-3）得到反函数 $x=\varphi^{-1}(\lambda,y)$ 的变换式为

$$\varphi^{-1}(\lambda,y)=\begin{cases}(y\lambda+1)^{1/\lambda}-1 & y\geq 0 \\ 1-[1-y(2-\lambda)]^{1/(2-\lambda)} & y<0\end{cases} \quad (3-10)$$

基于上述章节的有关理论基础，在有限样本的情况下通过生成服从混合分布的随机数集合进行数值模拟。首先，给定分布中未知参数的真实值，根据式（3-9）生成服从混合高斯分布的随机样本 y。其次，依据式（3-10），通过 $x=\varphi^{-1}(\lambda,y)+\varepsilon$ 进而得到服从混合分布的随机模拟样本 x [式（3-4）]，其中 $\varepsilon\sim N(0,\sigma^2)$，$\sigma^2=0.01$。

下面主要通过考虑设置两种混合高斯模型参数值进行模拟研究，以此来检验估计方法的准确性，通过计算估计结果的偏差（BIAS）、标准差（SE）和均方根误差（RMSE）来评价估计结果的精确性，样本量分别选取 N 为 1000、2000、4000，迭代模拟 500 次。设 λ 的真实值为 1.5，两种模拟形式设置如下。

设置 1：选取 $\mu_1=0$，$\mu_2=3$，$\sigma_1=1$，$\sigma_2=1$，$\pi_1=0.3$ 来生成服从混合高斯分布的随机样本，通过式（3-10）进而得到 x 的模拟数据样本，初值任意选取，数值模拟结果如表 3-3 所示。

设置 2：选取 $\mu_1=0$，$\mu_2=5$，$\sigma_1=1$，$\sigma_2=1$，$\pi_1=0.4$ 来生成服从混合高斯分布的随机样本，初值任意选取，数值模拟结果如表 3-3 所示。

表 3-3 混合分布模型参数估计的模拟结果

混合高斯模型		$0.3N(0,1)+0.7N(3,1)$			$0.4N(0,1)+0.6N(5,1)$		
参数	N	1000	2000	4000	1000	2000	4000
μ_1	BIAS	0.0798	0.0727	0.0737	0.0323	0.0309	0.0322
	RMSE	0.2436	0.1764	0.1694	0.0628	0.0488	0.0417
	SE	0.2303	0.1608	0.1527	0.0539	0.0378	0.0266
μ_2	BIAS	0.0014	0.0181	0.0250	−0.0584	−0.0614	−0.0518
	RMSE	0.1607	0.1129	0.0938	0.1952	0.1471	0.1170
	SE	0.1609	0.1116	0.0905	0.1864	0.1338	0.1050

续表

混合高斯模型		$0.3N(0,1)+0.7N(3,1)$			$0.4N(0,1)+0.6N(5,1)$		
参数	N	1000	2000	4000	1000	2000	4000
σ_1	BIAS	0.0679	0.0697	0.0674	0.0729	0.0748	0.0738
	RMSE	0.0949	0.0828	0.0750	0.0832	0.0799	0.0762
	SE	0.0664	0.0448	0.0329	0.0402	0.0280	0.0190
σ_2	BIAS	0.0696	0.0747	0.0754	0.0676	0.0668	0.0707
	RMSE	0.1113	0.0937	0.0892	0.0935	0.0822	0.0785
	SE	0.0869	0.0567	0.0477	0.0646	0.0478	0.0343
λ	BIAS	0.0157	0.0218	0.0244	−0.0070	−0.0072	−0.0048
	RMSE	0.0592	0.0434	0.0369	0.0394	0.0295	0.0222
	SE	0.0571	0.0375	0.0277	0.0388	0.0287	0.0217

由表 3-3 的模拟结果可以得出以下结论。

首先，混合分布模型参数的 BIAS 估计结果均较小，且随着样本量的增加，大部分参数估计的 BIAS 估计结果呈现相对稳定的趋势，部分 BIAS 估计结果在不同样本量下有小幅波动，但整体变化不大。相对于真实值，BIAS 估计结果越小，说明模拟的估计结果越靠近真实值。

其次，随着样本量的不断增加，混合分布的参数估计结果 SE 和 RMSE 的估计结果随之越来越小，其估计效果呈现越来越好的变化趋势。且 SE 与 RMSE 的估计结果基本相近，两者的估计结果越相似，说明模拟的估计结果越精确。

以上分析展现出 EM 算法和数值求根法能够很好地估计混合分布模型的未知参数。

3.3 居民收入分布的拟合研究

3.3.1 收入分布参数估计分析

在理论分析和模拟研究的基础上，居民收入分布服从混合分布函数[式（3-4）]，采用居民家庭人均收入数据样本（扣除通货价格影响）。下面利用 EM 算法和数值法对分布函数的参数进行估计（计算过程见 3.2 节），以此来拟合历年居民收入分布形态，进而从时间维度的视角分析居民收入分布演变过程，其结果如表 3-4 所示。

表 3-4　居民收入分布的参数估计结果

年份	μ_1	μ_2	σ_1	σ_2	λ
1989	1556	2753	735	516	−24.85
1991	1547	2699	685	467	−26.11
1993	1744	3598	819	715	−18.75
1997	2192	4312	1040	936	−15.05
2000	2645	5524	1418	1263	−11.86
2004	3233	7815	1810	1876	−8.34
2006	3493	8519	1920	1929	−7.91
2009	5237	12108	2926	2869	−5.36
2011	5731	13154	3308	2959	−4.89
2015	7505	16635	4363	3398	−4.06

从历年居民收入分布演变趋势能发现，其不断变化是由位置效应、尺度效应和残差效应共同变化所致，这些变化造成不同收入水平下人口密度不断变化。位置效应促使经济增长推动居民整体收入水平的提升，尺度效应与残差效应促使收入分配体制和个体单位异质性差别，造成收入差距拉大或收入不均等程度加剧。历年收入分布拟合服从位置—尺度分布，是以均值和标准差作为位置和尺度参数的估计基准，对历年收入

分布变化差异进行位置—尺度效应的分解，由此提出位置—尺度参数效应。表 3-4 中显示，随着时间的变化，位置参数 μ_1 和 μ_2（位置效应）与尺度参数 σ_1 和 σ_2（尺度效应）都呈现不断增长的演变趋势，可是其增长速度并不同步，这是收入分布差异化演变的直接原因。同时，历年两位置（μ_1 和 μ_2）对比结果表明两群体之间的收入差距也在持续的拉开，两群体内部的收入差距（σ_1 和 σ_2）也在不断拉大。

在经济运行过程中，收入的位置效应和尺度效应会相互抵消，但是位置效应的影响作用要大于尺度效应和残差效应，并且两群体内部和两群体之间的尺度效应和残差效应都在不断地增强。由于历年位置 μ_1 都小于 μ_2，但标准差 σ_1 却大于 σ_2，表明低收入群体内部的收入差距问题更为严重，仅有 2004 年、2006 年的标准差 σ_1 小于 σ_2，可能的原因是这两年正处于中国经济恢复性高速增长和结构转型的重要阶段，部分新兴行业或高薪群体受股份制改造、市场经济深化等影响，导致高收入群体内部的收入多样性增强，高收入群体位置和尺度效应促进其增长速度高于其他群体，收入不均衡现象较为凸显。总之，经济发展的劳动成果使全体居民普遍受益，尽管副作用的尺度效应导致受益程度的不平等而造成收入差距加大，然而居民收入水平提高才是经济持续发展的主旋律。

由于 $|\lambda-1|$ 的距离表示经过 Yeo-Johnson 变换后收入分布的偏差程度，1989—2015 年变换参数在不断增大，越来越靠近 1，虽然 1989 年变换参数的偏差程度较大，但是其偏差距离却在逐年缩小，这说明居民收入分布随时间的推移聚集性越来越强。而且变换参数的估计值都不等于 0 和 2，这表明混合分布并不是对数变换，对数正态分布并不能够很好地拟合居民整体收入分布情况。

在经过 Yeo-Johnson 变换后，居民收入分布描述统计量（见表 3-5 和图 3-4）表明历年收入平均值和中位数基本相吻合，偏度值都在 0 值附近，最大偏度值为 2004 年的 0.40，峰度值都在 2 附近，收入分布的偏度和峰度都得到了很好的改善，收入分布不会有明显的偏移和尖峭，这说明 Yeo-Johnson 变换能够较好地改进分布的对称性和正态性，进而拟合出适合的居民收入分布函数。从历年居民收入分布演变过程可以直观地看出，收入阶段性的变化趋势分为两个阶段：1989—2006 年，2006—2015 年。1989—2006 年变换前后居民收入的增长速度都较为缓慢，2006—2015 年居民收入的增长速度较快。

表 3-5　Yeo-Johnson 变换后居民收入分布的统计特征值

年份	平均值/元	中位数/元	标准差/元	最大值/元	最小值/元	偏度	峰度
1989	1962	2016	877	4024	0	−0.09	2.27
1991	1927	1972	825	3828	0	−0.09	2.27
1993	2323	2230	1166	5323	0	0.24	2.31
1997	2899	2845	1418	6637	0	0.18	2.38
2000	3590	3543	1924	8428	0	0.20	2.33
2004	4735	4414	2826	11925	0	0.40	2.37
2006	5146	5030	4807	12483	0	0.38	2.25
2009	7512	7109	4349	18650	0	0.32	2.36
2011	8925	8958	4849	20444	0	0.06	2.16
2015	11424	11723	5985	24433	0	−0.08	2.11

注：根据 CHNS 调查数据计算所得。

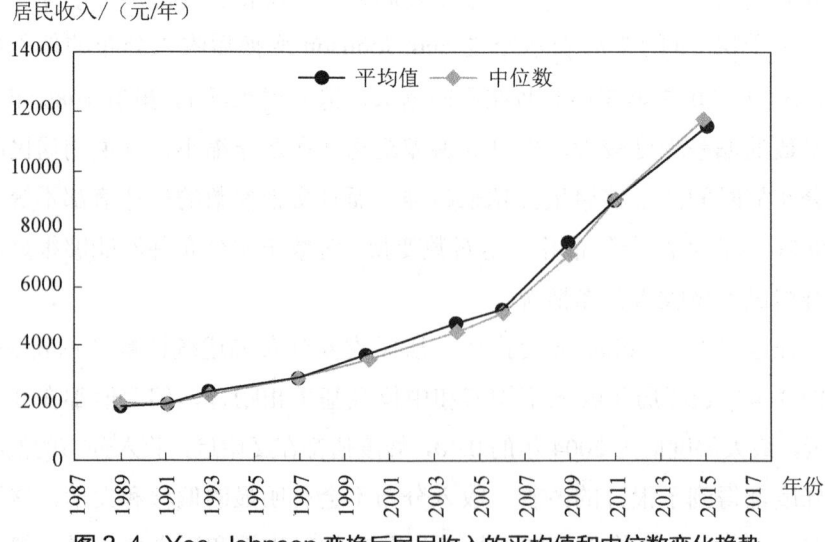

图 3-4　Yeo-Johnson 变换后居民收入的平均值和中位数变化趋势

在 Yeo-Johnson 变换前（见图 3-5），历年居民收入分布存在明显的右拖尾现象且愈加严重，收入分布"左尾"的高度也出现上升的趋势；通过 Yeo-Johnson 变换后，收入分布"右拖尾"的情况得到了很好的修正，改善了收入分布的分散程度和正态性，出现明显的双峰分布，居民收入变换后服从混合高斯分布。

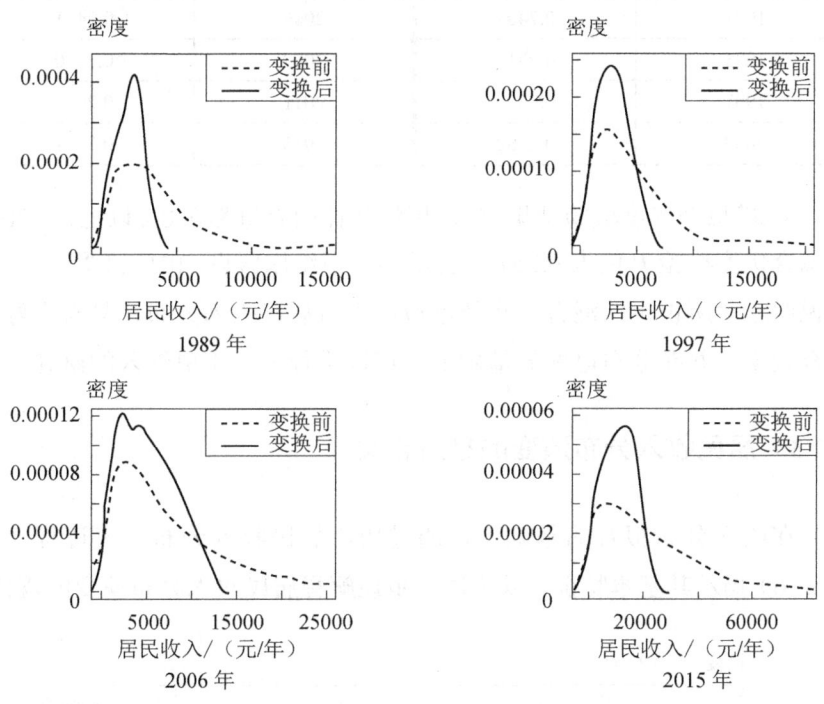

图 3-5 Yeo-Johnson 变换前后居民收入分布情况

3.3.2 收入分布 χ^2 拟合优度检验

前面章节充分地刻画了 1989—2015 年居民收入分布的演变规律，为了检验历年居民收入数据是否服从本章提出的混合分布，本书选用皮尔逊（Pearson）χ^2 拟合优度检验方法来检验居民收入数据分布函数的拟合情况，确定在一定的显著性水平下不能拒绝所提出的混合分布。根据第

2 章 χ^2 拟合优度检验的原理，估计出检验统计量对应的 P 值，结果如表 3-6 所示。

表 3-6　χ^2 拟合优度检验结果

年份	P 值	年份	P 值
1989	0.2406	2004	0.2462
1991	0.2407	2006	0.2481
1993	0.2417	2009	0.2510
1997	0.2429	2011	0.2519
2000	0.2482	2015	0.2571

从 χ^2 拟合优度检验结果来看，历年估计的 P 值都在 0.2 以上，如 2015 年拟合优度检验 P 值为 0.2571，表示不能拒绝原假设，由此接受原假设。这说明本章所设定的混合分布能近似地拟合居民收入分布，具有良好的拟合效果，并在分布已知的基础上，可以进行下一步更深入的研究。

3.3.3　居民收入分布演变的经济含义

在收入分布拟合的基础上，通过历年居民收入分布演变过程（见图 3-6）揭示其基本特征，以更进一步地解释居民收入分布演变的规律。

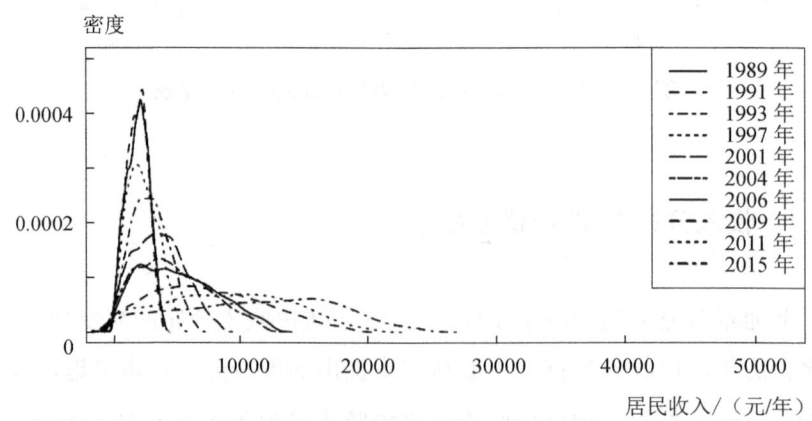

图 3-6　居民收入分布的演变趋势

如图3-6所示，具体特征变化如下。

从历年居民收入分布来看，收入分布内部出现的位置效应和尺度效应导致不规则的演变路径，作为收入水平和收入不平等的变化特征，分布图位置右移表示居民收入水平不断提高，分布图尺度萎缩表示收入不平等具有扩大的动态趋势，位置—尺度参数的变化具有显著的经济学意义。

从整体来看，1989—2015年居民收入分布的演变过程较为曲折，收入分布演变的速度并不同步，随着时间的推移分布演变的速度越来越快，2009年后收入分布扁平化程度越发明显，不同收入群体流动速度不断加快，收入阶层在持续变化，收入分布经历了激烈的演变过程，当前还未形成"两头小中间大"的橄榄形分配格局。

从部分来看，1989—2006年居民收入分布演变路径基本一致，2009—2015年居民收入分布两极化程度加深，分布形态离散程度越来越明显，收入分布右拖尾的情况愈发严重，收入差距程度越来越大。居民收入分布由高到矮向右逐年移动，整体上反映居民收入呈现持续增长的走势，去除增长水平后的相对收入分布的演变就是收入差异化的体现。

伴随经济发展和收入分配体制的完善，除了收入分布演变过程产生的位置效应、尺度效应，从经济视角还产生了社会效应和市场效应。一方面，收入分布演变所产生的社会效应其实是居民收入的不断提高实现了共享经济成果，这是社会发展的本质。应不断加固经济硕果，这是国家政府及社会各界所关心的焦点。因此，考虑采用什么政策措施来消除不均等的同时，如何正确指引居民不断升级的消费需求也是收入研究的重点。另一方面，收入分布演变所产生的市场效应，随着不同收入群体之间的快速流动，必将由于奢侈品需求而出现波动性不均衡的供需现象，厚此薄彼将促使一些商品供不应求导致价格明显攀升，需考虑如何科学指引和估测居民收入水平变动而产生的市场需求的变化效应。

表3-7计算了1989—2015年居民收入的人口累计分布（以2015年为基准消除价格指数），其中发现以下几点规律。

表 3-7 历年居民收入累计分布（CDF）

年份	居民收入/（元/年）							
	2800	4000	5000	10000	20000	30000	40000	50000
1989	50%	69%	81%	97%	99%	99%	99%	99%
1991	50%	70%	82%	98%	99%	99%	99%	99%
1993	48%	65%	74%	95%	98%	99%	99%	99%
1997	35%	53%	64%	92%	98%	99%	99%	99%
2000	26%	42%	53%	83%	96%	97%	97%	97%
2004	20%	33%	43%	71%	91%	95%	96%	97%
2006	18%	30%	40%	68%	89%	95%	96%	97%
2009	10%	17%	23%	52%	78%	89%	94%	96%
2011	7%	12%	17%	40%	69%	85%	92%	95%
2015	5%	8%	11%	29%	55%	73%	85%	91%

首先，2015年国家将贫困线提升为人均年收入低于2800元，1989年处于贫困线以下收入累计人口占比为50%，一半人口未脱离贫困，随着时间的推移，年收入低于2800元的贫困人口占比在不断下降，2015年贫困人口占比仅为5%，贫困人口比重减少了45个百分点，说明居民收入水平在不断提高。

其次，1989年、1991年、1993年和1997年，居民人均年收入水平达到10000元的人口累计占比已经超过了90%，后面随着收入水平的提升，人口累计占比变化不大，年收入水平达到"万元户"将属于高收入群体。对比1989年与2015年，2015年年收入低于10000元的人口比例为29%，下降了68个百分点，并且年收入为2800~10000元的群体比重缩减了24个百分点，这表明中低收入者的人口比例有呈大幅度缩减的态势。

再次，当2000年和2004年居民人均年收入水平为20000元，2006年居民人均年收入水平为30000元，2009年与2011年居民人均年收入水平为 40000 元，2015 年居民人均年收入水平为 50000 元时，相应的收入群体累计比重均超过 90%。此外，图 3-7 中显示，1989—2009 年年收入为 2800～10000 元的群体占比最高，自 2000 年到 2015 年，年收入为 10000～30000 元、30000～50000 元的人口占比有较大幅度的提升，但 2015 年年收入为 10000～30000 元人口的占比出现下降的趋势，且年收入低于 30000 元的人口累计占比逐渐下降，年收入高于 30000 元的人口比重有明显增加的趋势，中高收入者在向更高收入层次扩展。由此可见，居民收入呈现高收入水平群体比重不断增加的趋势。

最后，从整体来看，居民收入持续增加，尤其是贫困人口比例在快速缩减，年收入为 2800～10000 元的群体比重随时间先升后降，呈现倒 U 形的变化走势。年收入为 10000～30000 元的群体比重呈波浪式变动，整体朝向更高收入群体聚集扩展，但其聚拢的发展速度参差不齐，中等收入群体比重还未形成稳定的收入群体。从短期来看，年收入为 30000～50000 元的群体比重有逐年递增的趋势，居民收入向高收入层次演变的过程中，其内部演变速度波动性较大，呈葫芦形的发展趋势。

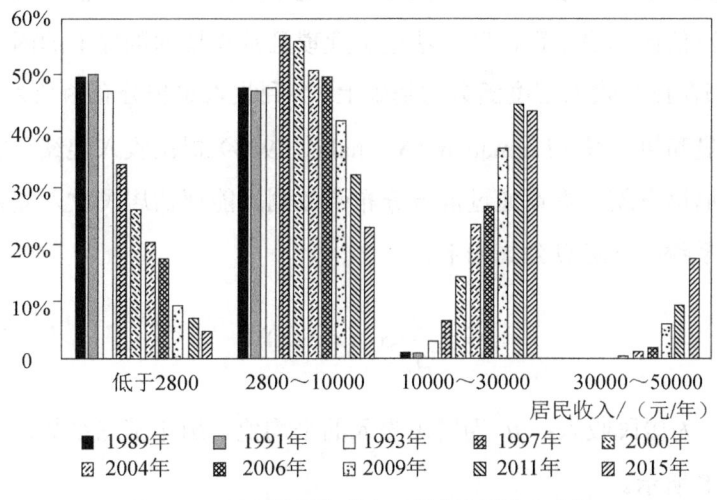

图 3-7 历年居民各收入区间占比的演变趋势

进入21世纪，收入分配问题日渐凸显，各收入群体间的差距不断扩大，收入流动性下降，收入分布呈现相对平稳的演变。居民收入分布演变过程所呈现的流动性的高低，正与我国深入改革发展相呼应。在20世纪90年代，我国市场经济机制刚成立的初期，重心集中于发展经济，兼顾收入分配公平和效率。收入不均衡和贫富差距问题长期都是我国重点关注的民生问题，基于收入分布函数，我们能够较为准确地估计不同收入水平下的人口所占比重。基于此，利用分布函数能准确地为政府税收、转移支付等提供依据和参考。

3.3.4 居民收入分配差距的基尼系数

基尼系数是评价整体收入分配公平程度的主要指标，其值越大表示社会各阶层的收入不均等程度越高，但目前还未具有统一评价标准。不同的地域或国情的特殊情况下，基尼系数的评价状况不同。

鉴于基尼系数一般用于衡量收入分配差距，很多研究收入差距的学者通过测算基尼系数来评估居民收入分配不均衡的程度。他们大部分利用非参数估计基尼系数，其方法过于烦琐且具有技术测算上的困难。因此，本书在拟合收入密度函数的基础上，得到收入累积分布函数为$F(x)$，根据勒曼和伊扎基（Lerman and Yitzhaki，1984）提出收入连续分布函数计算基尼协方差。本章通过混合分布函数测算能评估居民收入差距形状的基尼系数，其运算公式如下：

$$G = \frac{2}{\mu_x} \text{cov}(x, F(x)) \quad (3-11)$$

式中，x为居民收入；μ_x为居民收入的平均值。历年基尼系数估计结果如表3-8所示。

表 3-8 基尼系数估计结果

年份	G	G_1	G_2	G_1/G_2
1989	0.3835	0.2482	0.1353	1.83
1991	0.3735	0.2464	0.1271	1.94
1993	0.4154	0.2835	0.1319	2.15
1997	0.4031	0.2635	0.1396	1.89
2000	0.4508	0.2943	0.1565	1.88
2004	0.4871	0.3175	0.1697	1.87
2006	0.4955	0.3207	0.1748	1.83
2009	0.4941	0.3156	0.1785	1.77
2011	0.4673	0.2429	0.2244	1.08
2015	0.4701	0.2424	0.2277	1.06

注：G、G_1、G_2 表示混合总体分布、两分量收入群体的基尼系数。

表 3-8 显示，估计结果与国家统计局和国内相关学者的测算结果相一致，可用此指标来反映居民收入分配差距的整体情况。随着经济发展，1989—2006 年，基尼系数呈波动递增的趋势，其中 1989—1991 年基尼系数不增反降的原因是改革开放使经济发展过热，国家实行了紧缩政策遏制通货膨胀，降低了居民收入差距；1997 年基尼系数有所下降是因为 1997 年席卷亚洲的金融危机使我国采取了扩张型政策，扩大内需，改善收入分配结构，提升劳动者报酬，进而缩小了收入差距。

20 世纪 90 年代后我国基尼系数基本在 0.4 以上，收入分配差距在不断扩大，经济发展成果以不同分配比例被居民分享，其中 2006 年基尼系数达到最大。2009 年基尼系数有所降低但仍较高，其主要原因是受到次贷危机的影响；2009—2015 年基尼系数出现下降的趋势后有所回升，但仅仅提升了 0.0028，说明居民收入差距正在逐渐缩减，有所回升但仍未改变收入差距缩减的趋势。中低收入群体的基尼系数 G_1 与 G 历年的演化趋势基本一致，而中高收入群体的基尼系数 G_2 呈逐年增加的演化过程（1991 年除外），并且 G_1 的估计结果要高于 G_2，说明城乡混合的中低收入群体内部收入差距远大于城乡混合的中高收入群体。

3.4　本章研究结论

本章以居民收入分布的定量研究为切入点，对收入分布形式进行了拟合和检验，通过多维统计描述和实证研究充分地认识到居民收入分布的演变过程和经济意义，进而为探究居民收入分配现状及存在的问题提供理论分析和实际支持。

通过对居民收入水平和收入差距现状问题的分析及以往文献资料的研究，发现居民收入分布演变过程中出现明显的双峰和"右拖尾"的统计特征。基于居民收入分布的实际情况及核密度分布特征，本章选择构建混合分布模型来拟合居民收入分布，引入 Yeo-Johnson 变换理论来改善收入分布的正态性、对称性和缩小收入分布的离散程度，将 Yeo-Johnson 变换理论与混合高斯分布相结合推导收入的混合分布模型，而后利用 EM 算法和数值法估计分布模型的未知参数，采用数值模拟方法检验估计方法的有效性。

本章选用 CHNS 调查中 1989—2015 年居民家庭人均收入指标来拟合实际收入分布，使用 χ^2 拟合优度检验分布函数拟合的效果，研究发现所提出的混合分布能够较好地拟合居民收入分布模型。同时，从微观视角探究居民收入分布随时间推移的演变过程和规律，收入分布参数估计结果表明，居民收入水平在不断提高（位置变化），但两群体内外收入分配差距都在不断扩大（标准差变化）。历年变换参数 λ 值在不断增加且越来越靠近 1，居民收入分布总体离化程度呈逐年降低，变换参数的估计值都不为 0 和 2，这说明居民收入分布随时间的推移聚集性越来越强，对数正态分布并不能够很好地拟合居民收入分布情况。

第3章 基于混合模型的居民收入分布的拟合研究

通过拟合居民收入分布及对其演变趋势的研究，结果发现历年居民收入分布明显在向右迁移，且"右拖尾"越来越严重。居民收入水平不断提高的同时，伴随着出现了收入差距持续恶化的消极影响。这源于改革开放后经济快速发展给人民带来的福利成果，高收入群体所分享到的成果比例大，导致低收入群体的收入增长速度远远低于中高收入群体，中高收入家庭的比例也在逐步上升。同时，在拟合居民收入分布的基础上测算收入基尼系数，结果发现从20世纪90年代起基尼系数基本高于0.4的警戒线，其中2006年基尼系数达到最大，2009年基尼系数有所降低但仍较高，2009—2015年基尼系数出现下降的趋势但有所回升，说明居民收入分配差距正在逐渐缩减，有所回升并未改变收入差距缩减的趋势。

从整体视角来分析居民收入分布的演化趋势和经济意义可知，收入分布的演变过程受到位置效应、尺度效应和残差效应共同影响，收入分布还产生了社会经济效应和市场经济效应。本章对拟合收入分布所表现出的位置—尺度效应进行了直观研究，研究结果为后续构建混合动态分布奠定了理论基础和实证支持。

第 4 章

基于混合动态模型的居民收入分布的演变研究

从第 3 章关于居民收入分布拟合及其演变的研究可知，收入分布演变主要是由于分布的位置—尺度参数不断变化所致。拟合居民收入分布是收入统计研究的基本性工作，分布函数则蕴含着收入演变的全部特征。基于第 3 章中的理论和实证研究的总结，为了更彻底地了解收入分布的演变特征，本章选用 1989—2015 年 CHNS 中的居民收入数据从动态视角拟合混合收入分布及其演变趋势，认识到收入分布不断右移且离散程度在持续恶化及其客观存在的事实性，目的是探究两分量混合分布函数随着时间变化的动态演变路径并估算衡量收入差距的基尼系数，研究发现居民收入分布呈现两阶段的动态演变轨迹，由此掌握居民收入分布的演变规律。

4.1 居民收入分布的研究概述

自改革开放实行以来，不同发展阶段的居民收入水平在以不同的增长速率持续提高，收入分布格局历经了深刻的曲折变迁。当然居民收入分布亦存在不够合理的棘手问题，为解决此难题，需为构建科学

第4章 基于混合动态模型的居民收入分布的演变研究

公平的收入分配格局不断努力。由于收入分布的动态演变深受收入分配和经济发展的共同影响，随着时间的推移，收入分布的形状、位置及演变过程产生多元化发展态势，形成诸多差异化的收入群体，其背后原因是收入阶层结构及收入动态增速的连续变换，而收入结构的完善是经济发展和社会进步的主要体现，是构建和谐社会的重要保证。

以往很多学者主要研究单一年份居民收入分布的演化趋势。研究重点集中于考察某一时期内不同年份分布模型的变化历程和收敛性。王亚峰（2008）选择最大熵分布研究每年居民收入分布的变迁趋势。章上峰等（2009）使用多种分布函数对1989—2004年CHNS调查数据进行单峰拟合，结果发现广义logistic分布拟合效果最优，但他认为2004年后居民收入分布呈双峰或多峰发展，导致拟合函数使用的局限性。周浩等（2008）与张建升（2012）都运用非参数核密度分别探讨了城镇和农村居民收入分布逐年演化的形势。张萌旭等（2013）选用安徽省城镇家庭调查数据拟合居民收入分布函数。陈云（2009）利用现代非参数核密度拟合居民收入分布，根据相对分布参数总结分布变迁规律，但没有具体的分布形式，未从时序维度测度分布的变迁过程。黄恒君（2013）基于收入测度的研究目的，以拟合收入函数为基础，考察函数的位置—尺度参数变化对分布变迁的影响规律，进而研究收入函数的构建和识别。刘洪等（2017）提出反帕累托分布-对数正态组合分布对农村居民分布拟合效果较好，对城镇居民收入分布的拟合效果不太好。胡志军和陶纪坤（2018）从静态角度分析了居民收入的认同性程度呈逐渐下降的趋势，而疏离性程度呈倒U形变化；从动态的角度分析疏离性程度的提高和认同性程度的降低造成整体居民收入分布极化程度的加剧。周雪娇等（2024）表示从动态视角拟合混合收入分布及其演变趋势，认识到收入分布不断右移且离散程度在持续恶化的客观事实。

综上所述，关于收入分布的拟合研究已取得一定的研究成果，由于研究思路及方法的差异，研究结果也不相一致。随着时间的推移，居民收入分布出现双峰甚至多峰的状况，故对居民收入分布函数和密度函数的演变过程的研究尤为紧迫。无论是选择非参数估计或参数估计分布形式，尽管可以刻画出不同年份收入分布特征的变化，但无法系统性地拟合收入分布连续的动态演变趋势。碍于诸多客观性因素，从时序维度探讨我国居民收入分布长期连续动态演变的研究寥寥无几。基于第3章中居民收入混合分布的拟合研究及以往文献的研究基础，本章将从时序维度探究混合分布模型随时间变化因素的演变情况，目的是拟合居民收入混合动态分布的演变过程，具体探讨混合动态分布的位置参数和尺度参数随时间推移的演变趋势，由此找到整体居民收入动态分布的演变路径，且在准确拟合分布函数的基础上，估算居民收入基尼系数指标，在不同收入分布层次下，进一步探讨收入群体变化的实际经济效应和收入分配效应，更全面剖析居民收入分布的演变情况及分配差距的收敛状态。

4.2 居民收入分布的动态模型

4.2.1 数据说明及描述统计

在改革开放40多年历程中，经济发展大体分为"四大阶段"：第一阶段为1978—1992年，即从党的十一届三中全会到邓小平前往南方视察并发表"南方谈话"；第二阶段为1992—2001年中国加入世界贸易组织；第三阶段为2001—2008年中国承办奥运会；第四阶段为2008年至今。经济发展过程具有阶段性的变化趋势，居民收入深受经济发展过程的影响，也具有发展阶段性的特征。

中国营养与健康（CHNS）数据已在第3章中详细介绍，本章仍然选用1989—2015年的居民家庭人均收入数据指标，并以2015年为基准消除价格膨胀指数使其具有可比性。图 4-1 中散点图的描述结果显示，1989—2015 年居民收入平均值和标准差的整体演变过程较为相似，且收入水平和收入差距随着时间的变化出现明显的分段趋势，在 1989—2009 年时间段内出现明显的断层现象，以 2006 年为转折点；1989—2006 年收入均值和标准差的增长速度明显低于 2006—2015 年的增长速度。

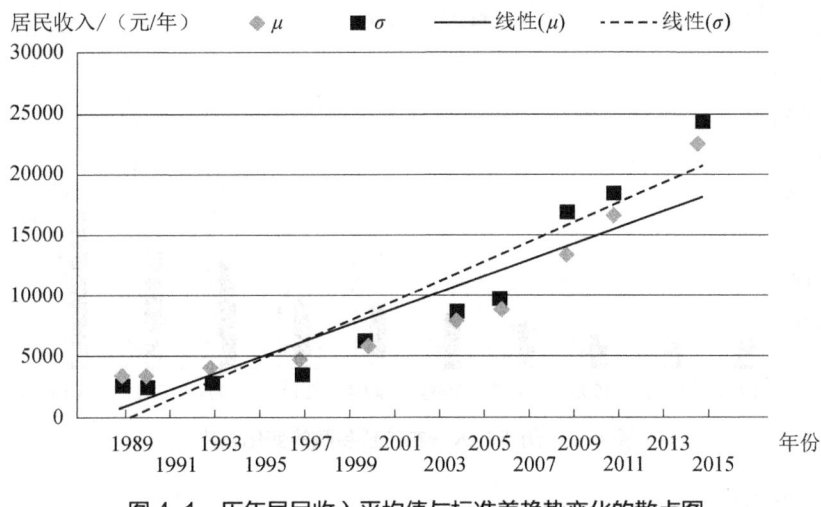

图 4-1　历年居民收入平均值与标准差趋势变化的散点图

根据第 3 章关于居民收入混合分布的估计结果，收入分布演变是由于分布的位置平移和尺度伸缩，能够发现混合分布参数的变化趋势（见图 4-2 和图 4-3），从而看出位置—尺度参数随时间变化的平移距离。位置—尺度参数随着时间的变化呈递增的演化趋势，可 2006 年与 2009 年之间的递增趋势出现明显的分层。基于不同时期居民收入分配结果受到经济增长所惠及的程度不同，正如我国经济增长的过程一样，收入分布也具有阶段性发展过程，导致分布的位置—尺度参数与时间的关系并不是简单的线性关系。如果利用普通线性回归进行估计，结果将不尽如人意，整体的变化趋势不能充分地反映各时间段内居民收入分布的动态变化特征。所以，将理论规范和实证分析相结合，把居民混合收入分布的演变过程分阶段进行实证研究较为合理，即分为 1989—2006 年和 2009—2015

年两阶段。收入分布的变换参数 λ 与时间基本呈线性相关关系（见图4-4），将变换参数与时间因素视为简单的线性关系。初期是基于图形的直观判断，接下来是构建模型来量化位置—尺度—变换参数与时间因素的相关关系，而后根据位置—尺度—变换参数模型估计模型系数。

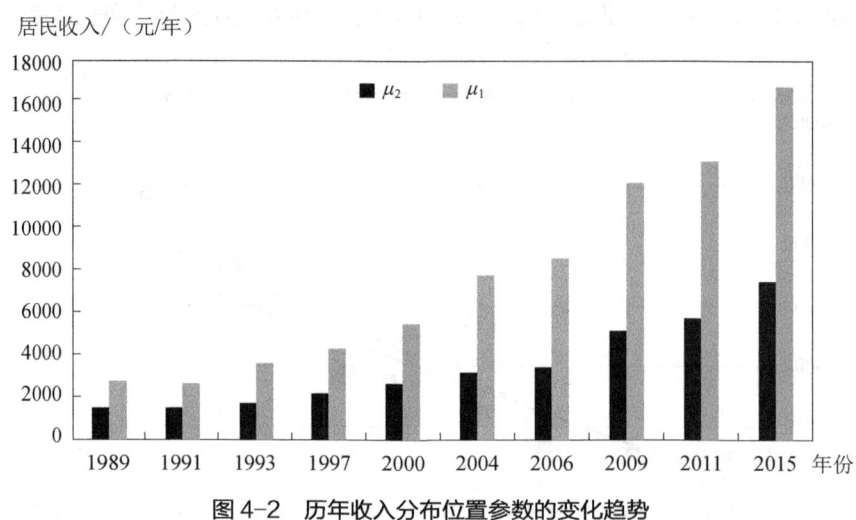

图4-2 历年收入分布位置参数的变化趋势

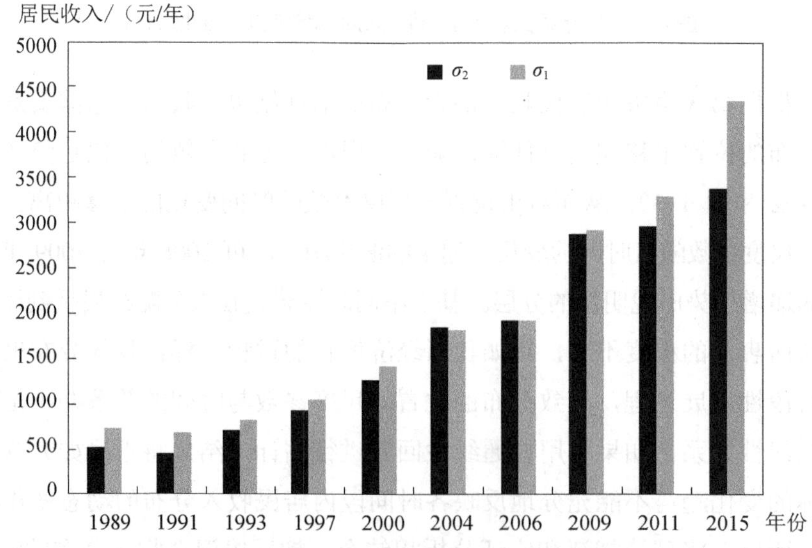

图4-3 历年收入分布尺度参数的变化趋势

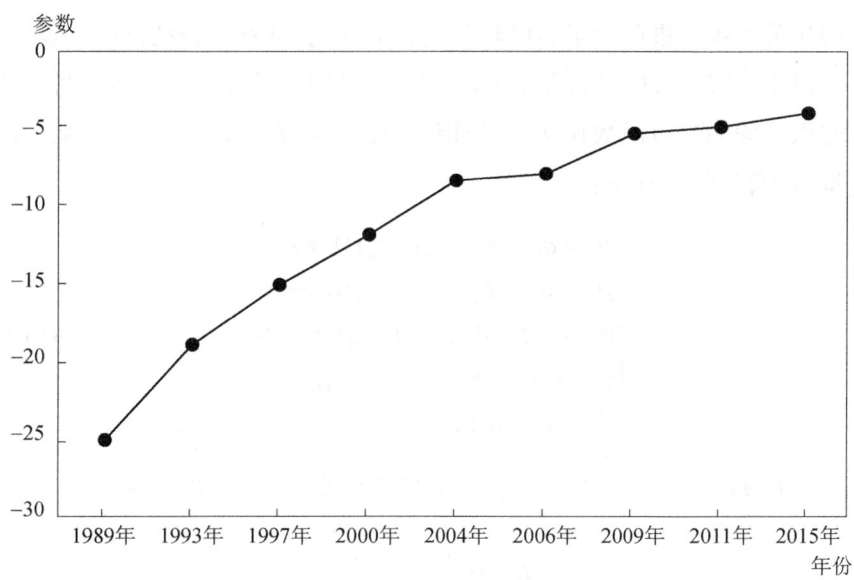

图 4-4　历年收入分布变换参数的变化趋势

针对收入分布的位置—尺度参数的差异变化，本章给出估计混合分布参数的计量模型，以此量化位置—尺度参数与时间的计量关系。历年收入分布函数之间存在近似参数化的表述形式，将以模型的形式表述出来，估计位置—尺度的模型系数，进而测算位置—尺度参数，而后拟合收入混合动态分布模型，即可诠释居民收入发展的动态差异化。对于探讨中国经济持续发展而言，从时序维度探究随着时间的推移居民收入分布长期连续演变的过程具有实际意义。

4.2.2　有限混合动态分布模型

4.2.2.1　构建参数模型

基于描述统计分析的基础，历年混合分布函数中位置参数 μ_1、μ_2 和尺度参数 σ_1、σ_2 随时间变化而导致分布演变过程出现明显的分层现象，以此引入分段线性模型便于探究位置—尺度参数随时间变化的动态变化过程，变换参数随时间变化呈现简单的线性变化，明确各参数与时间因素的相关关系，进而揭示居民收入动态分布的分段性演变轨迹。

由于位置—尺度参数在 2006 年出现明显的转折，令 t_0 表示转折处的时间点。假如分段函数在 $t=t_0$ 处连续，给出位置—尺度—变换参数与协变量 t 的分段模型如下：

$$\begin{cases} \mu_{1t} = a_1 t + b_1 + c_1(t-t_0)D_t + \varepsilon_t \\ \mu_{2t} = a_2 t + b_2 + c_2(t-t_0)D_t + \varepsilon_t \\ \sigma_{1t}^2 = A_1 t + B_1 + C_1(t-t_0)D_t + \varepsilon_t \\ \sigma_{2t}^2 = A_2 t + B_2 + C_2(t-t_0)D_t + \varepsilon_t \\ \lambda_t = \alpha + \beta t + \varepsilon_t \end{cases} \quad (4-1)$$

式中，t 为 μ_{1t}、μ_{2t}、σ_{1t}^2、σ_{2t}^2 和 λ_t 的协变量；D_t 为示性函数，

$$D_t = \begin{cases} 0, & t \leq t_0 \\ 1, & t > t_0 \end{cases}$$

得 1989—2006 年参数模型：

$$\begin{cases} \mu_{1t} = a_1 t + b_1 \\ \mu_{2t} = a_2 t + b_2 \\ \sigma_{1t}^2 = A_1 t + B_1 \qquad (t \leq t_0) \\ \sigma_{2t}^2 = A_2 t + B_2 \\ \lambda = \alpha + \beta t \end{cases} \quad (4-2)$$

得 2009—2015 年参数模型：

$$\begin{cases} \mu_{1t} = a_1 t + b_1 + c_1(t-t_0) \\ \mu_{2t} = a_2 t + b_2 + c_2(t-t_0) \\ \sigma_{1t}^2 = A_1 t + B_1 + C_1(t-t_0) \qquad (t > t_0) \\ \sigma_{2t}^2 = A_2 t + B_2 + C_2(t-t_0) \\ \lambda = \alpha + \beta t \end{cases} \quad (4-3)$$

其中，$\theta_1 = (a_1, b_1, c_1, a_2, b_2, c_2)$，$\theta_2 = (A_1, B_1, C_1, A_2, B_2, C_2)$，$\theta_3 = (\alpha, \beta)$，$\theta = (\theta_1, \theta_2, \theta_3)$，记 θ 为式（4-1）的系数集合。

假如分段函数在 $t=t_0$ 处不连续，本章为了区分两个参数分段模型，采用不同的符号来标记，给出位置—尺度—变换参数与协变量 t 的分段

模型如下：

$$\begin{cases} \tilde{\mu}_{1t} = \tilde{a}_1 t + \tilde{b}_1 + (\tilde{c}_1 t + \tilde{d}_1 - \tilde{a}_1 t - \tilde{b}_1) D_t + \varepsilon_t \\ \tilde{\mu}_{2t} = \tilde{a}_2 t + \tilde{b}_2 + (\tilde{c}_2 t + \tilde{d}_2 - \tilde{a}_2 t - \tilde{b}_2) D_t + \varepsilon_t \\ \tilde{\sigma}_{1t}^2 = \tilde{A}_1 t + \tilde{B}_1 + (\tilde{C}_1 t + \tilde{D}_1 - \tilde{A}_1 t - \tilde{B}_1) D_t + \varepsilon_t \\ \tilde{\sigma}_{2t}^2 = \tilde{A}_2 t + \tilde{B}_2 + (\tilde{C}_2 t + \tilde{D}_2 - \tilde{A}_2 t - \tilde{B}_2) D_t + \varepsilon_t \\ \tilde{\lambda}_t = \tilde{\alpha} + \tilde{\beta} t + \varepsilon_t \end{cases} \quad (4-4)$$

得 1989—2006 年参数模型：

$$\begin{cases} \tilde{\mu}_{11} = \tilde{a}_1 t + \tilde{b}_1 \\ \tilde{\mu}_{21} = \tilde{a}_2 t + \tilde{b}_2 \\ \tilde{\sigma}_{11}^2 = \tilde{A}_1 t + \tilde{B}_1 \\ \tilde{\sigma}_{21}^2 = \tilde{A}_2 t + \tilde{B}_2 \\ \tilde{\lambda} = \tilde{\alpha} + \tilde{\beta} t \end{cases} \quad (t \leqslant t_0) \quad (4-5)$$

得 2009—2015 年参数模型：

$$\begin{cases} \tilde{\mu}_{12} = \tilde{c}_1 t + \tilde{d}_1 \\ \tilde{\mu}_{22} = \tilde{c}_2 t + \tilde{d}_2 \\ \tilde{\sigma}_{12}^2 = \tilde{C}_1 t + \tilde{D}_1 \\ \tilde{\sigma}_{22}^2 = \tilde{C}_2 t + \tilde{D}_2 \\ \tilde{\lambda} = \tilde{\alpha} + \tilde{\beta} t \end{cases} \quad (t > t_0) \quad (4-6)$$

其中，$\tilde{\theta}_1 = (\tilde{a}_1, \tilde{b}_1, \tilde{c}_1, \tilde{d}_1, \tilde{a}_2, \tilde{b}_2, \tilde{c}_2, \tilde{d}_2)$，$\tilde{\theta}_2 = (\tilde{A}_1, \tilde{B}_1, \tilde{C}_1, \tilde{D}_1, \tilde{A}_2, \tilde{B}_2, \tilde{C}_2, \tilde{D}_2)$，$\tilde{\theta}_3 = (\tilde{\alpha}, \tilde{\beta})$，$\tilde{\theta} = (\tilde{\theta}_1, \tilde{\theta}_2, \tilde{\theta}_3)$，记 $\tilde{\theta}$ 为式（4-4）的系数集合。

4.2.2.2 构建混合动态模型

基于第 3 章中收入分布拟合效果及其演变过程的特征，本章研究目的是探究混合动态分布模型随时间变化的演变趋势，由此提出收入的混合动态分布模型。由于分布函数的差异性归纳为由位置参数和尺度参数不断变化所引起的，针对收入分布演变的统计特征，给出混合动态模型。

将式（4-1）代入式（3-4）中，得居民收入分布的混合动态模型Ⅰ：

$$f(x,t) = [\pi_1 f_1(x,t) + (1-\pi_1) f_2(x,t)]$$

$$= \frac{\pi_1}{\sqrt{2\pi\sigma_{1t}^2}} \exp\left[\frac{-(\varphi(\lambda_t,x) - \mu_{1t})^2}{2\sigma_{1t}^2}\right] \varphi'_x(\lambda_t,x) + \quad (4-7)$$

$$\frac{1-\pi_1}{\sqrt{2\pi\sigma_{2t}^2}} \exp\left[\frac{-(\varphi(\lambda_t,x) - \mu_{2t})^2}{2\sigma_{2t}^2}\right] \varphi'_x(\lambda_t,x)$$

式中，μ_{1t}、μ_{2t}、σ_{1t}^2、σ_{2t}^2 和 λ_t 为式（4-7）中的动态位置—尺度—变换参数。

将式（4-4）代入式（3-4）中，得居民收入分布的混合动态模型 II：

$$f(x) = [\pi_1 f_1(x) + (1-\pi_1) f_2(x)]$$

$$= \frac{\pi_1}{\sqrt{2\pi\tilde{\sigma}_{1t}^2}} \exp\left[\frac{-(\varphi(\tilde{\lambda}_t,x) - \tilde{\mu}_{1t})^2}{2\tilde{\sigma}_{1t}^2}\right] \varphi'_x(\tilde{\lambda}_t,x) + \quad (4-8)$$

$$\frac{1-\pi_1}{\sqrt{2\pi\tilde{\sigma}_{2t}^2}} \exp\left[\frac{-(\varphi(\tilde{\lambda}_t,x) - \tilde{\mu}_{2t})^2}{2\tilde{\sigma}_{2t}^2}\right] \varphi'_x(\tilde{\lambda}_t,x)$$

式中，$\tilde{\mu}_{1t}$、$\tilde{\mu}_{2t}$、$\tilde{\sigma}_{1t}^2$、$\tilde{\sigma}_{2t}^2$ 和 $\tilde{\lambda}_t$ 为式（4-8）中的动态位置—尺度—变换参数。

4.2.3 Yeo-Johnson 动态变换

由于变换参数 λ 与协变量 t 为简单的线性函数关系，如 $\lambda_t = \alpha_0 + \beta_0 t$。根据式（2-3），Yeo-Johnson 动态变换为

$$\varphi(\alpha_0,\beta_0,x,t) = \begin{cases} [(x+1)^{\alpha_0+\beta_0 t} - 1]/(\alpha_0+\beta_0 t) & (x \geq 0, \alpha_0+\beta_0 t \neq 0) \\ \log(x+1) & (x \geq 0, \alpha_0+\beta_0 t = 0) \\ -[(-x+1)^{2-\alpha_0-\beta_0 t} - 1]/(2-\alpha_0-\beta_0 t) & (x < 0, \alpha_0+\beta_0 t \neq 2) \\ -\log(-x+1) & (x < 0, \alpha_0+\beta_0 t = 2) \end{cases}$$

$$(4-9)$$

由式（4-9）对 x 求导，得：

$$\varphi'_x(\alpha_0,\beta_0,x)=\begin{cases}(x+1)^{\alpha_0+\beta_0 t-1} & (x\geq 0,\alpha_0+\beta_0 t\neq 0)\\ 1/(x+1) & (x\geq 0,\alpha_0+\beta_0 t=0)\\ (-x+1)^{1-\alpha_0-\beta_0 t} & (x<0,\alpha_0+\beta_0 t\neq 2)\\ 1/(-x+1) & (x<0,\alpha_0+\beta_0 t=2)\end{cases} \quad (4-10)$$

由式（4-9）分别对 α_0，β_0 求导，得：

$$\varphi'_{\beta_0}(\alpha_0,\beta_0,x)=\begin{cases}t\left[\dfrac{(x+1)^{\alpha_0+\beta_0 t}\cdot\log(x+1)}{\alpha_0+\beta_0 t}-\dfrac{(x+1)^{\alpha_0+\beta_0 t}-1}{(\alpha_0+\beta_0 t)^2}\right] & (x\geq 0,\alpha_0+\beta_0 t\neq 0)\\ t\left[\dfrac{(-x+1)^{2-\alpha_0-\beta_0 t}\cdot\log(-x+1)}{2-\alpha_0-\beta_0 t}-\dfrac{(-x+1)^{2-\alpha_0-\beta_0 t}-1}{(2-\alpha_0-\beta_0 t)^2}\right] & (x<0,\alpha_0+\beta_0 t\neq 2)\end{cases}$$

$$(4-11)$$

$$\varphi'_{\alpha_0}(\alpha_0,\beta_0,x)=\begin{cases}\dfrac{(x+1)^{\alpha_0+\beta_0 t}\cdot\log(x+1)}{\alpha_0+\beta_0 t}-\dfrac{(x+1)^{\alpha_0+\beta_0 t}-1}{(\alpha_0+\beta_0 t)^2} & (x\geq 0,\alpha_0+\beta_0 t\neq 0)\\ \dfrac{(-x+1)^{2-\alpha_0-\beta_0 t}\cdot\log(-x+1)}{2-\alpha_0-\beta_0 t}-\dfrac{(-x+1)^{2-\alpha_0-\beta_0 t}-1}{(2-\alpha_0-\beta_0 t)^2} & (x<0,\alpha_0+\beta_0 t\neq 2)\end{cases}$$

$$(4-12)$$

4.2.4 动态参数估计的 EM 算法

已知 EM 算法估计混合模型的优良特性，本章同样选择利用 EM 算法估计混合动态模型中的未知参数。这里不再赘述运算方法，直接将参数分段模型代入混合动态模型中估计模型系数。先将 $x_1,x_2,\cdots,x_n$ 视作不完全数据集，须引入潜在变量 Z_i 来构造完备数据集，其中 Z_i 的取值为

$$Z_i=\begin{cases}1，& x_i\text{来自}f_1\text{分布}\\ 0，& x_i\text{来自}f_2\text{分布}\end{cases}\quad i=1,2,\cdots,n$$

则式（4-1）和式（4-5）的总体似然函数如下：

$$L^*(Z,X)=(\pi_1 f_1)^z\cdot[(1-\pi_1)f_2]^{1-z} \quad (4-13)$$

样本数据的似然函数如下：

$$L(Z,X) = \prod_{i=1}^{n}[\pi_1 f_1(x_i,t_i)]^{z_i} \cdot [(1-\pi_1)f_2(x_i,t_i)]^{1-z_i} \quad (4-14)$$

将式（4-14）取对数进行变换，得：

$$\begin{aligned}\log[L(Z,X)] = &\sum_{i=1}^{n}[z_i \log f_1(x_i,t_i) + (1-z_i)\log f_2(x_i,t_i)] + \\ &\sum_{i=1}^{n}[z_i \log(\pi_1) + (1-z_i)\log(1-\pi_1)]\end{aligned} \quad (4-15)$$

下面运用 EM 算法对参数进行估计。设 $\theta^{(0)}$ 为参数的任意初值，E 步中计算关于迭代 m 次求得 $\theta^{(m)}$ 的对数似然函数的条件期望，E 步结果如下：

$$\begin{aligned} E\{\log[L(Z,X)]|\theta^{(m)},X\} =& E\{\sum_{i=1}^{n}[z_i \log f_1(x_i,t_i) + (1-z_i)\log f_2(x_i,t_i)]|\theta^{(m)},x_i\} + \\ & E\{\sum_{i=1}^{n}[z_j \log(\pi_1) + (1-z_j)\log(1-\pi_1)]|\theta^{(m)},x_i\} \\ =& \sum_{i=1}^{n}[\log f_1(x_i,t_i) \cdot E(z_j|\theta^{(m)},x_i) + \\ & \log f_2(x_i,t_i) \cdot E(1-z_j|\theta^{(m)},x_i)] + \\ & \sum_{i=1}^{n}[\log(\pi_1) \cdot E(z_j|\theta^{(m)},x_i) + \\ & \log(1-\pi_1) \cdot E(1-z_j|\theta^{(m)},x_i)] \\ =& Q(\theta,\theta^{(m)}) \end{aligned}$$

其中，令

$$\begin{aligned} \gamma_i =& E(z_i|\theta^{(m)},x_i) = P(z_i=1|\theta^{(m)},x_i) \\ =& \frac{P(z_i=1)P(\theta^{(m)},x_i|z_i)}{P(z_i=1)P(\theta^{(m)},x_i|z_i) + P(z_i=0)P(\theta^{(m)},x_i|z_i)} \\ =& \frac{\pi_1 f_1(x_i,\theta^{(m)})}{\pi_1 f_1(x_i,\theta^{(m)}) + (1-\pi_1)f_2(x_i,\theta^{(m)})} \end{aligned}$$

对于 M 步，对 $Q(\theta,\theta^{(m)})$ 求其 θ 的估计值，使得 $Q(\theta,\theta^{(m+1)}) = \max Q(\theta,\theta^{(m)})$，对 $Q(\theta,\theta^{(m)})$ 求其极大化。

首先对 $Q(\theta,\theta^{(m)})$ 中参数求导使其导函数为 0，求得 $\theta^{(m+1)}$ 中各参数的

表达式，其中 $Q(\theta,\theta^{(m)})$ 的表达式如下：

$$Q(\theta,\theta^{(m)}) = \sum_{i=1}^{n}[\log f_1(x_i) \cdot E(z_j | \theta^{(m)}, x_i) + \log f_2(x_i) \cdot E(1-z_j | \theta^{(m)}, x_i)]$$

$$= \sum_{i=1}^{n_1}[\log f_1(x_i) \cdot \gamma_j^{(m)} + \log f_2(x_i) \cdot (1-\gamma_j^{(m)})] +$$

$$\sum_{i=1}^{n_2}[\log(\pi_1) \cdot \gamma_k^{(m)} + \log(1-\pi_1) \cdot (1-\gamma_k^{(m)})]$$

$$= \sum_{s=1}^{n_1}[\log f_1(x_j) \cdot \gamma_s^{(m)} + \log f_2(x_j) \cdot (1-\gamma_s^{(m)})] +$$

$$\sum_{k=1}^{n_2}[\log f_1(x_k) \cdot \gamma_k^{(m)} + \log f_2(x_k) \cdot (1-\gamma_k^{(m)})] +$$

$$\sum_{s=1}^{n_1}[\log(\pi_1) \cdot \gamma_s^{(m)} + \log(1-\pi_1) \cdot (1-\gamma_s^{(m)})] +$$

$$\sum_{k=1}^{n_2}[\log(\pi_1) \cdot \gamma_k^{(m)} + \log(1-\pi_1) \cdot (1-\gamma_k^{(m)})]$$

式中，n 为样本总量，即 $n_1 + n_2 = n$；n_1 为 1989 年、1991 年、1993 年、1997 年、2000 年、2004 年和 2006 年的样本量，记为 $n_1 = (n_{11}, n_{12}, \cdots, n_{17})$；$n_2$ 为 2009 年、2001 年和 2015 年的样本量，记为 $n_2 = (n_{21}, n_{22}, n_{23})$；$\pi_1$ 根据样本权重估计而得。

第一步，对 $Q(\theta,\theta^{(m)})$ 中 a_1 求导：

$$\frac{\partial Q(\theta,\theta^{(m)})}{\partial a_1} = \frac{\partial \{\sum_{s=1}^{n_1}[\gamma_s^{(m)}\log f_1(x_s) + (1-\gamma_s^{(m)})\log f_2(x_s)] + \sum_{k=1}^{n_2}[\gamma_k^{(m)}\log f_1(x_k) + (1-\gamma_k^{(m)})\log f_2(x_k)]\}}{\partial a_1}$$

$$= \sum_{s=1}^{n_1} \gamma_s^{(m)} t_s \frac{\varphi(\alpha^{(m)},\beta^{(m)},x_s) - (a_1 t_s + b_1^{(m)})}{A_1^{(m)} t_j + B_1^{(m)}} +$$

$$\sum_{k=1}^{n_2} \gamma_k^{(m)} t_k \frac{\varphi(\alpha^{(m)},\beta^{(m)},x_k) - (a_1 t_k + b_1^{(m)} + c_1^{(m)}(t_k - t_0))}{A_1^{(m)} t_k + B_1^{(m)} + C_1^{(m)}(t_k - t_0)}$$

$$= \sum_{s=1}^{n_1} \gamma_s^{(m)} t_s \frac{\varphi(\alpha^{(m)},\beta^{(m)},x_s) - b_1^{(m)}}{A_1^{(m)} t_s + B_1^{(m)}} + \sum_{k=1}^{n_2} \gamma_k^{(m)} t_k \frac{\varphi(\alpha^{(m)},\beta^{(m)},x_k) - b_1^{(m)} - c_1^{(m)}(t_k - t_0)}{A_1^{(m)} t_k + B_1^{(m)} + C_1^{(m)}(t_k - t_0)} -$$

$$\sum_{s=1}^{n_1} \gamma_s^{(m)} t_s \frac{a_1 t_s}{A_1^{(m)} t_s + B_1^{(m)}} - \sum_{k=1}^{n_2} \gamma_k^{(m)} t_k \frac{a_1 t_k}{A_1^{(m)} t_k + B_1^{(m)} + C_1^{(m)}(t_k - t_0)}$$

$$= 0$$

则得 a_1 的表达式：

$$a_1^{(m+1)} = \frac{\sum_{s=1}^{n_1} \gamma_s^{(m)} t_s \frac{\varphi(\alpha^{(m)},\beta^{(m)},x_s) - b_1^{(m)}}{A_1^{(m)} t_s + B_1^{(m)}} + \sum_{k=1}^{n_2} \gamma_k^{(m)} t_k \frac{\varphi(\alpha^{(m)},\beta^{(m)},x_k) - b_1^{(m)} - c_1^{(m)}(t_k - t_0)}{A_1^{(m)} t_k + B_1^{(m)} + C_1^{(m)}(t_k - t_0)}}{\sum_{s=1}^{n_1} \frac{\gamma_s^{(m)} t_s^2}{A_1^{(m)} t_s + B_1^{(m)}} + \sum_{k=1}^{n_2} \frac{\gamma_k^{(m)} t_k^2}{A_1^{(m)} t_k + B_1^{(m)} + C_1^{(m)}(t_k - t_0)}}$$

第二步，对 $Q(\theta,\theta^{(m)})$ 中 b_1 求导：

$$\frac{\partial Q(\theta,\theta^{(m)})}{\partial b_1} = \frac{\partial \{\sum_{s=1}^{n_1}[\gamma_s^{(m)} \log f_1(x_s) + (1-\gamma_s^{(m)}) \log f_2(x_s)] + \sum_{k=1}^{n_2}[\gamma_k^{(m)} \log f_1(x_k) + (1-\gamma_k^{(m)}) \log f_2(x_k)]\}}{\partial b_1}$$

$$= \sum_{s=1}^{n_1} \gamma_s^{(m)} \frac{\varphi(\alpha^{(m)},\beta^{(m)},x_s) - (a_1^{(m)} t_s + b_1)}{A_1^{(m)} t_s + B_1^{(m)}} +$$

$$\sum_{k=1}^{n_2} \gamma_k^{(m)} \frac{\varphi(\alpha^{(m)},\beta^{(m)},x_k) - (a_1^{(m)} t_k + b_1 + c_1^{(m)}(t_k - t_0))}{A_1^{(m)} t_k + B_1^{(m)} + C_1^{(m)}(t_k - t_0)}$$

$$= \sum_{s=1}^{n_1} \gamma_s^{(m)} \frac{\varphi(\alpha^{(m)},\beta^{(m)},x_s) - a_1^{(m)} t_s}{A_1^{(m)} t_s + B_1^{(m)}} +$$

$$\sum_{k=1}^{n_2} \gamma_k^{(m)} \frac{\varphi(\alpha^{(m)},\beta^{(m)},x_k) - a_1^{(m)} t_k - c_1^{(m)}(t_k - t_0)}{A_1^{(m)} t_k + B_1^{(m)} + C_1^{(m)}(t_k - t_0)} -$$

$$\sum_{s=1}^{n_1} \gamma_s^{(m)} \frac{b_1}{A_1^{(m)} t_s + B_1^{(m)}} - \sum_{k=1}^{n_2} \gamma_k^{(m)} \frac{b_1}{A_1^{(m)} t_k + B_1^{(m)} + C_1^{(m)}(t_k - t_0)}$$

$$= 0$$

则得 b_1 的表达式：

$$b_1^{(m+1)} = \frac{\sum_{s=1}^{n_1} \gamma_s^{(m)} \frac{\varphi(\alpha^{(m)},\beta^{(m)},x_s) - a_1^{(m)} t_s}{A_1^{(m)} t_s + B_1^{(m)}} + \sum_{k=1}^{n_2} \gamma_k^{(m)} \frac{\varphi(\alpha^{(m)},\beta^{(m)},x_k) - a_1^{(m)} t_k - c_1^{(m)}(t_k - t_0)}{A_1^{(m)} t_k + B_1^{(m)} + C_1^{(m)}(t_k - t_0)}}{\sum_{j=1}^{n_1} \frac{\gamma_s^{(m)}}{A_1^{(m)} t_s + B_1^{(m)}} + \sum_{k=1}^{n_2} \frac{\gamma_k^{(m)}}{A_1^{(m)} t_k + B_1^{(m)} + C_1^{(m)}(t_k - t_0)}}$$

第三步，对 $Q(\theta,\theta^{(m)})$ 中 c_1 求导：

$$\frac{\partial Q(\theta,\theta^{(m)})}{\partial c_1} = \frac{\partial \{\sum_{k=1}^{n_2}[\gamma_k^{(m)} \log f_1(x_k) + (1-\gamma_k^{(m)}) \log f_2(x_k)]\}}{\partial c_1}$$

$$= \sum_{k=1}^{n_2} \gamma_k^{(m)} (t_k - t_0) \frac{\varphi(\alpha^{(m)},\beta^{(m)},x_k) - (a_1^{(m)} t_k + b_1^{(m)} + c_1(t_k - t_0))}{A_1^{(m)} t_k + B_1^{(m)} + C_1^{(m)}(t_k - t_0)}$$

$$= \sum_{k=1}^{n_2} \gamma_k^{(m)} (t_k - t_0) \frac{\varphi(\alpha^{(m)},\beta^{(m)},x_k) - a_1^{(m)} t_k - b_1^{(m)}}{A_1^{(m)} t_k + B_1^{(m)} + C_1^{(m)}(t_k - t_0)} -$$

$$\sum_{k=1}^{n_2} \gamma_k^{(m)} \frac{c_1(t_k - t_0)^2}{A_1^{(m)} t_k + B_1^{(m)} + C_1^{(m)}(t_k - t_0)} = 0$$

则得 c_1 的表达式：

$$c_1^{(m+1)} = \frac{\sum_{k=1}^{n_2} \gamma_k^{(m)}(t_k-t_0)\dfrac{\varphi(\alpha^{(m)},\beta^{(m)},x_k)-a_1^{(m)}t_k-b_1^{(m)}}{A_1^{(m)}t_k+B_1^{(m)}+C_1^{(m)}(t_k-t_0)}}{\sum_{k=1}^{n_2}\dfrac{\gamma_k^{(m)}(t_k-t_0)^2}{A_1^{(m)}t_k+B_1^{(m)}+C_1^{(m)}(t_k-t_0)}}$$

第四步，对 $Q(\theta,\theta^{(m)})$ 中 A_1 求导：

$$\frac{\partial Q(\theta,\theta^{(m)})}{\partial A_1} = \frac{\partial\{\sum_{s=1}^{n_1}[\gamma_s^{(m)}\log f_1(x_s)+(1-\gamma_s^{(m)})\log f_2(x_s)]+\sum_{k=1}^{n_2}[\gamma_k^{(m)}\log f_1(x_k)+(1-\gamma_k^{(m)})\log f_2(x_k)]\}}{\partial A_1}$$

$$=\sum_{s=1}^{n_1}\frac{\gamma_s^{(m)}t_s}{2}\left[\frac{(\varphi(\alpha^{(m)},\beta^{(m)},x_s)-(a_1^{(m)}t_s+b_1^{(m)}))^2}{(A_1^{(m)}t_s+B_1^{(m)})^2}-\frac{1}{A_1t_s+B_1^{(m)}}\right]+$$

$$\sum_{k=1}^{n_2}\frac{\gamma_k^{(m)}t_k}{2}\left[\frac{(\varphi(\alpha^{(m)},\beta^{(m)},x_k)-(a_1^{(m)}t_k+b_1^{(m)}+c_1^{(m)}(t_k-t_0)))^2}{(A_1^{(m)}t_k+B_1^{(m)}+C_1^{(m)}(t_k-t_0))^2}-\frac{1}{A_1t_k+B_1^{(m)}+C_1^{(m)}(t_k-t_0)}\right]$$

$$=\sum_{s=1}^{n_1}\frac{\gamma_s^{(m)}t_s}{2}\left[\frac{(\varphi(\alpha^{(m)},\beta^{(m)},x_s)-a_1^{(m)}t_s-b_1^{(m)})^2-B_1^{(m)}}{(A_1^{(m)}t_s+B_1^{(m)})^2}\right]+$$

$$\sum_{k=1}^{n_2}\frac{\gamma_k^{(m)}t_k}{2}\left[\frac{(\varphi(\alpha^{(m)},\beta^{(m)},x_k)-a_1^{(m)}t_k-b_1^{(m)}-c_1^{(m)}(t_k-t_0))^2-B_1^{(m)}-C_1^{(m)}(t_k-t_0)}{(A_1^{(m)}t_k+B_1^{(m)}+C_1^{(m)}(t_k-t_0))^2}\right]-$$

$$\sum_{s=1}^{n_1}\frac{\gamma_s^{(m)}t_s^2}{2}\left[\frac{A_1}{(A_1^{(m)}t_s+B_1^{(m)})^2}\right]-\sum_{k=1}^{n_2}\frac{\gamma_k^{(m)}t_k^2}{2}\left[\frac{A_1}{(A_1^{(m)}t_k+B_1^{(m)}+C_1^{(m)}(t_k-t_0))^2}\right]$$

$$=0$$

则得 A_1 的表达式：

$$A_1^{(m+1)} = \frac{\sum_{s=1}^{n_1}[\gamma_s^{(m)}t_s\dfrac{(\varphi(\alpha^{(m)},\beta^{(m)},x_j)-a_1^{(m)}t_s-b_1^{(m)})^2-B_1^{(m)}}{(A_1^{(m)}t_s+B_1^{(m)})^2}]}{\sum_{s=1}^{n_1}[\dfrac{\gamma_s^{(m)}t_s^2}{(A_1^{(m)}t_s+B_1^{(m)})^2}]+\sum_{k=1}^{n_2}[\dfrac{\gamma_k^{(m)}t_k^2}{(A_1^{(m)}t_k+B_1^{(m)}+C_1^{(m)}(t_k-t_0))^2}]}+$$

$$\frac{\sum_{k=1}^{n_2}[\gamma_k^{(m)}t_k\dfrac{(\varphi(\alpha^{(m)},\beta^{(m)},x_k)-a_1^{(m)}t_k-b_1^{(m)}-c_1^{(m)}(t_k-t_0))^2-B_1^{(m)}-C_1^{(m)}(t_k-t_0)}{(A_1^{(m)}t_k+B_1^{(m)}+C_1^{(m)}(t_k-t_0))^2}]}{\sum_{s=1}^{n_1}[\dfrac{\gamma_s^{(m)}t_s^2}{(A_1^{(m)}t_s+B_1^{(m)})^2}]+\sum_{k=1}^{n_2}[\dfrac{\gamma_k^{(m)}t_k^2}{(A_1^{(m)}t_k+B_1^{(m)}+C_1^{(m)}(t_k-t_0))^2}]}$$

第五步，对 $Q(\theta,\theta^{(m)})$ 中 B_1 求导：

$$\frac{\partial Q(\theta,\theta^{(m)})}{\partial B_1} = \frac{\partial \{\sum_{s=1}^{n_1}[\gamma_s^{(m)}\log f_1(x_s)+(1-\gamma_s^{(m)})\log f_2(x_s)] + \sum_{k=1}^{n_2}[\gamma_k^{(m)}\log f_1(x_k)+(1-\gamma_k^{(m)})\log f_2(x_k)]\}}{\partial B_1}$$

$$= \sum_{s=1}^{n_1}\frac{\gamma_s^{(m)}}{2}[\frac{(\varphi(\alpha^{(m)},\beta^{(m)},x_s)-(a_1^{(m)}t_s+b_1^{(m)}))^2}{(A_1^{(m)}t_s+B_1^{(m)})^2} - \frac{1}{A_1^{(m)}t_s+B_1^{(m)}}] +$$

$$\sum_{k=1}^{n_2}\frac{\gamma_k^{(m)}}{2}[\frac{(\varphi(\alpha^{(m)},\beta^{(m)},x_k)-(a_1^{(m)}t_k+b_1^{(m)}+c_1^{(m)}(t_k-t_0)))^2}{(A_1^{(m)}t_k+B_1^{(m)}+C_1^{(m)}(t_k-t_0))^2} - \frac{1}{A_1^{(m)}t_k+B_1+C_1^{(m)}(t_k-t_0)}]$$

$$= \sum_{s=1}^{n_1}\frac{\gamma_s^{(m)}}{2}[\frac{(\varphi(\alpha^{(m)},\beta^{(m)},x_s)-a_1^{(m)}t_s-b_1^{(m)})^2 - A_1^{(m)}t_s}{(A_1^{(m)}t_s+B_1^{(m)})^2}] +$$

$$\sum_{k=1}^{n_2}\frac{\gamma_k^{(m)}}{2}[\frac{(\varphi(\alpha^{(m)},\beta^{(m)},x_k)-a_1^{(m)}t_k-b_1^{(m)}-c_1^{(m)}(t_k-t_0))^2 - A_1^{(m)}t_k - C_1^{(m)}(t_k-t_0)}{(A_1^{(m)}t_k+B_1^{(m)}+C_1^{(m)}(t_k-t_0))^2}] -$$

$$\sum_{s=1}^{n_1}\frac{\gamma_s^{(m)}}{2}[\frac{B_1}{(A_1^{(m)}t_s+B_1^{(m)})^2}] - \sum_{k=1}^{n_2}\frac{\gamma_k^{(m)}}{2}[\frac{B_1}{(A_1^{(m)}t_k+B_1^{(m)}+C_1^{(m)}(t_k-t_0))^2}]$$

$$= 0$$

则得 B_1 的表达式：

$$B_1^{(m+1)} = \frac{\sum_{s=1}^{n_1}[\gamma_s^{(m)}\frac{(\varphi(\alpha^{(m)},\beta^{(m)},x_s)-a_1^{(m)}t_s-b_1^{(m)})^2 - A_1^{(m)}t_s}{(A_1^{(m)}t_s+B_1^{(m)})^2}]}{\sum_{s=1}^{n_1}[\frac{\gamma_s^{(m)}}{(A_1^{(m)}t_s+B_1^{(m)})^2}] + \sum_{k=1}^{n_2}[\frac{\gamma_k^{(m)}}{(A_1^{(m)}t_k+B_1^{(m)}+C_1^{(m)}(t_k-t_0))^2}]} +$$

$$\frac{\sum_{k=1}^{n_2}[\gamma_k^{(m)}\frac{(\varphi(\alpha^{(m)},\beta^{(m)},x_k)-a_1^{(m)}t_k-b_1^{(m)}-c_1^{(m)}(t_k-t_0))^2 - A_1^{(m)}t_k - C_1^{(m)}(t_k-t_0)}{(A_1^{(m)}t_k+B_1^{(m)}+C_1^{(m)}(t_k-t_0))^2}]}{\sum_{s=1}^{n_1}[\frac{\gamma_s^{(m)}}{(A_1^{(m)}t_s+B_1^{(m)})^2}] + \sum_{k=1}^{n_2}[\frac{\gamma_k^{(m)}}{(A_1^{(m)}t_k+B_1^{(m)}+C_1^{(m)}(t_k-t_0))^2}]}.$$

第六步，对 $Q(\theta,\theta^{(m)})$ 中 C_1 求导：

$$\frac{\partial Q(\theta,\theta^{(m)})}{\partial C_1} = \frac{\partial \{\sum_{k=1}^{n_2}[\gamma_k^{(m)}\log f_1(x_k)+(1-\gamma_k^{(m)})\log f_2(x_k)]\}}{\partial C_1}$$

$$= \sum_{k=1}^{n_2}\frac{\gamma_k^{(m)}(t_k-t_0)}{2}[\frac{(\varphi(\alpha^{(m)},\beta^{(m)},x_k)-(a_1^{(m)}t_k+b_1^{(m)}+c_1^{(m)}(t_k-t_0)))^2}{(A_1^{(m)}t_k+B_1^{(m)}+C_1^{(m)}(t_k-t_0))^2} - \frac{1}{A_1^{(m)}t_k+B_1^{(m)}+C_1(t_k-t_0)}]$$

$$= \sum_{k=1}^{n_2}\frac{\gamma_k^{(m)}(t_k-t_0)}{2}[\frac{(\varphi(\alpha^{(m)},\beta^{(m)},x_k)-a_1^{(m)}t_k-b_1^{(m)}-c_1^{(m)}(t_k-t_0))^2 - A_1^{(m)}t_k - B_1^{(m)}}{(A_1^{(m)}t_k+B_1^{(m)}+C_1^{(m)}(t_k-t_0))^2}] -$$

$$\sum_{k=1}^{n_2}\frac{\gamma_k^{(m)}(t_k-t_0)^2}{2}[\frac{C_1}{(A_1^{(m)}t_k+B_1^{(m)}+C_1^{(m)}(t_k-t_0))^2}] = 0$$

则得 C_1 的表达式：

第4章 基于混合动态模型的居民收入分布的演变研究

$$C_1^{(m+1)} = \frac{\sum_{k=1}^{n_2}[\gamma_k^{(m)}(t_k-t_0)\frac{(\varphi(\alpha^{(m)},\beta^{(m)},x_k)-a_1^{(m)}t_k-b_1^{(m)}-c_1^{(m)}(t_k-t_0))^2-A_1^{(m)}t_k-B_1^{(m)}}{(A_1^{(m)}t_k+B_1^{(m)}+C_1^{(m)}(t_k-t_0))^2}]}{\sum_{k=1}^{n_2}[\frac{\gamma_k^{(m)}(t_k-t_0)^2}{(A_1^{(m)}t_k+B_1^{(m)}+C_1^{(m)}(t_k-t_0))^2}]}$$

同理，对 $Q(\theta,\theta^{(m)})$ 中的 a_2, b_2, c_2 求导，得：

$$a_2^{(m+1)} = \frac{\sum_{s=1}^{n_1}(1-\gamma_s^{(m)})t_s\frac{\varphi(\alpha^{(m)},\beta^{(m)},x_s)-b_2^{(m)}}{A_2^{(m)}t_s+B_2^{(m)}}+\sum_{k=1}^{n_2}(1-\gamma_k^{(m)})t_k\frac{\varphi(\alpha^{(m)},\beta^{(m)},x_k)-b_2^{(m)}-c_2^{(m)}(t_k-t_0)}{A_2^{(m)}t_k+B_2^{(m)}+C_2^{(m)}(t_k-t_0)}}{\sum_{s=1}^{n_1}\frac{(1-\gamma_s^{(m)})t_s^2}{A_2^{(m)}t_s+B_2^{(m)}}+\sum_{k=1}^{n_2}\frac{(1-\gamma_k^{(m)})t_k^2}{A_2^{(m)}t_k+B_2^{(m)}+C_2^{(m)}(t_k-t_0)}}$$

$$b_2^{(m+1)} = \frac{\sum_{s=1}^{n_1}(1-\gamma_s^{(m)})\frac{\varphi(\alpha^{(m)},\beta^{(m)},x)-a_2^{(m)}t_s}{A_2^{(m)}t_s+B_2^{(m)}}+\sum_{k=1}^{n_2}(1-\gamma_k^{(m)})\frac{\varphi(\alpha^{(m)},\beta^{(m)},x_k)-a_2^{(m)}t_k-c_2^{(m)}(t_k-t_0)}{A_2^{(m)}t_k+B_2^{(m)}+C_2^{(m)}(t_k-t_0)}}{\sum_{s=1}^{n_1}\frac{1-\gamma_s^{(m)}}{A_2^{(m)}t_s+B_2^{(m)}}+\sum_{k=1}^{n_2}\frac{1-\gamma_k^{(m)}}{A_2^{(m)}t_k+B_2^{(m)}+C_2^{(m)}(t_k-t_0)}}$$

$$c_2^{(m+1)} = \frac{\sum_{k=1}^{n_2}(1-\gamma_k^{(m)})(t_k-t_0)\frac{\varphi(\alpha^{(m)},\beta^{(m)},x_k)-a_2^{(m)}t_k-b_2^{(m)}}{A_2^{(m)}t_k+B_2^{(m)}+C_2^{(m)}(t_k-t_0)}}{\sum_{k=1}^{n_2}\frac{(1-\gamma_k^{(m)})(t_k-t_0)^2}{A_2^{(m)}t_k+B_2^{(m)}+C_2^{(m)}(t_k-t_0)}}$$

同理，对 $Q(\theta,\theta^{(m)})$ 中的 A_2, B_2, C_2 求导，得：

$$A_2^{(m+1)} = \frac{\sum_{j=1}^{n_1}[(1-\gamma_s^{(m)})t_s\frac{(\varphi(\alpha^{(m)},\beta^{(m)},x_s)-a_2^{(m)}t_s-b_2^{(m)})^2-B_2^{(m)}}{(A_2^{(m)}t_s+B_2^{(m)})^2}]}{\sum_{j=1}^{n_1}[\frac{(1-\gamma_s^{(m)})t_s^2}{(A_2^{(m)}t_s+B_2^{(m)})^2}]+\sum_{k=1}^{n_2}[\frac{(1-\gamma_k^{(m)})t_k^2}{(A_2^{(m)}t_k+B_2^{(m)}+C_2^{(m)}(t_k-t_0))^2}]} +$$

$$\frac{\sum_{k=1}^{n_2}[(1-\gamma_k^{(m)})t_k\frac{(\varphi(\alpha^{(m)},\beta^{(m)},x_k)-a_2^{(m)}t_k-b_2^{(m)}-c_2^{(m)}(t_k-t_0))^2-B_2^{(m)}-C_2^{(m)}(t_k-t_0)}{(A_2^{(m)}t_k+B_2^{(m)}+C_2^{(m)}(t_k-t_0))^2}]}{\sum_{j=1}^{n_1}[\frac{(1-\gamma_s^{(m)})t_s^2}{(A_2^{(m)}t_s+B_2^{(m)})^2}]+\sum_{k=1}^{n_2}[\frac{(1-\gamma_k^{(m)})t_k^2}{(A_2^{(m)}t_k+B_2^{(m)}+C_2^{(m)}(t_k-t_0))^2}]}$$

$$B_2^{(m+1)} = \frac{\sum_{s=1}^{n_1}[(1-\gamma_s^{(m)})\frac{(\varphi(\alpha^{(m)},\beta^{(m)},x_s)-a_2^{(m)}t_s-b_2^{(m)})^2-A_2^{(m)}t_s}{(A_2^{(m)}t_s+B_2^{(m)})^2}]}{\sum_{s=1}^{n_1}[\frac{1-\gamma_s^{(m)}}{(A_2^{(m)}t_s+B_2^{(m)})^2}]+\sum_{k=1}^{n_2}[\frac{1-\gamma_k^{(m)}}{(A_2^{(m)}t_k+B_2^{(m)}+C_2^{(m)}(t_k-t_0))^2}]} +$$

$$\frac{\sum_{k=1}^{n_2}[(1-\gamma_k^{(m)})\frac{(\varphi(\alpha^{(m)},\beta^{(m)},x_k)-a_2^{(m)}t_k-b_2^{(m)}-c_2^{(m)}(t_k-t_0))^2-A_2^{(m)}t_k-C_2^{(m)}(t_k-t_0)}{(A_2^{(m)}t_k+B_2^{(m)}+C_2^{(m)}(t_k-t_0))^2}]}{\sum_{s=1}^{n_1}[\frac{1-\gamma_s^{(m)}}{(A_2^{(m)}t_s+B_2^{(m)})^2}]+\sum_{k=1}^{n_2}[\frac{1-\gamma_k^{(m)}}{(A_2^{(m)}t_k+B_2^{(m)}+C_2^{(m)}(t_k-t_0))^2}]}$$

$$C_2^{(m+1)} = \frac{\sum_{k=1}^{n_2}[(1-\gamma_k^{(m)})(t_k-t_0)\frac{(\varphi(\alpha^{(m)},\beta^{(m)},x_k)-a_2^{(m)}t_k-b_2^{(m)}-c_2^{(m)}(t_k-t_0))^2 - A_2^{(m)}t_k - B_2^{(m)}}{(A_2^{(m)}t_k + B_2^{(m)} + C_2^{(m)}(t_k-t_0))^2}]}{\sum_{k=1}^{n_2}[\frac{(1-\gamma_k^{(m)})(t_k-t_0)^2}{(A_2^{(m)}t_k + B_2^{(m)} + C_2^{(m)}(t_k-t_0))^2}]}$$

关于 $Q(\theta,\theta^{(m)})$ 对 α, β 求导,令其导数等于 0,结果如下:

$$\frac{\partial Q(\theta,\theta^{(m)})}{\partial \alpha} = \frac{\partial\{\sum_{s=1}^{n_1}[\gamma_s^{(m)}\log f_1(x_s) + (1-\gamma_s^{(m)})\log f_2(x_s)] + \sum_{k=1}^{n_2}[\gamma_k^{(m)}\log f_1(x_k) + (1-\gamma_k^{(m)})\log f_2(x_k)]\}}{\partial \alpha}$$

$$= -\sum_{s=1}^{n_1}\{[\gamma_s^{(m)}\frac{\varphi(\alpha,\beta^{(m)},x_s)-(a_1^{(m)}t_s+b_1^{(m)})}{A_1^{(m)}t_s+B_1^{(m)}} +$$

$$(1-\gamma_s^{(m)})\frac{\varphi(\alpha,\beta^{(m)},x_s)-a_2^{(m)}t_s-b_2^{(m)}}{A_2^{(m)}t_s+B_2^{(m)}}]\cdot\varphi_\alpha'(\alpha,\beta^{(m)},x_s)\} +$$

$$\sum_{s=1}^{n}\text{sgn}(x_s)\log(|x_s|+1) - \sum_{k=1}^{n_2}\{[\gamma_k^{(m)}\frac{\varphi(\alpha,\beta^{(m)},x_k)-(a_1^{(m)}t_k+b_1^{(m)}+c_1^{(m)}(t_k-t_0))}{A_1^{(m)}t_k+B_1^{(m)}+C_1^{(m)}(t_k-t_0)} +$$

$$(1-\gamma_k^{(m)})\frac{\varphi(\alpha,\beta^{(m)},x_k)-a_2^{(m)}t_k-b_2^{(m)}-c_2^{(m)}(t_k-t_0)}{A_2^{(m)}t_k+B_2^{(m)}+C_2^{(m)}(t_k-t_0)}]\cdot\varphi_\alpha'(\alpha,\beta^{(m)},x_k)\}$$

$$=0$$

$$\frac{\partial Q(\theta,\theta^{(m)})}{\partial \beta} = \frac{\partial\{\sum_{s=1}^{n_1}[\gamma_s^{(m)}\log f_1(x_s) + (1-\gamma_s^{(m)})\log f_2(x_s)] + \sum_{k=1}^{n_2}[\gamma_k^{(m)}\log f_1(x_k) + (1-\gamma_k^{(m)})\log f_2(x_k)]\}}{\partial \beta}$$

$$= -\sum_{s=1}^{n_1}\{[\gamma_s^{(m)}\frac{\varphi(\alpha^{(m)},\beta,x_s)-(a_1^{(m)}t_s+b_1^{(m)})}{A_1^{(m)t_s}t_s+B_1^{(m)}} +$$

$$(1-\gamma_s^{(m)})\frac{\varphi(\alpha^{(m)},\beta,x_s)-a_2^{(m)}t_s-b_2^{(m)}}{A_2^{(m)}t_s+B_2^{(m)}}]\cdot\varphi_\beta'(\alpha^{(m)},\beta,x_s)\} +$$

$$\sum_{s=1}^{n}\text{sgn}(x_s)\log(|x_s|+1)^{t_s} - \sum_{k=1}^{n_2}\{[\gamma_k^{(m)}\frac{\varphi(\alpha^{(m)},\beta,x_k)-(a_1^{(m)}t_k+b_1^{(m)}+c_1^{(m)}(t_k-t_0))}{A_1^{(m)}t_k+B_1^{(m)}+C_1^{(m)}(t_k-t_0)} +$$

$$(1-\gamma_k^{(m)})\frac{\varphi(\alpha^{(m)},\beta,x_k)-a_2^{(m)}t_k-b_2^{(m)}-c_2^{(m)}(t_k-t_0)}{A_2^{(m)}t_k+B_2^{(m)}+C_2^{(m)}(t_k-t_0)}]\cdot\varphi_\beta'(\alpha^{(m)},\beta,x_k)\}$$

$$=0$$

其中,α,β 无显示表达式,须采用数值法进行估计。然后重复 E 步和 M 步,直到满足收敛条件 $\|\theta^{(m+1)}-\theta^{(m)}\|<10^{-4}$ 时停止,从而估计出混合动态模型 I 中的系数集合。

同样运用 EM 算法对混合动态模型 II 中的参数进行估计,$\tilde{\theta}^{(0)}$ 为选取的初值,E 步中计算关于迭代 m 次而得 $\tilde{\theta}^{(m)}$ 的对数似然函数的条件期

第 4 章 基于混合动态模型的居民收入分布的演变研究

望，E 步结果如下：

$$E\{\log[L(Z,X)]\mid \tilde{\theta}^{(m)}, X\} = E\{\sum_{i=1}^{n}[z_i \log f_1(x_i,t_i) + (1-z_i)\log f_2(x_i,t_i)]\mid \tilde{\theta}^{(m)}, x_i\} +$$

$$E\{\sum_{i=1}^{n}[z_j \log(\pi_1) + (1-z_j)\log(1-\pi_1)]\mid \tilde{\theta}^{(m)}, x_i\}$$

$$= \sum_{i=1}^{n}[\log f_1(x_i,t_i) \cdot E(z_i \mid \tilde{\theta}^{(m)}, x_i) + \log f_2(x_i,t_i) \cdot E(1-z_i \mid \tilde{\theta}^{(m)}, x_i)] +$$

$$\sum_{i=1}^{n}[\log(\pi_1) \cdot E(z_j \mid \tilde{\theta}^{(m)}, x_i) + \log(1-\pi_1) \cdot E(1-z_j \mid \tilde{\theta}^{(m)}, x_i)]$$

$$= Q(\tilde{\theta}, \tilde{\theta}^{(m)})$$

其中，

$$\gamma_i = E(z_i \mid \tilde{\theta}^{(m)}, x_i) = P(z_i = 1 \mid \tilde{\theta}^{(m)}, x_i)$$

$$= \frac{P(z_i = 1)P(\tilde{\theta}^{(m)}, x_i \mid z_i)}{P(z_i = 1)P(\tilde{\theta}^{(m)}, x_i \mid z_i) + P(z_i = 0)P(\tilde{\theta}^{(m)}, x_i \mid z_i)}$$

$$= \frac{\pi_1 f_1(x_i, \tilde{\theta}^{(m)})}{\pi_1 f_1(x_i, \tilde{\theta}^{(m)}) + (1-\pi_1)f_2(x_i, \tilde{\theta}^{(m)})}$$

M 步，将 $Q(\tilde{\theta}, \tilde{\theta}^{(m)})$ 最大化求其 $\tilde{\theta}_0$ 的估计值，对 $Q(\tilde{\theta}, \tilde{\theta}^{(m)})$ 中的参数求导使其导函数为 0，得到 $\tilde{\theta}^{(m+1)}$ 中各参数的表达式（推导过程见附录 A）。其中，$\tilde{\alpha}, \tilde{\beta}$ 也不存在显示表达式，需采用数值法对其进行估计，然后重复迭代 E 步和 M 步，直到满足收敛条件 $\|\tilde{\theta}^{(m+1)} - \tilde{\theta}^{(m)}\| < 10^{-4}$ 时停止，从而估计出混合动态分布中各参数值。

$Q(\tilde{\theta}, \tilde{\theta}^{(m)})$ 的表达式如下：

$$Q(\tilde{\theta}_0, \tilde{\theta}_0^{(m)}) = \sum_{j=1}^{n}[\log f_1(x_j) \cdot E(z_j \mid \tilde{\theta}_0^{(m)}, x_j) + \log f_2(x_j) \cdot E(1-z_j \mid \tilde{\theta}_0^{(m)}, x_j)]$$

$$= \sum_{j=1}^{n}[\log f_1(x_j) \cdot \tilde{\gamma}_j^{(m)} + \log f_2(x_j) \cdot (1-\tilde{\gamma}_j^{(m)})] + \sum_{j=1}^{n}[\log(\pi_1) \cdot \tilde{\gamma}_k^{(m)} + \log(1-\pi_1) \cdot (1-\tilde{\gamma}_k^{(m)})]$$

$$= \sum_{j=1}^{n_1}[\log f_1(x_j) \cdot \tilde{\gamma}_j^{(m)} + \log f_2(x_j) \cdot (1-\tilde{\gamma}_j^{(m)})] + \sum_{k=1}^{n_2}[\log f_1(x_k) \cdot \tilde{\gamma}_k^{(m)} + \log f_2(x_k) \cdot (1-\tilde{\gamma}_k^{(m)})] +$$

$$\sum_{j=1}^{n_1}[\log(\pi_1) \cdot \tilde{\gamma}_j^{(m)} + \log(1-\pi_1) \cdot (1-\tilde{\gamma}_j^{(m)})] + \sum_{k=1}^{n_2}[\log(\pi_1) \cdot \tilde{\gamma}_k^{(m)} + \log(1-\pi_1) \cdot (1-\tilde{\gamma}_k^{(m)})]$$

4.2.5 数值研究

根据前面章节的理论基础，运用数值模拟的方法来检验参数估计的收敛性和准确性。本节基于有限样本，依据式（4-2）和式（4-6）首先设置预估参数 θ 和 $\tilde{\theta}$ 的真实值，利用位置参数、尺度参数及变换参数与协变量 t 的相关关系得到其真实值，再根据所得参数生成服从混合高斯分布的随机数据集合 Y，而后按照 Yeo–Johnson 动态变换理论的逆变换得到服从式混合动态分布的模拟数据集合 X。本节模拟研究的目的是在满足收敛条件的前提下探讨 EM 算法和数值法估计混合动态模型的系数集合的精确情况。

混合动态模型参数的真实值设置如下：

设置Ⅰ：选择 $a_1=0.008$，$b_1=0.08$，$c_1=0.2$，$a_2=0.02$，$b_2=0.2$，$c_2=0.4$，$A_1=0.005$，$B_1=0.01$，$C_1=0.02$，$A_2=0.008$，$B_2=0.02$，$C_2=0.04$，$\alpha=0.5$，$\beta=0.06$。设置 10 个时间点，令 $t=(1,3,5,9,12,16,18,21,23,27)$，根据式（4-1）和式（4-2）生成模拟数据样本，利用 EM 算法和数值法对混合动态模型Ⅰ的系数进行估计研究，其结果如表 4-1 所示。

设置Ⅱ：$\tilde{a}_1=0.01$，$\tilde{b}_1=0.08$，$\tilde{c}_1=0.2$，$\tilde{d}_1=0.1$，$\tilde{a}_2=0.02$，$\tilde{b}_2=0.2$，$\tilde{c}_2=0.4$，$\tilde{d}_2=0.2$，$\tilde{A}_1=0.002$，$\tilde{B}_1=0.02$，$\tilde{C}_1=0.02$，$\tilde{D}_1=0.03$，$\tilde{A}_2=0.015$，$\tilde{B}_2=0.02$，$\tilde{C}_2=0.04$，$\tilde{D}_2=0.05$，$\tilde{\alpha}=0.4$，$\tilde{\beta}=0.07$。同样设置 10 个时间点，$t=(1,3,5,9,12,16,18,21,23,27)$，根据式（4-5）和式（4-6）生成模拟数据样本，利用 EM 算法和数值法对混合动态模型Ⅰ Ⅱ进行模拟研究，其结果如表 4-2 所示。

在模拟研究中样本量 N 分别取为 1000、1500、2000、4000，观察数据样本的研究效果。对每组样本量均重复模拟 500 次，估算 500 次的模拟结果的算术平均值、标准差和均方根误差。其中，选择偏差、标准差与均方根误差作为分析参数估计精度指标。BIAS 代表参数的估计偏差，即估计值与真实值的差；SE 代表标准差，表示参数估计的离散程度；RMSE 代表均方根误差，表示参数估计的测量精密度。通过对模拟数据进行数值

第 4 章 基于混合动态模型的居民收入分布的演变研究

研究来考查这三种指标随样本量的变化情况,以此评估混合动态分布参数估计的优越性和有效性,其模拟的估计结果于表 4-1 和表 4-2 中展示。

表 4-1 混合动态模型 I 的数值模拟结果

N	系数	BIAS	RMSE	SE	系数	BIAS	RMSE	SE
1000	a_1	0.00023	0.00723	0.00723	a_2	0.00002	0.00592	0.00593
2000		−0.00003	0.00543	0.00544		0.00007	0.00388	0.00389
3000		0.00004	0.00428	0.00429		0.00007	0.00345	0.00345
4000		0.00004	0.00370	0.00370		0.00005	0.00322	0.00323
1000	b_1	−0.00293	0.03223	0.03214	b_2	0.00165	0.02571	0.02569
2000		0.00022	0.02595	0.02597		−0.00055	0.02164	0.02166
3000		−0.00098	0.01963	0.01962		−0.00016	0.01555	0.01556
4000		0.00019	0.01709	0.01711		−0.00007	0.01442	0.01444
1000	c_1	0.00071	0.02707	0.02709	c_2	−0.00158	0.05564	0.05568
2000		0.00063	0.01893	0.01894		−0.00258	0.03766	0.03761
3000		0.00074	0.01541	0.01541		−0.00294	0.03062	0.03051
4000		0.00087	0.01262	0.01261		0.00237	0.02532	0.02523
1000	α	0.01982	−0.00572	−0.00114	β	0.0033	0.02041	0.02017
2000		0.12101	0.07795	0.06273		0.00381	0.01390	0.01338
3000		0.12247	0.07808	0.06268		−0.00089	0.01065	0.01063
4000		0.01982	−0.00572	−0.00114		0.00071	0.00897	0.00895
1000	A_1	−0.00001	0.00108	0.00108	A_2	0.00056	0.00154	0.00154
2000		−0.00004	0.00071	0.00071		0.00061	0.00107	0.00107
3000		−0.00003	0.00060	0.00060		0.00048	0.00092	0.00092
4000		0.00003	0.00052	0.00052		0.00050	0.00079	0.00079
1000	B_1	−0.00057	0.00416	0.00413	B_2	−0.00043	0.00600	0.00600
2000		−0.00020	0.00286	0.00286		−0.00017	0.00411	0.00411
3000		−0.00015	0.00232	0.00232		−0.00011	0.00358	0.00358
4000		−0.00019	0.00200	0.00199		0.00010	0.00319	0.00319
1000	C_1	0.00010	0.00643	0.00643	C_2	0.00092	0.01873	0.01873
2000		0.00023	0.00432	0.00432		−0.00042	0.01203	0.01204
3000		0.00019	0.00348	0.00348		0.00019	0.01033	0.01033
4000		0.00015	0.00309	0.00309		0.00090	0.00857	0.00853

表 4-2　混合动态模型 II 的数值模拟结果

N	系数	BIAS	RMSE	SE	系数	BIAS	RMSE	SE
1000	$\tilde{a}_1$	0.00106	0.01393	0.0139	$\tilde{a}_2$	−0.00025	0.01017	0.01017
2000		0.00081	0.00949	0.00947		−0.00051	0.00722	0.00721
3000		0.00039	0.00874	0.00874		−0.00026	0.00668	0.00668
4000		0.00033	0.00551	0.00551		0.00001	0.00399	0.00399
1000	$\tilde{b}_1$	−0.00188	0.05723	0.05726	$\tilde{b}_2$	−0.00104	0.04218	0.04221
2000		−0.00465	0.04104	0.04082		0.00240	0.03109	0.03103
3000		−0.00141	0.03531	0.03532		0.00129	0.02696	0.02695
4000		−0.00064	0.02247	0.02248		−0.00043	0.0168	0.01681
1000	$\tilde{c}_1$	−0.00605	0.06722	0.06701	$\tilde{c}_2$	−0.01001	0.05263	0.05172
2000		−0.00305	0.04584	0.04579		−0.00339	0.03264	0.0325
3000		−0.00362	0.03726	0.03712		−0.00188	0.02429	0.02424
4000		−0.00092	0.02441	0.02441		−0.00403	0.01439	0.01383
1000	$\tilde{d}_1$	0.04968	0.60617	0.60474	$\tilde{d}_2$	0.06780	0.36901	0.36309
2000		0.02768	0.42481	0.42434		0.03262	0.22505	0.2229
3000		0.03375	0.33899	0.33764		0.01387	0.193	0.1927
4000		0.00385	0.2223	0.22249		0.02347	0.12392	0.1218
1000	$\tilde{\alpha}$	−0.01356	0.05626	0.05465	$\tilde{\beta}$	−0.00101	0.00952	0.00947
2000		−0.00247	0.03756	0.03752		−0.00013	0.00658	0.00658
3000		−0.00318	0.02832	0.02817		−0.00020	0.00465	0.00465
4000		−0.00453	0.01822	0.01767		−0.00040	0.00299	0.00297
1000	$\tilde{A}_1$	0.00003	0.00184	0.00185	$\tilde{A}_2$	0.00011	0.00232	0.00232
2000		−0.00006	0.00116	0.00116		0.00030	0.00166	0.00163
3000		0.00002	0.00097	0.00098		−0.00001	0.00144	0.00144
4000		0.00003	0.00059	0.00059		0.00003	0.00096	0.00096
1000	$\tilde{B}_1$	−0.00093	0.00751	0.00746	$\tilde{B}_2$	−0.00133	0.00912	0.00903
2000		−0.00056	0.00474	0.00471		−0.00157	0.00672	0.00654
3000		−0.00052	0.00394	0.00391		−0.00025	0.00576	0.00576
4000		−0.00022	0.00223	0.00222		−0.0001	0.00379	0.00379
1000	$\tilde{C}_1$	−0.00625	0.041	0.04056	$\tilde{C}_2$	0.00293	0.04918	0.04914
2000		−0.00234	0.02912	0.02905		−0.00258	0.03561	0.03555
3000		−0.00127	0.02424	0.02423		−0.00128	0.02855	0.02855
4000		−0.00147	0.0148	0.01474		−0.00043	0.01634	0.01635

续表

N	系数	BIAS	RMSE	SE	系数	BIAS	RMSE	SE
1000	$\tilde{D}_1$	0.00003	0.00184	0.00185	$\tilde{D}_2$	0.00011	0.00232	0.00232
2000		−0.00006	0.00116	0.00116		0.0003	0.00166	0.00163
3000		0.00002	0.00097	0.00098		−0.00001	0.00144	0.00144
4000		0.00003	0.00059	0.00059		0.00003	0.00096	0.00096

由表 4-1 和表 4-2 的模拟结果，得出以下几点结论：

首先，随着样本量的递增，混合动态分布的参数估计结果 BIAS 估计值随之逐渐减小，相对于真实值，BIAS 估计值越小，说明模拟的估计结果越靠近真实值。

其次，随着样本量的递增，混合动态分布的参数估计结果 SE 和 RMSE 的估计值也随之逐渐减小，且标准差与均方根误差的估计结果基本相近，两者的估计结果越相似，说明模拟的估计结果越精确。

最后，两种混合动态分布的模拟结果都随着样本量的增加而减小，但是整体上混合动态分布 I 的模拟结果更精确。这说明样本量增加有利于提升模拟估计的效果，采用 EM 算法和数值法对混合动态分布的参数随时间 t 变化而变化的估计效果较稳定有效。

4.3 居民收入分布的动态模型拟合

4.3.1 数据描述和处理

本章选用来自 CHNS 调查中 1989—2015 年的居民家庭人均收入数据样本，消除价格因素的影响，将历年的样本量汇总。设 x_i 为第 i 个居民家庭人均收入数据样本，同年的数据样本所对应的观测时间相同，每年的数据样本量并不相等，且每个观测数据 x_i 均对应一个可观测时间点 t_i，即（x_i，t_i）。假设 1989 年、1991 年、1993 年、1997 年、2000 年、

2004年、2006年、2009年、2011年和2015年的家庭收入所对应的时间样本集合为 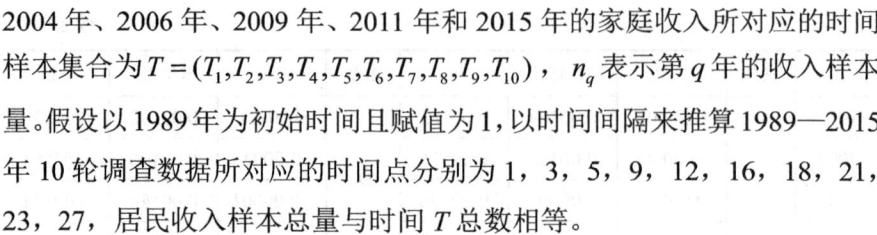，n_q 表示第 q 年的收入样本量。假设以1989年为初始时间且赋值为1，以时间间隔来推算1989—2015年10轮调查数据所对应的时间点分别为 1，3，5，9，12，16，18，21，23，27，居民收入样本总量与时间 T 总数相等。

4.3.2 动态分布的参数估计与分析

依据本章的理论基础和数值模拟，估计出位置—尺度—变换参数模型的系数，分析时间对各参数的影响程度，进而拟合居民混合动态分布。结合第3章中从动态的角度对居民收入混合分布的演变过程进行多方位研究。根据式（4-2）和式（4-6）估计出分段函数的系数值，结果如表4-3和表4-4所示。

表4-3　混合动态模型Ⅰ的参数估计结果

系数	估计值	系数	估计值
a_1	60	A_1	76773
a_2	257	A_2	30692
b_1	1793	B_1	757088
b_2	1850	B_2	772819
c_1	420	C_1	1226830
c_2	598	C_2	325622
α	−22.96	β	0.70

表4-4　混合动态模型Ⅱ的参数估计结果

系数	估计值	系数	估计值
$\tilde{a}_1$	70	$\tilde{A}_1$	79913
$\tilde{a}_2$	246	$\tilde{A}_2$	36859
$\tilde{b}_1$	1630	$\tilde{B}_1$	634447

第4章 基于混合动态模型的居民收入分布的演变研究

续表

系数	估计值	系数	估计值
$\tilde{b}_2$	2008	$\tilde{B}_2$	511041
$\tilde{c}_1$	443	$\tilde{C}_1$	1726155
$\tilde{c}_2$	983	$\tilde{C}_2$	927710
$\tilde{d}_1$	−4946	$\tilde{D}_1$	−31286684
$\tilde{d}_2$	−12046	$\tilde{D}_2$	−18034445
$\tilde{\alpha}$	−24.61	$\tilde{\beta}$	0.73

在1989—2006年阶段，时间每增加1年，位置参数 μ_{1t}、μ_{2t} 随之分别右移60、257，尺度参数 σ_{1t}^2、σ_{2t}^2 随之分别扩张76773、30692。在2009—2015年阶段，时间每增加1年，位置参数 μ_{1t}、μ_{2t} 随之分别右移480、855，尺度参数 σ_{1t}^2、σ_{2t}^2 随之分别扩张1303603、356314，位置参数 μ_{2t} 比 μ_{1t} 受时间因素的影响程度更强，尺度参数数 σ_{1t}^2 比 σ_{2t}^2 受时间因素的影响程度更强；时间每增加1年，变换参数 λ_t 随之增加0.7。在1989—2006年阶段，时间每增加1年，位置参数 $\tilde{\mu}_{1t}$、$\tilde{\mu}_{2t}$ 随之分别右移70、246，尺度参数 $\tilde{\sigma}_{1t}^2$、$\tilde{\sigma}_{2t}^2$ 随之分别扩张79913、36859。在2009—2015年阶段，时间每增加1年，位置参数 $\tilde{\mu}_{1t}$、$\tilde{\mu}_{2t}$ 随之分别右移443、983，尺度参数 $\tilde{\sigma}_{1t}^2$、$\tilde{\sigma}_{2t}^2$ 随之分别扩张1726155、927710，位置参数 $\tilde{\mu}_{1t}$ 比 $\tilde{\mu}_{2t}$ 受时间因素的影响程度稍弱，尺度参数数 $\tilde{\sigma}_{1t}^2$ 比 $\tilde{\sigma}_{2t}^2$ 受时间因素的影响程度稍弱；时间每增加1年，变换参数 λ_t 随之增加0.73。从分段模型结果来看，1989—2006年收入分布的右移速度和扩张程度均不如2009—2015年收入分布的变化速度。

利用表4-3和表4-4中系数的估计结果，按照式（4-2）和式（4-6）计算历年分布的位置参数、尺度参数及变换参数，结果如表4-5和表4-6所示。

表 4-5 历年居民收入混合动态分布 I 的参数估计结果

年份	μ_{1t}	μ_{2t}	σ_{1t}	σ_{2t}	λ_t	$\mu_{2t}-\mu_{1t}$
1989	1853	2107	913	896	−22.30	254
1991	1974	2621	994	930	−20.97	647
1993	2095	3136	1068	962	−19.65	1041
1997	2337	4164	1203	1024	−17.01	1827
2000	2519	4936	1296	1068	−15.03	2417
2004	2761	5964	1409	1124	−12.38	3203
2006	2882	6479	1463	1151	−11.06	3597
2009	4322	9046	2460	1547	−9.08	4724
2011	5283	10757	2942	1763	−7.76	5474
2015	7204	14179	3724	2129	−5.12	6975

注：σ_{1t}、σ_{2t} 是方差 σ_{1t}^2、σ_{2t}^2 的平方根，同样表示尺度参数。

表 4-6 历年居民收入混合动态分布 II 的参数估计结果

年份	$\tilde{\mu}_{1t}$	$\tilde{\mu}_{2t}$	$\tilde{\sigma}_{1t}$	$\tilde{\sigma}_{2t}$	$\tilde{\lambda}_t$	$\tilde{\mu}_{2t}-\tilde{\mu}_{1t}$
1989	1700	2254	845	740	−23.88	554
1991	1841	2745	935	788	−22.41	904
1993	1981	3237	1017	834	−20.95	1256
1997	2262	4219	1163	918	−18.01	1957
2000	2473	4956	1262	976	−15.82	2483
2004	2754	5939	1383	1049	−12.89	3185
2006	2895	6430	1440	1084	−11.42	3535
2009	4357	8603	2228	1203	−9.22	4246
2011	5243	10570	2901	1817	−7.76	5327
2015	7015	14503	3914	2648	−4.83	7488

注：$\tilde{\sigma}_{1t}$、$\tilde{\sigma}_{2t}$ 是方差 $\tilde{\sigma}_{1t}^2$、$\tilde{\sigma}_{2t}^2$ 的平方根，同样表示尺度参数。

由表 4-5 来看，位置参数表示居民收入水平情况，尺度参数表示居民收入差距情况。相对收入差距（$\mu_{2t}-\mu_{1t}$，$\tilde{\mu}_{2t}-\tilde{\mu}_{1t}$）表示相同时期两群体收入水平差距，绝对收入差距（尺度参数差值）表示不同时期同一群体收入差距。随着时间的推移，居民家庭收入水平在逐年提升，但是历年居民收入差距也在逐年恶化，两分布群体收入水平的横向收入差距也越来越大（见图 4-5）。

随着改革开放的发展进程，居民收入水平呈现显著的阶段性发展趋势，第二阶段（2009—2015 年）居民收入水平的增长速度明显高于第一阶段（1989—2006 年），对比第一阶段 μ_{1t} 与 $\tilde{\mu}_{1t}$ 的估计结果基本相差无几，其变化趋势相吻合。第一阶段的位置参数 μ_{2t} 与 $\tilde{\mu}_{2t}$ 的估计结果基本相一致，在 2009 年第二阶段的位置参数 μ_{2t} 与 $\tilde{\mu}_{2t}$ 的估计情况出现微小偏离的现象，其中 $\tilde{\mu}_{2t}$ 的增长速度略微高于 μ_{2t}。从整体来讲，μ_{1t} 与 μ_{2t} 研究结果表明居民收入发展趋势较为平稳，而且中高收入群体更容易受到前期收入水平的影响，中低收入群体的收入水平变化过程更为稳定。

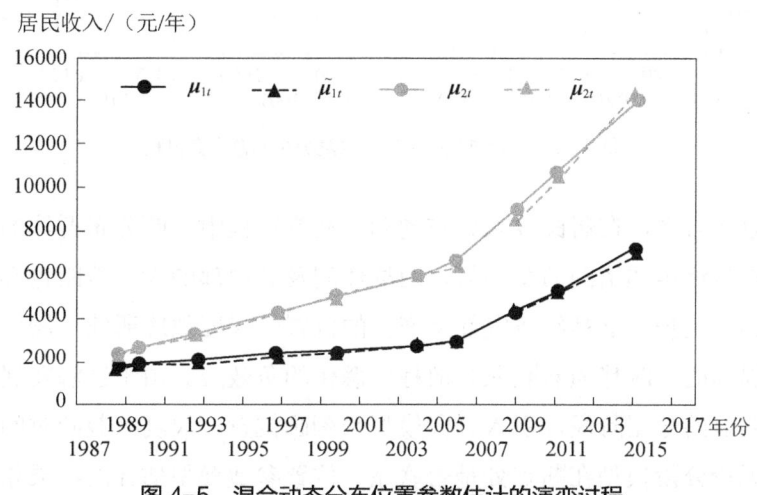

图 4-5　混合动态分布位置参数估计的演变过程

如图 4-6 所示，居民收入的离散程度呈逐年扩大的趋势甚至出现恶化的现象，尺度参数 σ_{1t} 与 $\tilde{\sigma}_{1t}$ 的估计结果大于 σ_{2t} 与 $\tilde{\sigma}_{2t}$，并且低收入群体其内部收入差距要高于高收入群体，两群体的差距水平越来越大。历年中低收入群体的收入差距都超过中高收入群体，说明中低收入群体内部的收入水平参差不齐且分化程度更加严峻，两分布群体内部收入差距现象更为严重。第一阶段尺度参数 σ_{1t} 与 $\tilde{\sigma}_{1t}$ 和 σ_{2t} 与 $\tilde{\sigma}_{2t}$ 估计结果差别较小，其演变趋势基本重合。可是第二阶段收入差距的演变情况出现较明显的差异，特别是 σ_{2t} 与 $\tilde{\sigma}_{2t}$ 的演变过程，第二阶段 $\tilde{\sigma}_{1t}$ 和 $\tilde{\sigma}_{2t}$ 比 σ_{1t} 和 σ_{2t} 的倾斜程度更大。

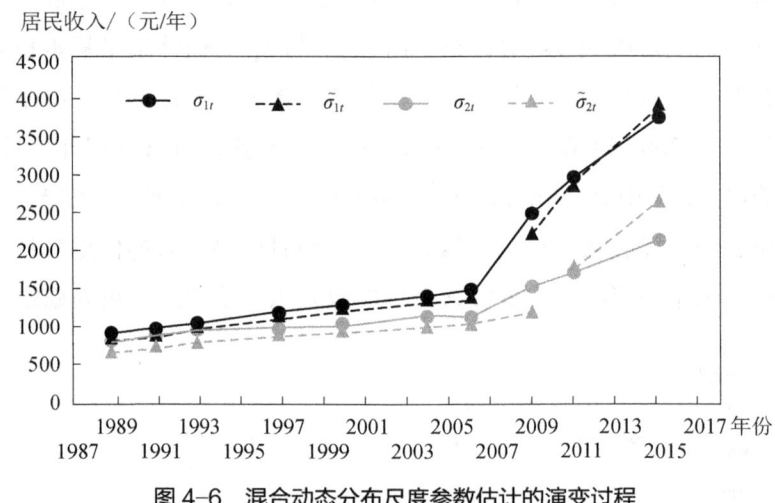

图 4-6 混合动态分布尺度参数估计的演变过程

总而言之，在居民收入分布的动态演变过程中，两分布群体的收入水平都呈逐年递增的演变趋势，两群体间及其内部的收入差距也都呈逐年加剧的趋势，这是经济发展所产生的位置—尺度效应所致，居民收入水平提高的同时伴随着收入分散程度恶化的负效应。由于经济发展过程存在明显的分层阶段，引入分段模型来刻画位置—尺度参数随时间的变化，无论分段模型在断点处是否联系，位置参数模型估计的结果相差无几，尺度参数模型（2009—2015 年）估计的结果有些许差别，分段模型在断点连续其估计结果，使收入分布动态演变过程较为平稳光滑。

4.3.3 基于动态分布的基尼系数测算分析

基尼系数是判断某个国家或地区居民贫富差距和检验收入分配合理性的重要标准。根据表 4-3 和表 4-4 的估计结果，得出居民收入的动态密度函数 $f(x)$ 和动态分布函数 $F(x)$，由勒曼等（Lerman et al., 1984）提出基于收入连续分布函数计算基尼协方差，来估算衡量居民收入差距的混合总体基尼系数及其各分量分布的基尼系数，以此来评价居民收入差距的演变情况，其结果如表 4-7 所示。

$$G(t) = \frac{2}{\mu_x} \text{cov}(x, F(x,t)) \quad (4-16)$$

表 4-7 基于混合动态分布的基尼系数估计结果

年份	G	G_1	G_2	G_1/G_2	$\tilde{G}$	$\tilde{G}_1$	$\tilde{G}_2$	$\tilde{G}_1/\tilde{G}_2$
1989	0.3889	0.2563	0.1326	1.93	0.3928	0.2516	0.1412	1.78
1991	0.3734	0.2467	0.1267	1.95	0.3700	0.2438	0.1262	1.93
1993	0.4306	0.2835	0.1471	1.93	0.4216	0.2790	0.1426	1.96
1997	0.3912	0.2638	0.1274	2.07	0.3790	0.2608	0.1182	2.21
2000	0.4433	0.2900	0.1533	1.89	0.4334	0.2885	0.1448	1.99
2004	0.4871	0.2984	0.1887	1.58	0.4844	0.3000	0.1844	1.63
2006	0.4875	0.2893	0.1982	1.46	0.4889	0.2923	0.1966	1.49
2009	0.4574	0.2544	0.2030	1.25	0.4920	0.2614	0.2306	1.13
2011	0.4357	0.2502	0.1855	1.35	0.4416	0.2497	0.1919	1.30
2015	0.4869	0.2562	0.2307	1.11	0.4741	0.2478	0.2263	1.10

注：根据混合动态分布 I 估计的 G、G_1、G_2 表示混合总体分布、两分量收入群体的基尼系数；根据混合动态分布 II 估计的 $\tilde{G}$、$\tilde{G}_1$、$\tilde{G}_2$ 表示混合总体分布、两分量收入群体的基尼系数；G_1/G_2、$\tilde{G}_1/\tilde{G}_2$ 表示两分量收入群体基尼系数的相对值。

表4-7显示，总体混合基尼系数的演变形式可分为三个阶段：随着改革开放的推行，居民家庭收入差距也随之不断扩大，G 与 $\tilde{G}$ 的结果表明，1989—1991年第一阶段的收入基尼系数在0.4以下，其中1991年的基尼系数低于1989年的。1993—2000年第二阶段，G 与 $\tilde{G}$ 的混合总体基尼系数超过临界点0.4，在0.4～0.45的区间，其中1997年基尼系数略低于0.4。其原因可能主要是受到1997年亚洲金融危机的影响，房地产泡沫给各地区投资者造成巨大经济损失，而当时外需是推动我国经济发展的主要动力，故造成严重间接影响。2004—2015年第三阶段，G 与 $\tilde{G}$ 呈先上升后下降的倒U形变化趋势，而 G 在2006年达到最大，$\tilde{G}$ 在2009年达到最大，在基尼系数下行中二者均在2015年出现轻微反弹。鉴于本书研究对象时间跨度较大，时间间隔不等，个别年份CHNS样本量抽样存在偏差问题，可能造成个别年份基尼系数的估计存在些许误差，如1991年是第二次调查收集数据，规模技术不成熟，抽样样本量较少。在未拟合收入分布的条件下，在技术层面上城乡混合基尼系数的估计和分解是比较复杂的，在合理拟合收入分布前提下，估计混合基尼系数来评价城乡混合总体的贫富差距具有重要意义。

从表4-7来看，1989—2015年 G_1 和 $\tilde{G}_1$ 的估计结果都高于 G_2 和 $\tilde{G}_2$，这说明中低收入群体内部的收入差距要大于中高收入群体。G_1 和 $\tilde{G}_1$ 呈倒U形变化趋势，二者均在2004年达到最大值（0.2994，0.3），G_2 和 $\tilde{G}_2$ 也呈倒U形变化，在2009年出现转折，$\tilde{G}_2$ 在2009年达到最大值（0.2306），但 G_2 在2015年达到最大值（0.2307），表明2015年的低收入分布群体内部收入差距较为大；G_1/G_2 和 $\tilde{G}_1/\tilde{G}_2$ 的结果表示收入差距相对值，也呈先升后降的倒U形变化趋势，在1997年到达顶点，而2015年的比值却最小，表明1997年两分布群体之间收入差距较大。整体来讲，内部收入差距比群体间收入差距更为明显，同时城乡高低收入群体的收入差距及其内部收入差距都呈逐渐缩小的趋势。

综上所述，改革开放时代的到来，既提升了居民收入水平，也扩大了收入差距，中低收入群体内部的收入差距要大于中高收入群体，两群体的收入差距的相对值呈倒 U 形变化趋势，内部组内收入差距对混合总体收入差距的贡献率更大，尤其是中低收入群体，同时城乡混合整体收入差距及其内部收入差距都呈逐渐缩小的趋势。在合理拟合收入分布前提下，估计混合基尼系数对评估城乡混合总体的贫富差距具有深远意义。

4.4 居民收入分布动态演变的因素分解与测度

4.4.1 居民收入分布演变的动态区间分解

总体来说，居民收入分布演变是由分布函数位置和尺度的变化引起的。本章在拟合收入分布的基础上，分析影响收入分布演变的重要因素，主要从宏观视角将其分解为经济增长因素、收入分配因素和标准变动因素三方面。目前分解收入分布变化影响因素的研究文献，大多数根据斯卡茨和希克斯所提出的替代效应和收入效应，将影响收入分布的因素分解为经济增长效应、收入分配效应与标准变动效应。纪宏、阮敬（2006）基于收入分布服从对数正态的前提，利用 Shapley 分解法将影响我国贫困规模因素分解为经济增长效应、收入分配效应与标准变动效应。陈云（2009）基于核密度估计分布，利用相对分布函数将居民收入分布变迁分解为增长效应和分配效应。王薇（2013）采用动态区间分解法，对我国中等收入群体比重的影响因素进行了分解，分解为经济增长、收入分配与标准变动的宏观效应，给出中等收入群体比重变动中的经济意义。龙莹（2015）提出将 CHNS 数据收入的平均值和中位数作为分布的位置效应和形状效应，以此考察分布位置变化产生的经济增长效应、分布形状变化产生的收入分配效应。

依据经济学中消费需求理论,居民收入分布演变的影响因素分解和测度是由于分布演化的结果所致,并不是其影响原因造成的,因素的分解研究也不是针对居民收入分布演变过程进行的影响研究,本章通过影响因素分解来更全面地探究收入分布的变化规律。经济增长、分配政策和个体差异是导致居民收入分布演变的主要因素,其中经济和分配的影响因素主要通过两种方式实现对居民收入分布产生影响并以此改变收入分布的位置和形状。因此,可以将影响居民收入分布演变的因素归结为两类,即引起位置变化和形状变化的两类因素,各因素效应是如何影响收入分布演变情况的,还需要进一步进行定量研究。

下面采用区间分解和测度方法❶考察不同收入层次群体人口比重的变化过程。如图4-7所示,选择两组分为参照组和对照组来考察收入分布变动情况,设参照组和对照组的收入分布函数分别为$f_0(x)$、$f(x)$,以X_0、X分别表示横轴参照组和对照组的居民收入水平,将μ_0、μ分别表示横轴参照组和对照组的居民收入群体的平均值,纵轴表示某收入区间下收入群体的比重。考察两组收入分布的变化情况,引入辅助分布函数,对参照组的居民收入进行移动,得:

$$X_{0L} = X_0 + \rho$$

其中,ρ为对照组的收入平均值与参照组的收入平均值相减所得,为

$$\rho = \mu_0 - \mu$$

通过对$f_0(x)$位置平移后得到密度函数$f_{0L}(x)$,称为辅助收入分布函数。将参照组和对照组的分布函数相联系起来,$f_{0L}(x)$与$f_0(x)$的均值不同,但分布函数形状相同;$f_{0L}(x)$与$f(x)$的均值相同、但分布函数形状不同。根据概率密度的性质可得,$f_{0L}(x)$、$f_0(x)$和$f(x)$与整个横轴所构成的面积都是1。

---

❶ 区间分解测度主要分为静态和动态,主要区别是标准线的动态变化。

第4章 基于混合动态模型的居民收入分布的演变研究

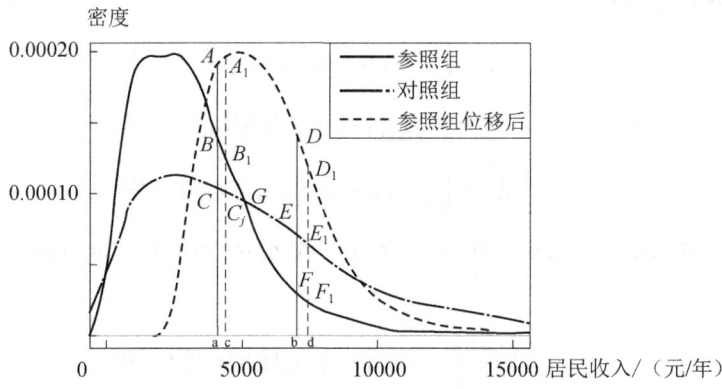

图4-7 居民收入分布演变的影响因素分解

基于收入分布演变受到经济增长、收入分配和标准变动三个因素的影响，假如其他因素不变化，随着我国经济迅速增长，整体居民收入水平将同步提高，主要体现在居民收入分布位置的整体向右平移，各区间收入群体比重也发生相应的变化，能够发现经济增长推动了收入分布位置的横向移动，此种变化结果称为"经济增长效应"。除此之外，假如其他因素不变化，收入分配政策的变化也将影响居民收入分布形态的变化，主要体现在收入分布呈尖峰且扁平化的演变趋势，各区间收入群体受影响程度也将不同，进而导致收入分配差距的加重。通常收入分布形态越尖锐高耸表示收入差距越小，相反收入分布形态越扁平矮小表示收入差距越大，由收入分配所引起收入分布尺度形状的变化称为收入分配效应。目前，关于收入群体的划分标准还未统一，假如其他因素不变化，由于选择收入标准区间不同，各收入群体比重也将不同，此种情况称为标准变动效应。当三种效应同时发挥影响作用，将称为总效应，其等式为

总效应=经济增长效应+收入分配效应+标准变动效应

1. 收入目标群体人口比重的测算，$f_{0L}(x)$、$f_0(x)$ 和 $f(x)$

参照组的收入分布函数 $f_0(x)$、位移后辅助收入分布函数 $f_{0L}(x)$、对照组的收入分布函数 $f(x)$，收入介于 $[a,b]$ 之间的收入群体比重分别记

为 S_1、S_2、S_3：

$$S_1 = \int_a^b f_0(x)\mathrm{d}x = 图abFGB的面积$$

$$S_2 = \int_a^b f_{0L}(x)\mathrm{d}x = 图abDA的面积$$

$$S_3 = \int_a^b f(x)\mathrm{d}x = 图abEGC的面积$$

对照组的收入分布函数 $f(x)$，收入介于 $[c,d]$ 之间的群体比重记为 S_4：

$$S_4 = \int_c^d f(x)\mathrm{d}x = 图cdE1GC1的面积$$

2. 宏观因素对收入目标群体人口比重的变化研究

基于不同时期的收入群体、不同标准下的人口比重 S_1、S_2、S_3、S_4，对照组收入标准为 $[c,d]$ 和参照组收入标准为 $[a,b]$ 相比，其收入群体比重变化为

$$\Delta_{4,1} = S_4 - S_1 = \int_c^d f(x)\mathrm{d}x - \int_a^b f_0(x)\mathrm{d}x$$

经济增长因素影响使得收入介于 $[a,b]$ 之间的群体人口比重变化为

$$\Delta_{2,1} = S_2 - S_1 = \int_a^b f_{0L}(x)\mathrm{d}x - \int_a^b f_0(x)\mathrm{d}x$$

收入分配因素影响使得收入介于 $[a,b]$ 之间的群体人口比重变化为

$$\Delta_{3,2} = S_3 - S_2 = \int_a^b f(x)\mathrm{d}x - \int_a^b f_{0L}(x)\mathrm{d}x$$

标准线从 $[a,b]$ 变动到 $[c,d]$ 使得收入群体人口比重变化为

$$\Delta_{4,3} = S_4 - S_3 = \int_c^d f(x)\mathrm{d}x - \int_a^b f(x)\mathrm{d}x$$

因此，收入群体人口比重变化的恒等式为

$$\Delta_{4,1} = \Delta_{2,1} + \Delta_{3,2} + \Delta_{4,3}$$

3. 收入分布演变的影响效应分析

通过测算对照组和参照组中收入群体人口比重变化分别受到增长因素、分配因素、标准线变动因素的影响程度，其影响效应如下。

参照组收入区间为 $[a,b]$ 到对照组收入区间为 $[c,d]$ 的影响总效应为

$$V = \frac{S_4 - S_1}{S_1} = \frac{\int_c^d f(x)\mathrm{d}x - \int_a^b f_0(x)\mathrm{d}x}{\int_a^b f_0(x)\mathrm{d}x}$$

衡量经济增长因素对收入群体人口比重变化的影响程度,其增长效应为

$$V_1 = \frac{S_2 - S_1}{S_1} = \frac{\int_a^b f_{0L}(x)\mathrm{d}x - \int_a^b f_0(x)\mathrm{d}x}{\int_a^b f_0(x)\mathrm{d}x}$$

衡量收入分配因素对收入群体人口比重变化的影响程度,其分配效应为

$$V_2 = \frac{S_3 - S_2}{S_1} = \frac{\int_a^b f(x)\mathrm{d}x - \int_a^b f_{0L}(x)\mathrm{d}x}{\int_a^b f_0(x)\mathrm{d}x}$$

衡量标准线变动因素对收入群体人口比重变化的影响程度,其标准变动效应为

$$V_3 = \frac{S_4 - S_3}{S_1} = \frac{\int_c^d f(x)\mathrm{d}x - \int_a^b f(x)\mathrm{d}x}{\int_a^b f_0(x)\mathrm{d}x}$$

即总效应恒等式为

$$V = V_1 + V_2 + V_3$$

4.4.2 居民收入分布演变群体的区间测度

根据居民收入分布变动的过程,经济增长效应是由位置变化导致收入分布平移变化所产生的位置效应,收入分配效应是由尺度变化导致收入分布形状变化所产生的尺度效应。为了更好地分析和对比各时期阶段居民收入群体比重变动的总效应、经济增长效应、收入分配效应与标准线变动效应,将对 1989—1991 年、1991—1993 年、1993—1997 年、1997—2000 年、2000—2004 年、2004—2006 年、2006—2009 年、2009—2011 年和 2011—2015 年的 9 轮分布演变过程进行分解研究。事先需要对居民收入群体进行区间划分,才能够更详细地考察各收入群体

比例的演变规律。目前我国收入分配还未形成"橄榄型"的格局，主要是中等收入群体比重还未占据总群体的主要部分，为了避免我国陷入中等收入陷阱，实现合理的分配形式，学者们围绕中等收入群体的研究层出不穷，但关于高、中、低收入的划分标准还没有统一的方法和指标。随着时间的变化，划分的高、中、低收入群体比重是动态变化的，划分标准应该是客观且动态变化的。收入中位数表示居中的收入水平的指标，上下50%的波动区间，国际上普遍选用中位数来划分收入群体区间，且中位数具有稳健性（纪宏和陈云，2009）。本章以中位值作为划分各区间收入群体的标准，参考龙莹（2012，2015）以中位数为基准的划分方式，选择较适合的划分标准（见表4-8、表4-9）。

表4-8 历年各区间居民收入群体人口比重

区间	1989	1991	1993	1997	2000	2004	2006	2009	2011	2015
50%中位数以下	22%	20%	21%	21%	24%	25%	27%	25%	26%	26%
75%中位数以下	36%	36%	36%	36%	38%	38%	39%	38%	39%	39%
[50，150]	52%	54%	48%	51%	46%	41%	40%	42%	43%	41%
[75，125]	28%	27%	25%	26%	23%	22%	20%	21%	21%	21%
[75，150]	38%	39%	33%	35%	33%	29%	28%	29%	29%	29%
125%中位数以上	36%	37%	39%	38%	39%	40%	41%	41%	40%	41%
150%中位数以上	26%	26%	30%	28%	30%	33%	33%	33%	32%	32%

注：根据CHNS调查数据计算所得。

表4-8中，历年居民收入在［50，150］区间的人口比重偏大，与现实情况不相符；历年居民收入在［75，125］区间的人口比重偏小，在50%中位数以下属于收入偏低；在［75，150］区间，2015年中等收入群体人口比重为29%，远低于发达国家的水平（美国中产阶级人口比重高于70%）。

第4章 基于混合动态模型的居民收入分布的演变研究

表4-9 历年居民中等收入群体的上下限结果　　　单位：元

年份	50%中位数	75%中位数	125%中位数	150%中位数
1989	1418	2127	3545	4255
1991	1405	2107	3512	4215
1993	1465	2198	3663	4396
1997	1892	2838	4730	5675
2000	2351	3527	5878	7054
2004	2830	4245	7074	8489
2006	3127	4690	7816	9380
2009	4681	7022	11703	14043
2011	6254	9381	15636	18763
2015	8647	12970	21617	25940

注：根据CHNS调查数据计算所得。

通过比较表4-9中历年居民中等收入群体的上下限结果情况，根据表4-8各收入群体的人口比重分析，本书选择收入中位数75%～150%区间作为各群体的划分标准，结合居民收入的最小值和最大值，获得居民收入群体的上下限区间，如表4-10所示。

表4-10 历年居民各收入群体的上下限区间　　　单位：元

年份	最小值	75%中位数	125%中位数	最大值
1989	0	2127	4255	67644
1991	0	2107	4215	34801
1993	0	2198	4396	40270
1997	0	2838	5675	56066
2000	0	3527	7054	98041
2004	0	4245	8489	88797
2006	0	4690	9380	98205
2009	0	7022	14063	333556
2011	0	9381	18763	427034
2015	0	12970	25940	439279

注：根据CHNS调查数据计算所得。

为了进一步了解居民收入群体比重的演变趋势，图4-8给出历年居民收入各区间群体比重的趋势。为了便于分析表述，将75%中位数以下、75%~150%中位数、150%中位数以上的各区间收入群体分别定义为低、中、高收入群体。

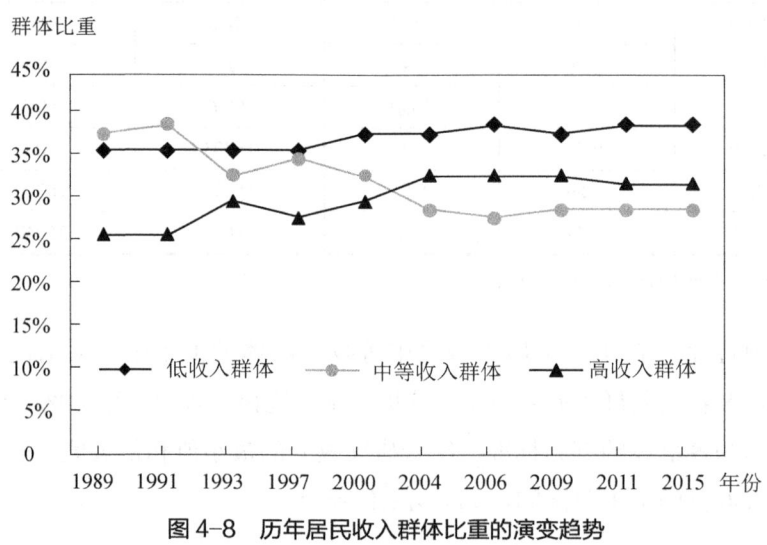

图4-8 历年居民收入群体比重的演变趋势

从1989—2015年的收入群体比重演变趋势来看，居民中收入群体的比重基本呈下降的趋势，1989—2004年中等收入群体下降速度较快，从38%下降到29%，2004年开始中等收入群体比重基本保持为29%，变化幅度较平稳。历年低收入群体的比重变化趋势基本保持在36%~39%，有小幅度的上升。历年高收入群体的比重呈上升的趋势，2004年高收入群体比重超越了中等收入群体，从26%增长到32%。低收入群体比重高于中、高收入群体比重，能够发现有"两头大，中间小"的M形分布现象。

图4-9详细地反映了居民低中高收入群体的区间划分趋势，中等收入群体上下限区间都呈不断增长的趋势，但下限的增长趋势低于上限。

1989—1993 年，中等收入群体的上下限变动幅度较为平和；1993—2006 年，中等收入群体的上下限增长速度加快；2006—2015 年，中等收入群体上下限的增长速度有明显提高，出现转折的变化趋势。

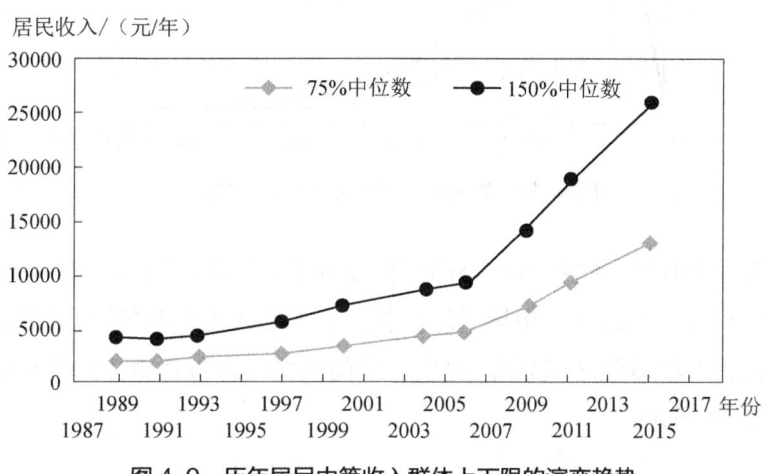

图 4-9 历年居民中等收入群体上下限的演变趋势

4.4.3 居民收入分布演变的因素效应分析

由于动态区间分解法的分布模拟是构建在确定收入函数之上的，所以关于因素分解的研究资料较少。本书在拟合居民收入分布的基础上，从居民收入数据出发进行收入分布变动的模拟，采用动态区间分解法对居民收入群体的动态区间影响效应分解进行模拟研究，根据上节所介绍的动态区间分解和测度方法，绘制居民收入分布动态区间示意图进行研究分析。以 2011—2015 年的变动趋势作为代表，图 4-10 显示位移后辅助收入分布函数与 2011 年的收入分布函数的形状相同，a,b 是 2011 年居民低、中、高收入群体分割的划分标准，c,d 是 2015 年居民低、中、高收入群体分割的划分标准，2011—2015 年的阶段居民低、中、高收入群体区间范围是动态的。

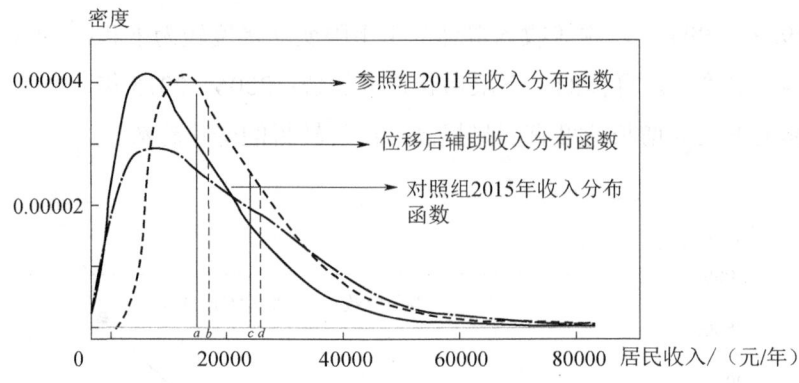

图 4-10　居民收入分布动态区间分解情况

为了更好地对比和分析不同年份经济增长效应、收入分配效应、标准线变动效应和总效应指标对居民收入各群体比重变动的影响规律，根据居民收入群体的区间划分，测度各区间居民收入群体效应的变化情况，如表 4-11 所示。

表 4-11　居民收入分布变化影响因素分解

阶段	收入水平	1989—1991年	1991—1993年	1993—1997年	1997—2000年	2000—2004年	2004—2006年	2006—2009年	2009—2011年	2011—2015年
经济增长效应	低	0.014	-0.317	-0.544	-0.640	-0.647	-0.260	-0.915	-0.461	-0.709
	中	-0.007	0.132	0.291	0.271	0.309	0.215	0.336	0.318	0.432
	高	-0.014	0.274	0.350	0.501	0.531	0.158	0.843	0.300	0.541
收入分配效应	低	-0.002	0.244	0.227	0.408	0.432	0.164	0.480	0.215	0.417
	中	0.014	-0.222	-0.291	-0.370	-0.375	-0.216	-0.365	-0.421	-0.537
	高	-0.002	-0.056	0.026	-0.127	-0.207	-0.044	-0.308	0.084	-0.097
标准线变动效应	低	-0.013	0.058	0.320	0.258	0.213	0.120	0.407	0.298	0.299
	中	-0.001	-0.006	0.039	0.023	-0.019	-0.028	0.062	0.051	0.097
	高	0.020	-0.070	-0.423	-0.349	-0.245	-0.111	-0.531	-0.388	-0.449
总效应	低	-0.001	-0.015	0.002	0.026	-0.001	0.024	-0.028	0.051	0.007
	中	0.006	-0.096	0.039	-0.076	-0.085	-0.029	0.032	-0.052	-0.009
	高	0.005	0.148	-0.047	0.025	0.079	0.002	0.004	-0.004	-0.004

表 4-11 显示，从居民收入群体比重变动的经济增长效应变动过程来看，对于低、中、高各收入群体，1989—1991 年经济增长效应分别为 0.014、-0.007、-0.014，可以看出此阶段经济增长对提高低收入群体人口比重具有积极影响，经济增长对降低中高收入群体人口比重具有推动作用，但对中等收入群体的影响效果较弱。对于低收入区间，1991—2015 年经济增长效应均为负值，呈波浪式下降，从 1991—1993 年的-0.317 下降到 2011—2015 年的-0.709，表示低收入群体比重在不断地缩小，且缩小速度越来越快。对于中等收入区间，1991—2015 年经济增长效应呈逐年递增的趋势，从 1991—1993 年的 0.132 增加到 2011—2015 年的 0.432，表明 1991—2015 年经济增长效应对中等收入群体的扩大具有显著的推动作用。对于高收入区间，1991—2015 年经济增长效应基本呈现逐渐增长的变化趋势，从 1991—1993 年的 0.274 增加到 2011—2015 年的 0.541，说明此阶段经济增长效应对高收入群体比重增加具有积极的正向影响。相较于 2000—2004 年的经济增长效应（0.531）和 2006—2009 的经济增长效应（0.843），2004—2006 年中、高收入群体的经济增长效应出现短暂的下降，可能的原因是此阶段时间较短导致经济增长速度有所降低。世界性的金融危机导致 2009—2011 年我国经济发展水平受到一定程度的影响，造成中、高收入群体比重增长速度陡然下降，同时加速抑制了低收入群体的发展水平（-0.915），但经济增长仍推动了中高收入群体的壮大。从历年来看，经济增长效应对于增加高收入群体比重影响作用最大。随着经济增长的快速提升，低收入群体朝向中等收入群体流入，中等收入群体更多地朝向高收入群体流入。

从收入分配效应的变动过程来看，1989—1991 年，居民低、中、高收入群体的收入分配效应值分别为 -0.002、0.014、-0.002，表明收入分配效应对高、低收入群体比重的增加具有负面影响，但影响作用比较微弱，对中等收入群体比重的增加具有积极的正面影响。对于低收入区间，1991—2015 年居民收入分配效应值均为正数，变动且其绝对值较小，从 1989—1991 年的 0.244 增长到 2011—2015 年的 0.417，2009—2011

年收入分配效应的影响程度下降，国际金融危机也对我国收入分配机制造成一定程度的影响，表明收入分配效应对扩张低收入群体的比重具有明显的促进作用。对于中等收入区间，1991—2015 年居民收入分配效应值均为负数且绝对值有不断变大的迹象，从 1991—1993 年的 –0.222 变为 2011—2015 年的 –0.537，表明收入分配效应对中等收入群体的扩张具有显著的抑制作用，且其负面作用有上升的趋势。对于高收入区间，1991—2015 年居民收入分配效应值均为负数且绝对值基本呈先上升后下降的倒 U 形变化，从 –0.056 减小到 –0.308 而后增加到 –0.097，说明收入分配效应对高收入群体比重增加具有消极的负向影响，但负向影响有持续减弱的迹象。总之，收入分配政策对居民中高收入群体不断扩大具有明显的反向作用，说明收入分配因素不益于中高收入群体比重的增加，尤其是对于中等收入群体而言。如何更合理地完善收入分配体制，降低收入分配效应对中高收入群体的冲击，是当前亟待思考的重要问题。

从标准线变动效应的测算结果来看，1989—1991 年，标准线变动效应对低、中、高收入群体的影响作用分别为 –0.013、–0.001、0.020，由此看出变动效应对中低收入群体比重的提升具有负向作用，其影响程度并不强烈，对高收入群体的比重提升具有正向作用，其影响程度也并不强烈。对于低收入区间，1991—2015 年标准线变动效应值都是正数呈"波浪式"增长的变化趋势，在 2006—2009 年效应值达到最大（0.407），说明低收入群体在不断向更高收入群体扩张，人们的基本生活需求得到满足，生活水平也有了显著提高。对于中等收入变动区间，1991—1993 年与 2000—2006 年标准线效应值均为负值，1991—2015 年其余阶段标准线变动效应对中等收入群体具有正向影响，整体来说标准线变动效应对中等收入群体比重的下降和增长的影响作用都较弱。对于高收入区间，1991—2015 年标准线变化效应值均为负数且其绝对值呈先下降后上升再下降的变化过程，标准线变动效应对高收入群体比重的增加具有明显的抑制影响。

从总效应的变动过程来看，不同时期总效应对高、中、低收入群体人口比重增长具有不同的影响作用，其影响程度呈波浪形变化。1989—1993年、2000—2004年、2006—2009年，总效应对低收入群体比重的增加具有消极的作用。1993—1997年、2006—2009年，总效应对于中等收入群体人口比重增长具有正向影响。1989—1993年、1997—2009年，总效应对于高收入群体比重的增加具有积极的促进作用。

在收入分布演变的过程中，不同时期、不同收入水平下，收入分布受不同效应的影响程度不同。经济增长效应是促进中高收入群体比不断壮大的主要影响因素，随着经济市场的扩张，市场对劳动力的需求大于供给，许多高收入行业兴起导致高收入群体比重不断提高，低收入群体比重不断缩小，此时居民收入差距也开始逐渐凸显，说明经济增长效应对于推动中高收入群体比重增长起到主要作用。收入分配效应对中等收入群体比重增加的影响程度最大，收入分配效应明显抑制中等收入群体扩张。

4.5 本章研究结论

由于收入分配差距的现象主要是由分享经济成果的不均等所致，收入分配差距也会反过来通过收入结构制约我国的经济增长。居民收入差距反过来也可以促进劳动力流动，从而优化资源配置，对经济增长起到促进作用，进而影响居民收入分配的变化，最终影响收入分布函数位置和尺度形态的变化。本书拟合了居民收入混合动态分布函数，从而直观地指出随着时间推移，居民收入分布总体上呈扩展性态势向右移动，表明居民收入水平不断提高的同时，收入不平等程度具有扩大的动态趋势。从时序维度考察了时间因素对位置—尺度参数的影响作用，很好地估计了分布参数动态的变化情况，以此拟合居民动态收入分布模型。

改革开放后，居民收入分布的位置及形状随时间呈现多元化发展趋势，收入分布格局经历了深刻曲折的变迁过程。前辈学者主要研究单一年份居民收入分布的演化趋势，研究重点集中考察某一时期内不同年份分布模型的变化历程和收敛性。本章以第3章中收入分布的拟合及分布演变的统计特征为切入点，探讨居民收入水平和收入离散程度随时间的动态性变化趋势（位置—尺度效应），提出分布函数位置—尺度参数的模型。本章采用CHNS的居民家庭收入数据，分析得知居民收入分布的位置—尺度参数呈逐年递增且存在显著的两阶段性发展态势，即第一阶段为1989—2006年，第二阶段为2009—2015年。由此引入分段线性模型描述分布位置和尺度的阶段变化情况，利用EM算法及数值法估计分段模型的系数，进而构建混合动态分布模型，考察历年整体居民收入分布演变的动态特征。同时，认识到收入分布不断右移且离散程度在持续恶化及其客观存在的事实性，探究了混合动态分布随着时间变化的演变路径并估算衡量收入差距的基尼系数。

在收入动态分布拟合基础上，本章对收入分布演变过程进行宏观因素分解和测度，深入探究收入分布群体变化的具体过程。经济增长效应、收入分配效应与标准变动效应呈现此消彼长的关系，经济增长效应对提升中高收入群体比重具有较大的推动作用，收入分配效应对提升居民中高收入群体比重具有较大的制约作用。经济增长效应对提高低收入群体比重具有较大的消极作用，而收入分配效应对提高居民低收入群体比重具有较大的积极作用。整体来讲，影响居民各收入群体比重的变动趋势主要取决于这两方面的共同作用。根据世界银行界定的中等收入国家的标准，我国现在已成功步入中等收入国家的行列，可是我国中间收入群体整体规模偏低且分散，距形成"橄榄形"收入分配结构还有一段距离，还需要制定合适的经济增长和收入分配的政策来缩减收入分配差距问题。

在加快我国经济发展的过程中，须提高国家财富能力以此增加经济综合实力，实现国民共同富裕的目标，缩小各群体的收入不均衡，提升中收入群体的人口占比。同时须完善收入分配机制，平衡收入、分配公平，收入分配的初次阶段既要提高经济效益也需关注公平程度，增加就业机会实现公平合理的经济成果共享。再分配阶段应该更加注重公平程度，通过研究市场体制存在的问题，提高公共资源的配置效率，加强居民社会保障，完善按要素贡献公平参与分配的初次分配制度和强化税收政策、转移支付等方式的再分配调节制度，从而减小收入分配效应关于扩大中高收入群体比重的制约影响。

第 5 章

基于混合分位数回归的居民收入分布的影响因素研究

通过第 4 章对居民收入分布演变过程的宏观因素分解,了解到经济增长效应和收入分配效应对分布变化的影响程度。由于分布变化的影响因素分解是根据分布演化的结果而并不是针对其影响原因造成的研究,收入分布的位置—尺度变化不仅受到市场经济和收入分配机制的影响,还受到教育资本与家庭结构等微观因素的影响作用(残差效应)。因此,本章考察微观因素是如何影响居民收入分布的演化轨迹的。

5.1 居民收入分布影响因素的描述分析

自改革开放以来,我国经济发展水平稳步进入高速发展阶段,呈断层式增长趋势。显而易见,居民收入水平提高是我国经济发展质量提高的重要结果,是反映居民生活质量的主要体现。但是,经济增长同时也产生了收入负效应,收入差距存在的事实已被许多学者的研究证实:蔡昉等(2003)、陆铭等(2005)、罗楚亮和李实(2019)等的研究表明在经济运行过程中,居民收入差距不断扩大;陈宗胜等(2015)指出我国收入分配格局呈"葫芦形"的演变趋势,出现明显的两极分层迹象;李

第5章 基于混合分位数回归的居民收入分布的影响因素研究

实等(2018)指出在改革开放的前30年,居民收入差距呈不断分化的势头,后10余年收入差距有所收敛,但其仍处在小幅波动和高位徘徊的状态。由于收入分布是定量研究收入差距和收入水平现状的基础,是反映收入差距不断极化的直接体现,学术界一直以来都将收入分布的确定和拟合作为研究的要点。阿齐兹等(Aziz et al., 2001)、徐现祥等(2004)、徐现祥和王海港(2008)的研究结果表明1998年我国已出现了较为显著的双峰分布形式,章上峰等(2009)的研究结果表明在2004年左右居民收入分布出现双峰分布的形式,而此后居民收入分布将会出现双峰甚至多峰分布的现象,罗楚亮(2018)表示居民收入分布具有逐年极化的特征。基于前面章节通过对居民收入分布的拟合研究,发现在经济运行中居民收入分布经历了深刻曲折的演变过程,收入分布呈逐年向右拖尾且不断偏移的演变趋势,同时,针对其演变过程分析居民收入差距的现状,由此下一步探讨影响收入分布"扁平化"的主要因素是重要研究目的。

鉴于收入分布的影响因素众多,大多文献资料表明收入结构和教育水平是影响居民收入分布的主要因素。舒尔茨(Schultz, 1980)曾经在《穷人的经济学》中明确提出"教育和人口素质的落后才是穷人贫困的根本原因"。贝克尔(Becker, 1994)认为教育对个人收入具有积极的促进作用,接受大学教育的群体收入水平要高于仅有高中教育经历的群体,居民教育水平越高则其收入水平也越高,教育是影响居民收入水平的关键因素之一。格鲁塔特和坎布尔(Grootaert and Kanbur, 1995)认为哥斯达黎加家庭收入水平流动的关键因素包括人力资本、收入结构和家庭人口规模等。特里·西库勒等(Terry Sicular et al., 2007)采用1999—2002年中国社会科学院(CASS)家庭数据来研究中国居民收入分布和收入差距的影响因素,居住地区和教育是主要的影响因素,家庭规模为次要影响因素。罗楚亮(2018)经分析认为2002—2013年居民收入分布的极化程度较为稳定,其中工资收入和经营收入是影响收入分布极化的重要因素,而财产收入分布的极化现象有所加剧且影响程度有所加强。李建伟(2018)提出居民收入分布由智商分布的正态性决定,优化教育资源能够提高收入水平但也会拉大收入差距，收入结构中财产性收入是导致收入分布极化的重点因素。童光荣等（2017）通过明瑟收入方程考察教育收益率和教育对不同群体收入差距的影响，实证结果表明教育有助于缓解不同群体间以及群体内部收入差距问题。综上所述，教育程度是影响居民收入的重要人力资本，收入结构是造成居民收入差距的主要原因，家庭规模是影响居民收入的重要因素，但是在不同的收入群体内，三者对收入分布的影响效果不同。

根据人力资本研究的一般经验，个体间收入差异通常有60%来自教育差异（Denison，1985）。正是出于此原因，当今世界上大多数国家都把发展教育看作一种旨在对弱势群体进行补偿、消除阶级分化与贫富不均的重要国家政策和社会干预手段。然而，教育发展与受教育机会均等化并不一定会带来收入差异的缩小。以往有关教育与个体间收入差异的研究主要关注两个方面的问题：一是教育非公平与收入差异之间存在怎样的关系；二是教育收益率在不同群体之间是否存在差别，以及此种差别是否会对个体间收入差异产生影响。尽管以往有关中国收入差异问题的文献数量很多，但大部分研究主要基于城乡及城乡内部居民收入差异影响，没有考虑居民收入群体受影响因素程度是否具有异质性差别。假如收入群体存在异质性差别，将对居民收入分布产生怎样的影响呢？本章参考周雪娇和刘鹤飞（2022）利用混合分位数回归模型对中国家庭追踪调查（CFPS）数据进行建模，研究收入分布的影响因素，针对这些问题展开深入研究。

5.2 数据及变量说明

5.2.1 数据及变量选择

中国健康与营养调查（CHNS）是由中国疾病预防控制中心与美国北卡罗来纳大学合作开展的研究项目，旨在研究中国居民的健康营养状

第5章 基于混合分位数回归的居民收入分布的影响因素研究

况和社会经济转型问题。CHNS 采集样本数据多样化，在经济发展、公共资源和健康指标方面都存在很大的差异，因此数据样本在社会经济、健康和人口等方面的研究具有较好的代表性，其目的是通过探究改革开放后中国社会经济发展对国民收入水平、国民生活质量和国民营养健康的影响作用，这也为周期性探究居民收入分布及其影响因素奠定了良好的基础。

家庭规模是影响家庭收入水平的重要因素。家庭是居民活动的基本单位，家庭人均收入状况是居民生活质量和收入水平的重要体现。被解释变量选用家庭人均收入作为研究对象。家庭人均收入的影响因素有很多，选择具有代表性的家庭指标能够合理量化各因素对居民家庭收入的影响程度，其中主要包括家庭规模、家庭收入结构、家庭教育水平等因素。以往大量文献表明，教育水平与收入水平具有正向相关关系，收入结构是导致收入分化的主要指标。解释变量选用家庭规模、家庭教育水平和家庭收入结构。家庭规模是指居民家庭人口数量，家庭成员数量一般会随时间出现变化，而人员数量的增减将导致家庭人均收入的升降，因而家庭规模影响着家庭人均收入在社会总体收入分布的浮动，以 T6 "家庭人口数"指标表示家庭规模。

教育是人力资本的一个重要组成部分，教育水平越高，人力资本水平也相应提高。贝克尔（Becker，1995）曾发表教育对个体收入具有正向影响，且受教育水平越高，其获取的收入就越高的研究结论。劳动市场对求职者学历的要求越来越高，学历是入职的"敲门砖"，学历水平越高能获得优秀工作的概率就越高。对于处于较低社会阶层的人们来说，教育是改变本身命运最为有效的方式，教育水平和技能是当今主导社会流动的主要机制。斯宾塞（Spence，1973）指出学历文凭具有信号作用，在用人单位无法确定求职者的工作能力时，能通过求职者的学历文凭来判断其受教育水平，以此确定是否选择雇用应聘者。因此本章选用 A12 "最高受教育程度"指标来表示居民教育水平，其按照 0～6 的层级标准划分为七个等级，分别为：0-未上过学，1-小学毕业，2-初中毕业，3-

高中毕业，4-技校/职高/中专毕业，5-大专/大学本科毕业，6-硕士及以上。因此，教育指标选择家庭成员最高学历的平均值水平作为家庭教育水平。

由于收入结构是影响居民收入水平的重要因素，随着经济形势的发展变化，收入结构也随之不断优化。在 CHNS 的数据样本中，全部家庭收入主要来自工资性收入、经营性收入、退休收入、补贴收入和其他收入。表 5-1 反映了居民家庭收入结构的情况，从中能够看出 1989—2015 年工资性收入是家庭收入的主要来源，并且工资性收入的占比基本呈逐年递增的趋势。1989—2009 年经营性收入占据家庭收入的比例仅次于工资性收入，经营性收入主要来自居民的种植业、林业、畜牧业、渔业、小手工业及小商品个体业收入的总和。但是自 2000 年起经营性收入占比振荡下降，特别是 2011 年和 2015 年经营性收入的占比低于退休收入的占比。近些年农业产值占比的减小是导致居民经营性收入占比不断缩减的主要原因，城乡一体化和农民进城务工促使农民工资性收入的增加和农业经营性收入的减少，可能导致收入结构此消彼长的变化。退休收入占比呈逐年递增的趋势，而补贴收入占比呈逐年递减的趋势，其他收入占比先上升后下降呈倒 U 形的变化趋势，其中退休收入和补贴收入均属于转移性收入。总之，1989—2015 年居民家庭收入结构不断变化，但工资性收入仍占据家庭收入结构重要部分。所以，选择人均工资性收入作为衡量家庭收入结构的重要指标。

表 5-1　1989—2015 年居民家庭收入结构情况

年份	经营性收入	工资性收入	其他收入	补贴收入	退休收入
1989	29.64%	42.39%	4.17%	20.27%	3.52%
1991	35.50%	39.87%	5.77%	13.17%	5.69%
1993	33.47%	43.81%	8.33%	8.28%	6.11%
1997	35.23%	45.50%	9.04%	4.29%	5.94%
2000	25.30%	50.14%	8.97%	5.28%	10.31%

续表

年份	经营性收入	工资性收入	其他收入	补贴收入	退休收入
2004	26.93%	33.92%	18.80%	2.96%	17.38%
2006	25.70%	43.10%	13.16%	2.43%	15.61%
2009	27.27%	43.93%	10.26%	0.33%	18.21%
2011	16.71%	54.67%	7.95%	0.33%	20.33%
2015	10.33%	63.34%	5.97%	0.23%	20.14%

注：数据来自CHNS样本整理。

因此，本章以家庭为研究单位，选用CHNS中1989—2015年10组有序的微观数据样本，对样本数据进行整理加工，剔除在"家庭收入""家庭规模""家庭工资性收入"和"你的最高教育程度"项目指标中作"不知道"等无效回答的数据样本，留下40079户有效家庭样本，并以2015年为标准，消除CPI价格指数的影响，获得等价标准的数据样本。

表5-2根据经济发展水平将我国划分为东部、中部、西部三大地区，归纳历年东部、中部、西部地区居民选取数据样本量比例分别为35%、40%、25%，城市、农村样本量比例分别为35%、65%。

表5-2 1989—2015年居民家庭有效样本量

年份	东部	中部	西部	城市	农村	总和
1989	1309	1349	911	1156	2413	3569
1991	1248	1310	897	1087	2368	3455
1993	1139	1212	857	972	2236	3208
1997	844	1755	938	1159	2378	3537
2000	1254	1589	878	1119	2602	3721
2004	1300	1762	908	1288	2682	3970
2006	1340	1736	920	1334	2662	3996
2009	1375	1631	828	1222	2612	3834
2011	2293	1785	1354	2359	3073	5432
2015	2293	1712	1352	2333	3024	5357
总和	14395	15841	9843	14029	26050	40079

注：根据CHNS调查数据计算所得。

5.2.2 变量的描述统计

表 5-3 显示，1989—2015 年居民家庭规模的平均值从 4.20 逐渐减小为 3.23。家庭的平均教育水平不断提高，可是教育水平的离散程度也在不断扩展，且家庭教育水平基本处在小学至初中的阶段。到 2011 年居民教育程度平均值达到了义务教育水平，但整体教育水平仍旧较低，教育差距仍很大。从中位数的变化来讲，未上学的人口比重逐渐减小，完成义务教育的人口比重逐渐增长，说明国民的文化素质在不断提高。

表 5-3 居民家庭规模和家庭教育水平的特征统计量

变量	年份	1989	1991	1993	1997	2000	2004	2006	2009	2011	2015
家庭规模	平均值	4.20	4.08	4.03	3.74	3.60	3.30	3.38	3.32	3.24	3.23
	标准差	1.51	1.44	1.46	1.41	1.39	1.39	1.51	1.54	1.46	1.56
	中位数	4	4	4	4	3	3	3	3	3	3
	最小值	1	1	1	1	1	1	1	1	1	1
	最大值	14	12	13	12	11	11	13	13	13	15
家庭教育水平	平均值	1.14	1.18	1.22	1.34	1.54	1.61	1.64	1.88	1.92	2.19
	标准差	0.85	0.82	0.79	0.90	1.16	1.07	1.18	1.16	1.32	1.35
	中位数	1.00	1.00	1.00	1.25	1.40	1.50	1.50	1.67	2.00	2.00
	最小值	0	0	0	0	0	0	0	0	0	0
	最大值	5.50	5.25	5.00	5.00	5.50	5.00	5.00	6.00	6.00	6.00

注：根据 CHNS 调查数据计算所得。

表 5-4 显示，居民家庭收入水平不断提高，但是收入差距也在不

断增加，家庭收入主要来源于工资性收入和经营性收入，其中居民家庭工资性收入呈逐年增长的趋势，居民家庭经营性收入呈倒 U 形的变化趋势，同时二者收入差距的恶化程度更为明显。由表 5-4 可以发现历年工资性收入是家庭收入结构的主要成分，也是造成收入差距不断扩大的主要因素。

总体来看，1989—2015 年，居民教育水平相对较低，但教育素质在不断提高，家庭收入水平提高得益于教育水平的提升、家庭规模缩小和工资性收入的增长。

表 5-4 居民家庭可比收入结构特征统计量　　　　单位：元/人

年份	家庭收入		经营性收入		工资性收入	
	平均值	标准差	平均值	标准差	平均值	标准差
1989	3313	2739	859	1319	1235	2126
1991	3264	2437	989	1531	1147	1542
1993	3776	3248	1048	1869	1432	2309
1997	4681	3891	1446	2357	1865	3040
2000	6096	6345	1372	2774	2700	4730
2004	8080	8481	1910	3548	2387	5384
2006	9417	12928	2069	5764	3697	9697
2009	13548	17040	3020	10346	5071	12125
2011	16543	18599	2592	10853	7444	14345
2015	23639	37365	2380	13961	12569	31089

注：数据由 CHNS 样本整理所得。

图 5-1 中，1989—2015 年这 27 年间，东部、中部、西部的居民家庭收入随时间在不断增加，经济发展推动各地区居民收入水平提升。同时，可以看出改革开放初期，东部、中部、西部的居民收入水平相距不

明显。随着改革开放的深入,2000年东部、中部、西部居民收入差距开始逐渐拉开,中部、西部居民收入水平低于东部地区。

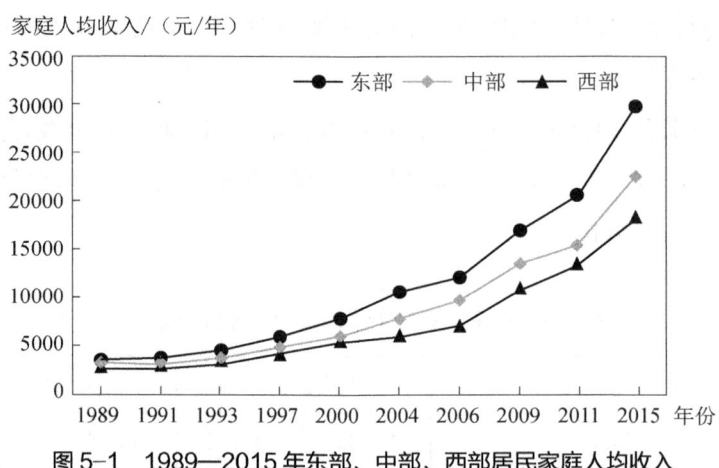

图 5-1　1989—2015 年东部、中部、西部居民家庭人均收入

工资性收入是东部、中部、西部居民收入结构的主要成分,由图 5-2 中 1989—2015 年数据能够看出,东部、中部、西部居民家庭人均工资性收入都在不断增长,尤其是东部地区增长速度更快,中部、西部地区增长速度较为缓慢,这也是造成东部、中部、西部收入差距扩大的原因之一。图 5-3 显示,东部、中部、西部平均家庭教育水平也在持续提高,2015 年东部、中部、西部居民平均教育水平均在 2 以上,普遍完成九年义务教育培养。可是,东部、中部、西部教育差距也逐步凸显,东部地区的整体教育水平更高。图 5-4 显示,总体上 1989—2015 年东部、中部、西部居民家庭规模基本呈梯形式下降,东部居民家庭规模的数量小于中部、西部地区,家庭规模与家庭收入水平呈相反的演变趋势。

第 5 章　基于混合分位数回归的居民收入分布的影响因素研究

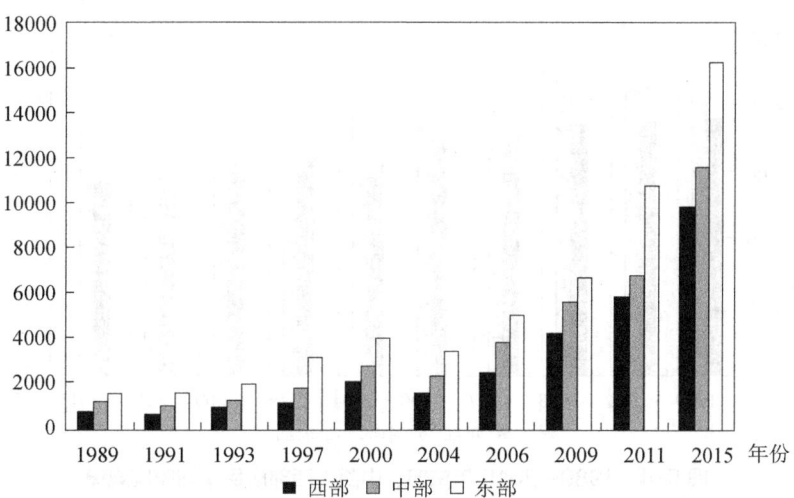

图 5-2　1989—2015 年东部、中部、西部居民家庭人均工资性收入

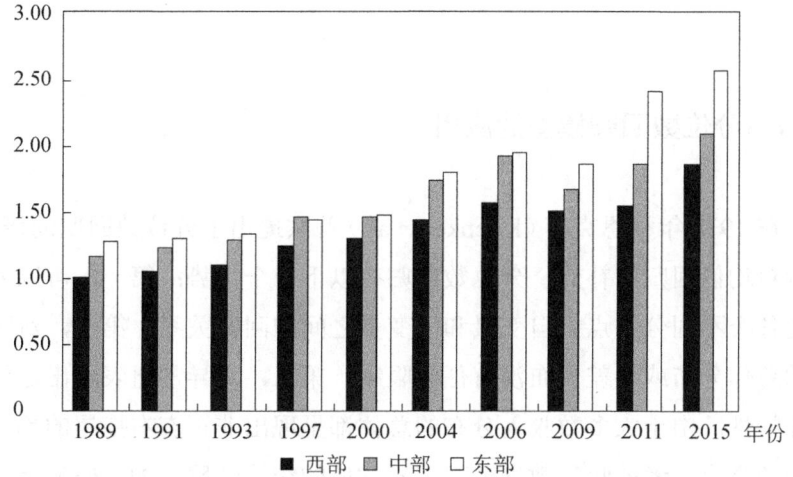

图 5-3　1989—2015 年东部、中部、西部居民平均家庭教育水平

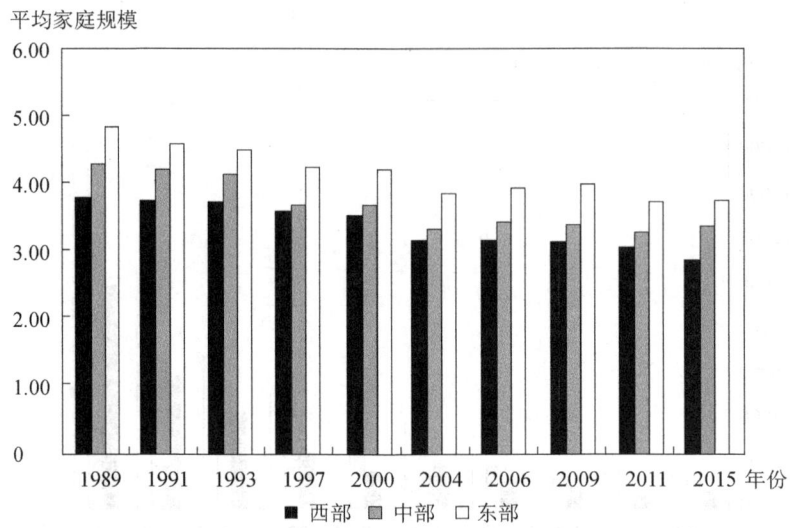

图5-4　1989—2015年东部、中部、西部居民平均家庭规模

5.3　混合分位数回归模型及估计方法

5.3.1　分位数回归模型的应用

在1978年科恩克等（Koenker et al.）首次提出了分位数回归的概念，作为对均值回归的补充，分位数回归有以下三个优势：第一，可以分别研究各个不同分位点处自变量和因变量之间的回归关系；第二，对因变量的总体分布或误差分布没有任何限制；第三，对异常值表现出稳健的统计特性。由于大多数收入分布的总体都呈现出非正态右拖尾的趋势，极少数高收入者的收入数据表现出异常值的统计性质，加之研究者希望了解不同收入阶层的收入差异，故许多学者利用分位数回归研究各变量对收入分布的影响关系，获得了很多有价值的研究发现。

第5章 基于混合分位数回归的居民收入分布的影响因素研究

刘生龙（2008）利用分位数回归研究了教育和经验对中国居民收入的影响程度。陈建宝（2009）采用分位数回归建模和分解方法对中国性别工资状况进行了分析，研究在不同时期、不同分位数下，影响性别工资的关键因素，并提出了解决我国性别工资差异的相关政策和建议。李红梅（2012）分别利用线性分位数回归模型、非参数分位数回归模型、半参数分位数回归模型，对比研究了适合我国居民收入分布数据的最佳模型，讨论了同一影响因素在收入不同分位点处的影响作用及呈现明显差异的具体原因，全方位展示了性别、年龄、教育、地区经济和城乡户籍等因素对收入的影响结构及变化规律。孙志军（2012）运用无条件分位数回归方法对中国城镇居民个人教育收益率进行了估计。其结果显示，教育收益率在1988年和1995年随个人收入水平上升而递减，在2002年和2007年随之递增。苏必伟等（Biwei Su et al.，2013）利用条件分位数回归对影响CHNS中家庭收入的决定因素进行分析，结果表明教育和职业是家庭收入水平的重要决定因素，这两个因素在收入分配的不同百分位上发挥着异质性的作用。高艳云（2014）针对城镇居民工资的性别差异，利用分位数回归方法考察了不同收入分位点上影响两性工资的因素，并在此基础上用"反事实分解法"对不同分位点上的性别差异进行了分解。白雪梅（2014）采用分位数回归的方法估计教育回报率，分析教育对收入水平的影响，考察教育扩张引起的收入分布位置和形态的变化来分析教育对收入不平等的影响。张晶等（2015）利用省级面板数据，运用面板固定效应变换分位数回归方法对影响我国收入的相关因素进行了实证分析。龙翠红（2017）采用分位数回归方法研究CHNS调查数据，探讨收入条件分布不同分位点的教育回报率分布特征。

在经典线性回归模型中，重点考虑的是自变量X对因变量Y的条件期望$E(Y|X)$的影响作用，本质上是进行均值回归。基于分位数回归可以反映因变量对自变量在任意分位数水平的依附关系，其对于非正态分布的随机误差项和随机效应的估计结果将更为精确稳健，是中位数回归和均值回归的深化和拓展。其分位数回归模型如下：

$$Q_\tau(Y_i \mid X_i) = \boldsymbol{\beta}_{j\tau}^{\mathrm{T}} X_i + \varepsilon_i \ , \ \tau \in (0,1) \qquad (5-1)$$

式中，$Q_\tau(Y_i \mid X_i)$ 为 τ 分位点处的样本条件分位数函数；τ 为变量分布的位置信息，其中假设预估的参数取值随分位点变化，换言之，当分位点 τ 值改变，分位数函数具体形式也将随之改变。

利用分位数回归对收入分布进行建模，虽然对收入总体的分布形式没有限制，但是前提是默认收入分布来自一个总体，只是分布的具体形式可以是任何已知的分布，甚至也可以是形式未知的分布。然而，由于我国特殊的城乡二元结构，以及东部、中部、西部地区的差异，加上影响收入分布因素的复杂性，导致我国居民收入分布呈现明显的混合形态。有许多学者已经对我国居民收入分布的混合属性及其表现出的收入差距进行了研究。文献研究表明中国居民收入分布存在异质性的统计特征，如果忽视收入分布的异质性，采用单总体分布进行研究是不合适的。为了解决分位数回归对收入分布进行建模时无法处理异质性问题，本章将混合模型与分位数回归相结合，提出混合分位数回归的概念，采用混合分位数回归模型更充分地研究居民收入分布的影响因素。

5.3.2 混合分位数回归模型的构建

由于分位数回归可以反映因变量对自变量在任意分位数水平的依附关系，且其自身具有良好的稳健性，因此是学者们主选的研究方法。目前，混合线性模型是当前高度流行和灵活的回归模型，用在分析聚类之后变量的条件均值，被广泛用于研究不同组别中混合复杂的自变量数据对因变量的依赖关系。混合分位数模型是混合线性模型和分位数模型的延伸和推广，其中反应变量无须满足正态性、独立性和方差齐性的假设前提，被广泛用于研究不同组别中混合复杂的自变量对因变量的依赖关系，尤其适用于具有多层次异质性的观测数据。根据居民收入分布的复杂性和分层性，并考虑到混合分位数模型的特性，采用混合分位数回归能更全面地探究收入结构和教育水平与收入分布之间的相依关系，以及在不同分位数下不同聚类状态中两者对收入分布变化的影响程度。基于等（Yu K.et al.，2011，2017）和小泉等（Kozumi H.et al.，2011）的研究，选用灵活的贝叶斯推断估计分位数模型的优势。通过构建混合分位数模型，探究教育水平和收入结构对居民收入分布情况的影响力度，使用贝叶斯推断估计其模型的参数，利用数值模拟检验研究方法使用的精确性和有效性，这对准确评估我国居民收入差异化的影响程度具有理论意义和实际价值。

设 $D_i=(y_i,x_{i1},x_{i2},\cdots,x_{ip})$ 为模型中的观测变量，x_i 为 p 维因变量。将混合回归模型主要分为 K 个组别，令 Z_{ij} 表示潜在变量，$Z_{ij}=(Z_{i1},Z_{i2},\cdots,Z_{iK})$，且 $Z_{i1},Z_{i2},\cdots,Z_{iK}$ 之间相互独立，其定义为

$$Z_{ij}=\begin{cases}1, & 第i个样本来自第j组 \\ 0, & 其他\end{cases} \quad i=1,2,\cdots,n \quad (5\text{-}2)$$

满足 $\quad P(Z_{ij}=1)=\pi_j, \quad j=1,2,\cdots,K$

式中，π_j 为 x_i 在第 j 组别的概率，$\pi=(\pi_1,\pi_2,\cdots,\pi_K)$ 是 K 个组别的概率组合，且 $\sum_{j=1}^{K}\pi_j=1$。

根据式（5-1），在给定 $Z_{ij}=1$ 的前提条件下，混合分位数回归模型如下所示：

$$Q(y_i\mid Z_{ij}=1)=\boldsymbol{\beta}_{j\tau}^{\mathrm{T}}x_i+\varepsilon_i, \quad \tau\in(0,1) \quad (5\text{-}3)$$

式中，$\boldsymbol{\beta}_{j\tau}$ 为第 j 个组 τ 分位数下的回归系数向量；ε_i 为回归模型误差项。

根据于和莫伊德（Yu and Moyeed，2001）运用非对称的拉普拉斯分布来刻画分位数回归模型中的误差项 ε_i，记为 $\varepsilon_i\sim\mathrm{ALD}(0,\sigma_j,\tau)$，则 ε_i 的密度函数如下：

$$f(\varepsilon_i\mid Z_{ij}=1)=\frac{\tau(1-\tau)}{\sigma_j}\exp\{-\rho_\tau(\varepsilon_i)/\sigma_j\}$$

式中，σ_j 为尺度参数；$\rho_\tau(\varepsilon_i)=\{\tau\text{-}I(\varepsilon_i<0)\}$ 为损失函数；$I(\cdot)$ 为示性函数。则误差项 ε_i 可分解表示为

$$[\varepsilon_i \mid Z_{ij}=1] = \delta_1 v_i + \delta_2 \sqrt{\sigma_j v_i} e_i$$

则混合分位数模型可表示为

$$Q(y_i \mid Z_{ij}=1) = \boldsymbol{\beta}_{j\tau}^T x_i + \delta_1 v_i + \delta_2 \sqrt{\sigma_j v_i} e_i \tag{5-4}$$

式中，$\delta_1 = \dfrac{1-2\tau}{\tau(1-\tau)}$，$\delta_2 = \dfrac{2}{\tau(1-\tau)}$，$e_i \sim N(0,1)$。

即

$$Q(y_i \mid v_i, Z_{ij}=1) \sim N(\boldsymbol{\beta}_{j\tau}^T x_i + \delta_1 v_i, \delta_2^2 \sigma_j v_i e_i)$$

$$[v_i \mid Z_{ij}=1] \sim \exp(1/\sigma_j)$$

所以，关于 y_i 的条件分布函数如下：

$$f(y_i \mid \boldsymbol{\beta}_{j\tau}, \sigma_j, Z_{ij}=1) = f(y_i \mid \boldsymbol{\beta}_{j\tau}, \sigma_j, Z_{ij}=1, v_i) \cdot f(v_i \mid \boldsymbol{\beta}_{j\tau}, \sigma_j, Z_{ij}=1)$$

$$= \frac{1}{\sqrt{2\pi}\sqrt{\delta_2^2 \sigma_j v_i}} \exp\left\{-\frac{(y_i - \boldsymbol{\beta}_{j\tau}^T x_i - \delta_1 v_i)^2}{2\delta_2^2 \sigma_j v_i}\right\} \cdot$$

$$\frac{1}{\sigma_j}\exp\left\{-\frac{v_i}{\sigma_j}\right\} \tag{5-5}$$

令 $\theta=(\beta_{1\tau},\cdots,\beta_{K\tau},\pi_1,\cdots,\pi_K)$ 为预估参数集合，得到混合分位数的完全似然函数：

$$L(y \mid v, \sigma, Z, \theta) = \prod_{i=1}^{n}\prod_{j=1}^{K}(\pi_j \frac{1}{\sqrt{2\pi}\sqrt{\delta_2^2 \sigma_j v_i}} \exp\left\{-\frac{(y_i - \boldsymbol{\beta}_{j\tau}^T x_i - \delta_1 v_i)^2}{2\delta_2^2 \sigma_j v_i}\right\} \cdot$$

$$\frac{1}{\sigma_j}\exp\left\{-\frac{v_i}{\sigma_j}\right\})^{Z_{ij}} \tag{5-6}$$

5.3.3 贝叶斯推断方法

5.3.3.1 先验分布

使用贝叶斯推断方法的前提条件是，需要指定未知参数的先验分

布，依照以往研究的基础（Kozumi H.et al.，2011），混合概率 π 选择服从狄利克雷先验分布，混合回归参数 β 选择服从高斯先验分布，尺度参数 σ_j 选择服从逆伽马先验分布。由于 Z,v 不是模型中的未知参数，而是缺失变量，所以不用为其设置先验分布。因此未知参数的先验分布设置如下：

$$(\pi_1,\pi_2,\cdots,\pi_K) \sim Dirichlet(a,a,\cdots,a),$$
$$\beta_{j\tau} \sim N(\mu_{j\tau}^0, B_{j\tau}^0), \quad (5-7)$$
$$\sigma_j \sim IG(\alpha_j^0, \lambda_j^0)$$

式中，$Dirichlet(\cdot)$ 为狄利克雷分布，$IG(\cdot)$ 为逆伽马分布；a 为分布的超参数；$\mu_{j\tau}^0$ 为 $p\times 1$ 维的常向量；$B_{j\tau}^0$ 为 $p\times p$ 维的正定矩阵；参数 $\alpha_j^0 > 0, \lambda_j^0 > 0$。

5.3.3.2 全条件后验分布

贝叶斯推断根据样本完全似然函数和先验分布，推断模型的后验分布。由于共轭后验分布的复杂性，本章选用 MCMC 算法中的吉布斯采样（Gibbs 采样）对其模型进行迭代估计，需要给出未知参数的全条件后验分布，其中吉布斯采样是 MCMC 算法的特例方法。

首先，潜在变量 Z 的全条件后验分布为

$$p(Z_{ij}|y_i,\beta_{j\tau},\sigma_j,v_i) = \frac{p(Z_{ij}=1)\cdot p(y_i,\beta_{j\tau},\sigma_j,v_i|Z_{ij}=1)}{p(y_i,\beta_{j\tau},\sigma_j,v_i,Z_{ij})}$$
$$\propto \frac{p(Z_{ij}=1)\cdot p(y_i|\beta_{j\tau},\sigma_j,v_i,Z_{ij}=1)}{p(y_i,\beta_{j\tau},\sigma_j,v_i,Z_{ij})}$$
$$= \frac{\pi_j \cdot f(y_i|\beta_{j\tau},\sigma_j,v_i,Z_{ij}=1)}{\sum_{j=1}^{K}\pi_j\cdot f(y_i|\beta_{j\tau},\sigma_j,v_i,Z_{ij})}$$

混合概率 $\pi=(\pi_1,\pi_2,\cdots,\pi_K)$ 的全条件后验分布为

$$p(\pi|\cdot) \propto \prod_{j=1}^{K}\pi_j^{\sum_{i=1}^{n}Z_{ij}+a-1}$$

即
$$[\pi | \cdot] \sim Dirichlet(\sum_{i=1}^{n} Z_{i1} + a, \cdots, \sum_{i=1}^{n} Z_{iK} + a)$$

其次，在 $Z_{ij} = 1$ 给定的前提下，向量 $\boldsymbol{v} = (v_1, v_2, \cdots, v_n)$ 的全条件后验分布为

$$p(\boldsymbol{v} | Z=1, \cdots) \propto f(y_i | \boldsymbol{\beta}_{j\tau}, \sigma_j, Z_{ij} = 1)$$

$$= \frac{1}{\sqrt{2\pi}\sqrt{\delta_2^2 \sigma_j v_i}} \exp\{-\frac{(y_i - \boldsymbol{\beta}_{j\tau}^T x_i - \delta_1 v_i)^2}{2\delta_2^2 \sigma_j v_i}\} \cdot \frac{1}{\sigma_j} \exp\{-\frac{v_i}{\sigma_j}\}$$

$$\propto \frac{1}{v_i} \exp\{-\frac{(y_i - \boldsymbol{\beta}_{j\tau}^T x_i)^2}{2\delta_2^2 \sigma_j v_i} - v_i \frac{\delta_1^2 + 2\delta_2^2}{2\delta_2^2 \sigma_j}\}$$

即
$$[v_j | Z_{ij} = 1] \sim GIG(\frac{1}{2}, \psi_j, \chi_j)$$

式中，$GIG(\cdot)$ 为广义逆高斯分布；$\psi_j = \frac{(y_i - \boldsymbol{\beta}_{j\tau}^T x_i)^2}{\delta_2^2 \sigma_j}$，$\chi_j = \frac{\delta_1^2 + 2\delta_2^2}{\delta_2^2 \sigma_j}$。

再次，混合回归系数 $\boldsymbol{\beta}_{j\tau}$ 的全条件后验分布为

$$p(\boldsymbol{\beta}_{j\tau} | \cdot) \propto \exp\{\sum_{i=1}^{n} -\frac{Z_{ij}(y_i - \boldsymbol{\beta}_{j\tau}^T x_i - \delta_1 v_i)^2}{2\delta_2^2 \sigma_j v_i} - \frac{(\boldsymbol{\beta}_{j\tau} - \boldsymbol{\mu}_{j\tau}^0)^T \boldsymbol{B}_{j\tau}^{0-1}(\boldsymbol{\beta}_{j\tau} - \boldsymbol{\mu}_{j\tau}^0)}{2}\}$$

即
$$[\boldsymbol{\beta}_{j\tau} | \cdot] \sim N(\boldsymbol{\mu}_{j\tau}, \boldsymbol{B}_{j\tau})$$

式中，$\boldsymbol{B}_{j\tau}^{-1} = \sum_{i=1}^{n} Z_{ij} x_i x_i^T / (\delta_2^2 \sigma_j v_i) + \boldsymbol{B}_{j\tau}^{0-1}$，

$$\boldsymbol{\mu}_{j\tau} = \boldsymbol{B}_{j\tau} [\sum_{i=1}^{n} Z_{ij} x_i (y_i - \delta_1 v_i)/(\delta_2^2 \sigma_j v_i) + \boldsymbol{B}_{j\tau}^{0-1} \boldsymbol{\mu}_{j\tau}^0]。$$

最后，尺度参数 $\sigma = (\sigma_1, \cdots, \sigma_K)$ 的全条件后验分布为

$$p(\sigma_j | \cdot) \propto \sigma_j^{-(3\sum_{i=1}^{n} Z_{ij}/2 + \alpha^0)} \cdot \exp\{-\frac{1}{\sigma_j}[\sum_{i=1}^{n} Z_{ij} \frac{(y_i - \boldsymbol{\beta}_{j\tau}^T x_i - \delta_1 v_i)^2}{2\delta_2^2 v_i} + \sum_{i=1}^{n} Z_{ij} v_i + \lambda^0]\}$$

即

第 5 章 基于混合分位数回归的居民收入分布的影响因素研究

$$[\sigma_j | \cdot] \sim IG(\alpha, \lambda)$$

式中，

$$\alpha = \alpha^0 + 3\sum_{i=1}^{n} Z_{ij}/2, \quad \lambda = \lambda^0 + \sum_{i=1}^{n} Z_{ij}(y_i - \boldsymbol{\beta}_{j\tau}^{\mathrm{T}} x_i - \delta_1 \boldsymbol{\nu}_i)^2/(2\delta_2^2 \boldsymbol{\nu}_i) + \sum_{i=1}^{n} Z_{ij} \boldsymbol{\nu}_i \text{。}$$

5.3.3.3 吉布斯采样过程

MCMC 迭代过程是在模型参数的全条件后验分布中依次抽样，本章选用吉布斯采样直接对其模型进行迭代估计。基于以上理论，吉布斯采样的迭代过程如下。

根据前文理论研究，设定初值 $\theta^0 = (\boldsymbol{\beta}_{1\tau}^0, \boldsymbol{\beta}_{2\tau}^0, \cdots, \boldsymbol{\beta}_{K\tau}^0, \pi_{1\tau}^0, \pi_{2\tau}^0, \cdots, \pi_{K\tau}^0)$，$\sigma^0 = (\sigma_1^0, \cdots, \sigma_K^0)$，$\boldsymbol{\nu}^0 = (\boldsymbol{\nu}_1^0, \boldsymbol{\nu}_2^0, \cdots, \boldsymbol{\nu}_n^0)$，经过 m 次迭代推断 $m+1$ 次的估计结果 $\theta^{(m+1)}, \sigma^{(m+1)}, \boldsymbol{\nu}^{(m+1)}$，其吉布斯采样的迭代过程如下。

步骤 1：$p(Z_{ij} | \cdot)^{(m)} = \dfrac{\pi_j^{(m)} \cdot f(y_i | \boldsymbol{\beta}_{j\tau}^{(m)}, \sigma_j^{(m)}, \boldsymbol{\nu}_i^{(m)}, Z_{ij}^{(m)} = 1)}{\sum_{j=1}^{K} \pi_j^{(m)} \cdot f(y_i | \boldsymbol{\beta}_{j\tau}^{(m)}, \sigma_j^{(m)}, \boldsymbol{\nu}_i^{(m)}, Z_{ij}^{(m)} = 1)}$

步骤 2：$\pi^{(m+1)} \sim Dirichlet(\sum_{i=1}^{n} Z_{i1}^{(m+1)} + a, \cdots, \sum_{i=1}^{n} Z_{iK}^{(m+1)} + a)$

步骤 3：在 $Z_{ij} = 1$ 给定的前提条件下，$\boldsymbol{\nu}_j^{(m+1)} \sim GIG(\dfrac{1}{2}, \psi_j^{(m)}, \chi_j^{(m)})$

步骤 4：$\boldsymbol{\beta}_{j\tau}^{(m+1)} \sim N(\boldsymbol{\mu}_{j\tau}^{(m+1)}, \boldsymbol{B}_{j\tau}^{(m+1)})$

步骤 5：$\sigma_j^{(m+1)} \sim IG(\alpha_j^{(m+1)}, \lambda_j^{(m+1)})$

基于上述迭代循环过程，依据得到的估计结果求得参数的算术平均值。下一小节进行数值模拟，检验贝叶斯推断方法估计混合分位数回归参数的准确性和有效性。

5.3.3.4 模型的可识别性

混合模型研究中标记组件的主要目的是实现模型的可识别性，在执行 MCMC 迭代过程中倘若出现组件标签切换，而后的吉布斯采样将可能以平衡的方式在不同的标签子空间之间跳转，增加无谓的工作量从而导致估计结果毫无意义。基于此问题，根据李（Lee，2003）与贾斯拉（Jasra，2005）对混合组件实行排序限制，如 $\mu_1 < \mu_2 < \cdots < \mu_k$，这将有效防止标签切换和保证模型的可识别性。本章根据样本信息参考排序方法设定，$\beta_{1p} < \beta_{2p} < \cdots < \beta_{jp} < \cdots < \beta_{Kp}$，确保模型的可识别性和估计有效性。

5.3.4 数值研究

本节采用数值研究来检验混合分位数模型估计的有效性和精确性，将模拟结果与设定的真实值进行对比分析。令 $K = 2$，主要目的是探究两个组别构成的混合分位数模型的估计效果；其回归系数向量的真实值分别设为 $\boldsymbol{\beta}_{1\tau}$=(-2,-2,-2)^T，$\boldsymbol{\beta}_{2\tau}$=(2,2,2)^T，常系数视为协变量全为 1 所对应的回归系数；混合概率为 π=(0.6,0.4)，常系数视为协变量 x_1 均为 1 的系数，x_2, x_3 的样本均取自标准正态分布 $N(0,1)$。则混合分位数模型如下：

$$y = \begin{cases} -2 - 2x_2 - 2x_3 + \varepsilon & \text{①} \\ 2 + 2x_2 + 2x_3 + \varepsilon & \text{②} \end{cases} \quad (5-8)$$

引入潜在变量 Z，使其满足：

$$Z_i = \begin{cases} 1, & \text{第}i\text{个样本来自第1组} \\ 0, & \text{其他} \end{cases} \quad (5-9)$$

π_1, π_2 是模型①、②的概率参数，即 $p(Z_i = 1) = \pi_1$，$p(Z_i = 0) = \pi_2$，令其真实值 π_1=0.6，π_2=0.4。

假如 ε 服从二维混合分布，设

第5章 基于混合分位数回归的居民收入分布的影响因素研究

$$F(\varepsilon) = \pi_1 F_1(\varepsilon - d) + \pi_2 F_2(\varepsilon - d)$$

由于 $F(0) = \tau$，得

$$F(0) = \pi_1 F_1(-d) + \pi_2 F_2(-d)$$
$$= \pi_1 \tau_1 + \pi_2 \tau_2 = \tau$$

式中，d 为分位点的平移量；τ_1, τ_2 分别为 F_1, F_2 分布函数平移量的分位数。根据式（5-8）得到 y 数据样本，而后进行 τ 分位数值误差平移得到响应变量的数据样本，利用数值模拟检验估计结果的有效性。

根据大部分学者选择的拟合居民收入分布函数形式，结合我国居民收入分布及其结构多元化的演变趋势，本章考虑为误差项 ε 选择以下六种分布形式进行模拟实验：

① 高斯分布（$\varepsilon \sim N(0,1)$）；
② 伽马分布（$\varepsilon \sim G(1,2)$）；
③ 贝塔分布（$\varepsilon \sim B(2,3)$）；
④ 混合高斯分布（$\varepsilon \sim 0.65N(0,1) + 0.35N(1,2)$）；
⑤ 混合伽马分布（$\varepsilon \sim 0.65G(1,2) + 0.35G(2,3)$）；
⑥ 混合贝塔分布（$\varepsilon \sim 0.65B(2,3) + 0.35B(3,4)$）。

考虑到篇幅的限制，分位数点取 $\tau = (0.25, 0.5, 0.75)$。式（5-9）中先验分布的超参数的设定如下（Kozumi，2011）：

$a = 1$，$\boldsymbol{\mu}_{j\tau}^0 = (0,0,0)^{\mathrm{T}}$，$\boldsymbol{B}_{j\tau}^0 = 100\boldsymbol{I}$，$\boldsymbol{I}$ 是单位矩阵，$\alpha_j^0 = 0.1$，$\lambda_j^0 = 0.2$，$j = 1,2$。

在吉布斯采样进行抽样迭代中，样本量取 $N = (100, 200, 300)$，在任一分位点每次迭代 10000 次，放弃前 5000 个老化的迭代值，取后 5000 次估计的平均值作为估计结果，重复模拟 100 次，估计参数为 $\theta_m = (\beta_{11}, \beta_{12}, \beta_{13}, \beta_{21}, \beta_{22}, \beta_{23}, \pi_1, \pi_2)$，计算估计结果的偏差（BIAS）和均方根误差（RMSE）来评估模拟效果，其结果如表 5-5 和表 5-6 所示。

表 5-5　混合分位数回归参数估计的模拟结果（BIAS）

τ	0.25			0.5			0.75		
N	100	200	300	100	200	300	100	200	300
	$\varepsilon \sim N(0,1)$								
β_{11}	0.0100	0.0367	0.0087	0.0107	0.0129	−0.0042	−0.0230	−0.0457	−0.0468
β_{12}	0.0034	−0.0124	−0.0012	0.0269	−0.0158	0.0030	−0.0136	0.0301	0.0050
β_{13}	0.0069	0.0045	0.0012	0.0229	0.0141	−0.0049	−0.0177	0.0127	0.0039
β_{21}	0.0668	0.0357	0.0443	0.0125	0.0087	−0.0139	−0.0046	−0.0103	0.0165
β_{22}	0.0103	0.0187	−0.0007	−0.0413	0.0171	0.0030	−0.0197	−0.0271	−0.0013
β_{23}	−0.0018	0.0154	0.0187	0.0196	−0.0001	−0.0194	−0.0713	−0.0266	−0.0148
π_1	0.0117	0.0160	0.0065	−0.0034	−0.0034	0.0075	−0.0106	−0.0124	−0.0122
π_2	−0.0117	−0.0160	−0.0065	0.0034	0.0034	−0.0075	0.0106	0.0124	0.0122
	$\varepsilon \sim G(1,2)$								
β_{11}	0.0172	0.0098	0.0035	0.0157	0.0100	−0.0054	−0.0135	−0.0150	−0.0135
β_{12}	−0.0041	0.0047	−0.0005	0.0116	−0.0035	0.0074	0.0022	0.0055	0.0035
β_{13}	0.0043	−0.0014	0.0001	0.0040	0.0031	0.0049	0.0012	0.0011	0.0025
β_{21}	0.0157	0.0084	0.0061	0.0150	0.0049	−0.0013	0.0178	0.0128	−0.0098
β_{22}	−0.0029	−0.0019	0.0020	−0.0096	0.0016	0.0053	0.0113	0.0003	−0.0010
β_{23}	0.0052	0.0012	−0.0034	0.0096	0.0001	−0.0083	0.0207	0.0070	0.0045
π_1	−0.0054	−0.0022	−0.0002	−0.0071	−0.0110	−0.0071	−0.0160	−0.0150	−0.0145
π_2	0.0054	0.0022	0.0002	0.0071	0.0110	0.0071	0.0160	0.0150	0.0145
	$\varepsilon \sim B(2,3)$								
β_{11}	0.0050	0.0032	−0.0029	−0.0068	0.0012	−0.0007	−0.0042	−0.0026	−0.0028
β_{12}	−0.0032	−0.0015	0.0006	0.0006	−0.0024	−0.0012	0.0028	−0.0015	0.0012
β_{13}	0.0021	0.0005	−0.0015	0.0055	0.0004	0.0008	0.0002	−0.0003	0.0008
β_{21}	0.0044	0.0077	0.0019	0.0052	0.0031	0.0001	−0.0016	0.0015	−0.0011
β_{22}	−0.0006	−0.0008	0	0.0040	0.0013	0.0048	0.0075	0.0004	0.0039
β_{23}	0.0016	0.0004	0.0002	0.0045	−0.0019	−0.0004	−0.0039	−0.0031	0.0012
π_1	0.0030	0.0023	−0.0010	0.0010	−0.0023	−0.0009	0.0024	0.0027	0.0002
π_2	−0.0030	−0.0023	0.0010	−0.0010	0.0023	0.0009	−0.0024	−0.0027	−0.0002

第 5 章 基于混合分位数回归的居民收入分布的影响因素研究

续表

τ		0.25			0.5			0.75	
N	100	200	300	100	200	300	100	200	300
				$\varepsilon \sim N(0,1)$					
β_{11}	0.1735	0.1422	0.1098	0.1602	0.1100	0.0946	0.1814	0.1512	0.1052
β_{12}	0.1701	0.1297	0.1157	0.1686	0.1197	0.0958	0.1838	0.1478	0.1008
β_{13}	0.1555	0.1123	0.1108	0.1610	0.1370	0.1035	0.1754	0.1243	0.1127
β_{21}	0.2339	0.1757	0.1560	0.2123	0.1586	0.1194	0.2233	0.1538	0.1319
β_{22}	0.1721	0.1450	0.1294	0.2069	0.1479	0.1174	0.2283	0.1704	0.1186
β_{23}	0.2260	0.1675	0.1224	0.2071	0.1420	0.1242	0.2503	0.1705	0.1363
π_1	0.0509	0.0471	0.0363	0.0510	0.0394	0.0360	0.0485	0.0426	0.0388
π_2	0.0509	0.0471	0.0363	0.0510	0.0394	0.0360	0.0485	0.0426	0.0388
				$\varepsilon \sim G(1,2)$					
β_{11}	0.0379	0.0277	0.0197	0.0722	0.0422	0.0358	0.1053	0.0898	0.0678
β_{12}	0.0295	0.0258	0.0207	0.0514	0.0423	0.0346	0.0896	0.0712	0.0543
β_{13}	0.0390	0.0250	0.0156	0.0632	0.0455	0.0322	0.0925	0.0613	0.0610
β_{21}	0.0469	0.0333	0.0272	0.0708	0.0545	0.0407	0.1414	0.1007	0.0845
β_{22}	0.0432	0.0309	0.0241	0.0750	0.0519	0.0413	0.1144	0.0950	0.0712
β_{23}	0.0492	0.0293	0.0248	0.0701	0.0493	0.0368	0.1284	0.0927	0.0741
π_1	0.0447	0.0384	0.0251	0.0526	0.0391	0.0320	0.0578	0.0408	0.0366
π_2	0.0447	0.0384	0.0251	0.0526	0.0391	0.0320	0.0578	0.0408	0.0366
				$\varepsilon \sim B(2,3)$					
β_{11}	0.0346	0.0214	0.0179	0.0346	0.0253	0.0193	0.0397	0.0280	0.0224
β_{12}	0.0323	0.0190	0.0173	0.0288	0.0244	0.0197	0.0357	0.0340	0.0234
β_{13}	0.0321	0.0247	0.0170	0.0330	0.0232	0.0224	0.0342	0.0296	0.0256
β_{21}	0.0391	0.0299	0.0227	0.0457	0.0296	0.0261	0.0443	0.0359	0.0275
β_{22}	0.0327	0.0292	0.0175	0.0447	0.0288	0.0229	0.0437	0.0311	0.0266
β_{23}	0.0459	0.0269	0.0208	0.0372	0.0303	0.0221	0.0432	0.0358	0.0278
π_1	0.0494	0.0341	0.0289	0.0487	0.0351	0.0269	0.0468	0.0369	0.0307
π_2	0.0494	0.0341	0.0289	0.0487	0.0351	0.0269	0.0468	0.0369	0.0307

表 5-6 混合分位数回归参数估计的模拟结果（BIAS）

τ	0.25			0.5			0.75		
N	100	200	300	100	200	300	100	200	300
$\varepsilon \sim 0.65N(0,1)+0.35N(1,2)$									
β_{11}	−0.0729	−0.0562	−0.0396	−0.1003	−0.0862	−0.0618	−0.1043	−0.0745	−0.0989
β_{12}	0.0381	0.0073	−0.0041	0.0472	−0.0036	−0.0106	−0.0268	−0.0303	−0.0310
β_{13}	−0.0010	0.0091	0.0113	−0.0274	0.0202	0.0078	−0.0095	−0.0255	−0.0280
β_{21}	−0.0458	−0.0608	−0.0543	−0.0697	−0.1009	−0.0917	−0.0227	0.0075	−0.0477
β_{22}	−0.0483	−0.0204	0.0317	−0.0107	−0.0479	−0.0164	−0.0725	−0.0356	−0.0165
β_{23}	0.0318	0.0384	0.0142	0.0051	−0.0379	−0.0011	−0.0472	−0.0602	−0.0463
π_1	0.0159	0.0168	0.0190	−0.0102	−0.0034	−0.0047	−0.0336	−0.0359	−0.0291
π_2	−0.0159	−0.0168	−0.0190	0.0102	0.0034	0.0047	0.0336	0.0359	0.0291
$\varepsilon \sim 0.65G(1,2)+0.35G(2,3)$									
β_{11}	0.0009	−0.0046	−0.0063	0.0139	0.0113	0.0052	−0.0068	−0.0041	0
β_{12}	0.0086	−0.0028	0.0031	0.0034	0.0006	0.0013	0.0205	0.0038	0.0022
β_{13}	−0.0004	−0.0027	0.0003	0.0070	0.0031	0.0034	0.0065	0.0001	0.0122
β_{21}	0.0082	−0.0055	−0.0058	0.0246	0.0006	0.0104	0.0341	0.0029	−0.0005
β_{22}	−0.0023	−0.0017	0.0012	0.0007	0.0031	0.0032	0.0094	0.0044	−0.0024
β_{23}	0.0039	0.0003	−0.0001	−0.0101	−0.0044	−0.0038	−0.0044	−0.0067	0.0089
π_1	−0.0056	−0.0050	−0.0001	−0.0034	0.0025	−0.0043	−0.0279	−0.0120	−0.0132
π_2	0.0056	0.0050	0.0001	0.0034	−0.0025	0.0043	0.0279	0.0120	0.0132
$\varepsilon \sim 0.65B(2,3)+0.35B(3,4)$									
β_{11}	0.0067	−0.0021	0.0029	−0.0003	0.0053	0.0025	0.0042	−0.0033	0.0008
β_{12}	0.0019	0.0015	−0.0037	0.0023	−0.0015	0.0013	0.0026	0.0035	0.0004
β_{13}	0.0025	−0.0031	0.0019	0.0005	0.0011	−0.0008	−0.0037	−0.0002	0.0001
β_{21}	0.0105	0.0038	0.0020	0.0071	0.0032	0.0044	−0.0066	−0.0002	−0.0035
β_{22}	−0.0059	−0.0060	0.0030	0.0026	0.0003	0.0022	0.0051	−0.0015	−0.0015
β_{23}	0.0094	0.0028	0.0028	0.0001	0.0037	−0.0008	0.0014	−0.0023	−0.0012
π_1	0.0044	0.0009	−0.0025	0.0011	−0.0059	−0.0042	−0.0145	−0.0002	−0.0008
π_2	−0.0044	−0.0009	0.0025	−0.0011	0.0059	0.0042	0.0145	0.0002	0.0008

续表

τ		0.25			0.5			0.75	
N	100	200	300	100	200	300	100	200	300
			$\varepsilon \sim 0.65N(0,1)+0.35N(1,2)$						
β_{11}	0.2108	0.1501	0.1303	0.2520	0.1647	0.1292	0.2890	0.2265	0.1831
β_{12}	0.2232	0.1523	0.1143	0.2139	0.1213	0.1155	0.2495	0.2003	0.1609
β_{13}	0.1770	0.1449	0.1081	0.1990	0.1351	0.1014	0.2444	0.1886	0.1315
β_{21}	0.2757	0.2086	0.1857	0.2787	0.2046	0.1759	0.3227	0.2372	0.1858
β_{22}	0.2684	0.1710	0.1532	0.2223	0.1979	0.1683	0.3410	0.2191	0.1755
β_{23}	0.2551	0.1803	0.1440	0.2596	0.1820	0.1395	0.3408	0.2165	0.1947
π_1	0.0559	0.0419	0.0415	0.0625	0.0476	0.0334	0.0776	0.0594	0.0440
π_2	0.0559	0.0419	0.0415	0.0625	0.0476	0.0334	0.0776	0.0594	0.0440
			$\varepsilon \sim 0.65G(1,2)+0.35G(2,3)$						
β_{11}	0.0428	0.0341	0.0256	0.0670	0.0502	0.0402	0.1058	0.0752	0.0719
β_{12}	0.0439	0.0334	0.0206	0.0574	0.0500	0.0394	0.1204	0.0699	0.0616
β_{13}	0.0487	0.0288	0.0252	0.0616	0.0450	0.0435	0.0959	0.0727	0.0662
β_{21}	0.0524	0.0408	0.0322	0.0890	0.0582	0.0478	0.1194	0.0972	0.0773
β_{22}	0.0592	0.0341	0.0290	0.0782	0.0512	0.0476	0.1183	0.0788	0.0648
β_{23}	0.0522	0.0382	0.0315	0.0878	0.0590	0.0440	0.1159	0.0940	0.0774
π_1	0.0467	0.0356	0.0280	0.0540	0.0332	0.0286	0.0552	0.0424	0.0313
π_2	0.0467	0.0356	0.0280	0.0540	0.0332	0.0286	0.0552	0.0424	0.0313
			$\varepsilon \sim 0.65B(2,3)+0.35B(3,4)$						
β_{11}	0.0278	0.0237	0.0190	0.0341	0.0245	0.0167	0.0314	0.0240	0.0216
β_{12}	0.0285	0.0236	0.0202	0.0316	0.0231	0.0170	0.0339	0.0270	0.0195
β_{13}	0.0278	0.0226	0.0184	0.0281	0.0210	0.0183	0.0347	0.0232	0.0220
β_{21}	0.0397	0.0258	0.0217	0.0438	0.0293	0.0251	0.0449	0.0349	0.0269
β_{22}	0.0378	0.0255	0.0236	0.0392	0.0261	0.0220	0.0416	0.0312	0.0290
β_{23}	0.0365	0.0276	0.0231	0.0366	0.0280	0.0228	0.0442	0.0304	0.0248
π_1	0.0453	0.0372	0.0283	0.0551	0.0360	0.0289	0.0530	0.0312	0.0295
π_2	0.0453	0.0372	0.0283	0.0551	0.0360	0.0289	0.0530	0.0312	0.0295

由表 5-5 和表 5-6 的模拟结果，得出以下几点结论：

首先，随着样本量的递增，在不同分布下混合分位数回归系数的估计结果 BIAS 估计值随之逐渐减小；相对于真实值，BIAS 估计值越小，说明模拟的估计结果越靠近真实值。

其次，随着样本量的递增，在不同分布下混合分位数回归系数的估计结果 RMSE 估计值也随之逐渐减小；相对于真实值，RMSE 估计值越小，说明模拟的估计结果越精确。

最后，无论误差项服从混合分布还是单一分布，在不同分位点下贝叶斯推断均能够较好地估计出混合分位数回归中的参数值，表明混合分位数回归对不同的误差分布的估计结果都比较稳定，不同分布下混合分位数回归的估计结果的精确性和有效性得到了更深入的验证。

5.4 居民收入分布影响因素的统计研究

5.4.1 居民收入分布影响因素的模型构建

基于前面章节的描述和分析，本节采用混合分位数回归探讨在不同分位点下家庭教育水平、家庭收入结构和家庭规模因素对居民收入分布的影响方式及影响程度，讨论造成收入分布不断右移且扁平化的重要原因，模型如下所示：

$$\log(inc_i) = \begin{cases} \beta_{11}+\beta_{12}size_i+\beta_{13}edu_i+\beta_{14}\log(wincs_i)+\varepsilon_i \\ \beta_{21}+\beta_{22}size_i+\beta_{23}edu_i+\beta_{24}\log(wincs_i)+\varepsilon_i \end{cases} \quad (5-10)$$

加入潜在变量，使其满足条件式（5-9）。式（5-10）中，$p(Z_i=1)=\pi_1$，$p(Z_i=0)=\pi_2$，π_1,π_2 为式（5-10）的概率参数；inc_i 为居民家庭人均收入（元/人）；$size_i$ 为家庭规模；edu_i 为居民家庭平均教育水平；$wincs_i$ 为家庭收入结构；i 为第 i 样本数据样本；令 $\beta=(\beta_{11},\beta_{12},\beta_{13},\beta_{14},\beta_{21},\beta_{22},\beta_{23},\beta_{24})$ 为

模型的估计系数；ε_i 为模型的误差项。

根据贝叶斯推断原理，估计出混合模型的未知参数 $\theta_s=(\beta,\pi_1,\pi_2)$，进而探究家庭教育水平、家庭收入结构与家庭规模对居民收入分布影响程度的实际意义。依照数值模拟研究，模型估计过程中设置迭代循环 10000 次，选取后 5000 次的估计值求其算术平均值最为估计结果，其结果计算公式为

$$\overline{\theta}_s = \sum_{j=5001}^{10000} \theta_s \Big/ 5000 \quad (5-11)$$

5.4.2 居民收入分布影响因素的实证分析

5.4.2.1 我国居民收入分布影响因素分析

根据模型构建和变量选择，模型的分位点 τ 分别取 0.1、0.2、0.3、0.4、0.5、0.6、0.7、0.8、0.9，利用贝叶斯推断估计出模型的系数和权重，如表 5-7 所示。

表 5-7 居民收入分布影响因素的模型估计结果

τ	0.1	0.2	0.3	0.4	0.5	0.6	0.7	0.8	0.9
β_{11}	2.4318	2.9525	3.1270	3.3164	3.3839	3.5021	3.5882	3.6814	4.4724
β_{12}	−0.0598	−0.0574	−0.0544	−0.0633	−0.0624	−0.0733	−0.0774	−0.0556	−0.0897
β_{13}	0.0256	0.0571	0.0556	0.0714	0.0763	0.0857	0.0976	0.1070	0.0845
β_{14}	0.2560	0.1970	0.1697	0.1418	0.1394	0.1286	0.1186	0.1228	0.0693
β_{21}	2.9242	3.6876	3.8456	3.9957	4.0544	4.1102	4.1742	4.2678	3.9409
β_{22}	−0.0853	−0.1032	−0.1139	−0.1130	−0.1101	−0.1029	−0.0998	−0.1086	−0.0905
β_{23}	0.1734	0.1231	0.1230	0.1144	0.1116	0.1074	0.1047	0.0716	0.1045
β_{24}	0.0499	0.0808	0.0707	0.0650	0.0654	0.0696	0.0724	0.0995	0.0950
π_1	0.5755	0.4382	0.4784	0.5545	0.5073	0.4638	0.4154	0.3266	0.4232
π_2	0.4245	0.5618	0.5216	0.4455	0.4927	0.5362	0.5846	0.6734	0.4232

注：为了便于分析，分为第一组收入群体和第二组收入群体的估计结果。

由表 5-7 可以看出，在任意分位点下，居民群体被明显分成两组不同的收入群体，各分位点两组群体 π_1 和 π_2 的估计值相差不大，两组群体权重的平均值分别为 0.48 和 0.52，表明各因素对居民收入群体具有异质性影响。其中，居民教育水平和家庭收入结构（工资性收入）对居民收入水平的提高均具有明显的积极作用，家庭规模对居民收入水平的提高具有明显的消极影响。在不同的收入层次下，教育水平和工资性收入对居民收入水平及其结构的影响程度也不尽一致。

随着分位点的不断提高，家庭规模 β_{12} 的估计值呈先降后升的趋势，家庭规模 β_{22} 的估计值同样呈先降后升的趋势，家庭规模对居民收入的负向作用随系数绝对值的增加而增强。在各分位点，家庭规模的 β_{12} 系数结果变化不大，家庭规模对居民收入的影响程度在各分位点下较为稳定。例如在 0.1 的低分位点和 0.5 的中分位点水平下，家庭规模每增加 1 人，第一组的居民收入水平将减少 0.06（取值四舍五入后保留小数点后两位，下同），在 0.9 的高分位点水平下，家庭规模每增加 1 人，第一组的居民收入水平将减少 0.09。家庭教育水平 β_{13} 随着分位点值的增加而增加，但在 0.9 的高分位点处 β_{13} 的估计值在逐渐减小，在 0.1 的低分点水平下，居民受教育程度每提高一个档次，居民收入水平将增加 0.03，在 0.5 的中位数和 0.9 的高分位点下，居民受教育水平每提高一个档次，居民收入均将增加 0.08，说明教育对于提高第一组居民收入具有积极的作用，但在 0.9 的高分位点下教育水平对居民收入的影响程度逐渐下降。工资性收入 β_{14} 的估计值随着分位点的增加基本逐步减小，在 0.1 的低分点下，家庭工资性收入每增加 1 元，居民家庭收入将增加 0.26，在 0.5 的中位数时，家庭工资性收入每增加 1 元，居民家庭收入将增加 0.14，在 0.9 的高分点时，家庭工资性收入每增加 1 元，居民家庭收入将增加 0.07，说明随着分位点的增加，家庭工资性收入占收入结构的比例逐渐缩小。总体来讲，工资性收入占据家庭收入结构的重要性在逐渐加强，家庭收入结构对第一组居民收入影响作用较强。

第二组回归结果显示，随着分位点的提高，家庭规模 β_{22} 结果变化也不大，但系数绝对值大于第一组家庭规模的估计结果。当在 0.1 和 0.9 分位点时，家庭规模每增加 1 人，居民收入将减少 0.09，家庭规模对居民收入水平的影响作用很平稳。家庭教育水平 β_{23} 随着分位点的增加而减小，但在 0.9 的高分位点处，估计系数又增大，教育水平每提高一个层次，收入水平将增加 0.1，说明随着分位点的递增教育水平对居民收入水平影响作用逐渐减弱，高收入群体对教育因素的依赖性逐渐下降。而工资性收入 β_{24} 的估计值随着分位点的增加基本逐步增加，在 0.8 和 0.9 的高分位点处，工资性收入每提高 1 元，居民收入将提高 0.10，说明随着收入水平的提高，工资性收入占据家庭收入结构的重要性在逐渐下降。总之，教育水平因素是影响第二组群体的重要因素。对于不同的收入群体，影响收入水平的主要因素不同，无论是哪组收入群体，家庭规模不会随着分位点的增加而大幅度改变居民整体收入水平，对居民收入的影响作用较稳定。

5.4.2.2 不同阶段居民收入分布影响因素的分析

随着社会经济的前进，居民收入水平在不断提高的同时，出现了分层的变化趋势。为了更详细地认识到各个因素变量对居民收入的影响作用，将居民收入分布分阶段进行研究。根据模型构建和变量选择，模型的分位点 τ 分别取 0.1、0.2、0.3、0.4、0.5、0.6、0.7、0.8、0.9，利用贝叶斯推断估计出模型的系数和权重，1989—2006 年居民收入分布影响因素的规模估计结果如表 5-8 所示。

表 5-8　1989—2006 年居民收入分布影响因素的模型估计结果

τ	0.1	0.2	0.3	0.4	0.5	0.6	0.7	0.8	0.9
β_{11}	2.4820	2.8257	3.0623	3.1708	3.2725	3.3428	3.5097	3.7324	4.2154
β_{12}	−0.0476	−0.0490	−0.0481	−0.0345	−0.0321	−0.0408	−0.0587	−0.0875	−0.0790
β_{13}	0.0320	0.0466	0.0420	−0.0026	−0.0005	0.0282	0.0461	0.1074	0.0901
β_{14}	0.2812	0.2052	0.1656	0.1827	0.1689	0.1347	0.1088	0.1000	0.0626
β_{21}	3.3315	3.4797	3.6097	3.7189	3.8220	3.8866	3.9621	4.2400	3.7283

续表

τ	0.1	0.2	0.3	0.4	0.5	0.6	0.7	0.8	0.9
β_{22}	−0.0651	−0.0686	−0.0732	−0.0876	−0.0952	−0.0849	−0.0775	−0.0986	−0.0643
β_{23}	0.0625	0.0665	0.0856	0.1189	0.1219	0.0920	0.0843	0.0705	0.0695
β_{24}	0.0957	0.0797	0.0632	0.0304	0.0257	0.0563	0.0617	0.1026	0.0900
π_1	0.2431	0.3176	0.4318	0.4617	0.4751	0.4206	0.4431	0.4245	0.4300
π_2	0.7569	0.6824	0.5682	0.5383	0.5249	0.5794	0.5569	0.5755	0.5700

如表 5-8 所示，居民群体被明显分成两组不同的收入群体，但在 0.1 和 0.2 的低分位点处，两组群体比例 π_1 和 π_2 的估计值相差较大，随着分位点的递增，相差越来越小。同时，家庭收入结构（工资性收入）对居民收入水平的提高均具有明显的积极作用，家庭规模对居民收入水平存在明显的制约作用，家庭教育水平对居民收入具有促进的作用。但在不同的收入层次下，家庭教育水平和工资性收入对居民收入水平及其结构的影响程度也不尽一致。

从第一组系数估计结果来看，家庭规模 β_{12} 的绝对值随着分位点的增加呈正 U 形的变动轨迹，在 0.5 分位点以下，家庭规模对居民收入的负向作用逐渐减小，在 0.5 分位点以上，家庭规模对居民收入的负向作用逐渐增大，在 0.9 的高分点处，家庭规模每增加 1 人，居民收入将减少 0.08。随着分位点的提高，家庭教育水平对居民收入正向作用基本呈逐步增强的趋势，可是在 0.4、0.5 的分位点处，家庭教育水平 β_{13} 对居民收入水平产生反向作用其影响程度较小，家庭教育水平每提高 1 个层级，居民收入水平减少程度几乎可以忽略不计。β_{14} 随着分位点的递增而递减，工资性收入占据家庭收入结构的重要性在逐渐下降，在 0.1、0.5 和 0.9 的分位点时，家庭收入每增长 1 元，居民收入增加 0.28、0.17、0.06，能够看出工资性收入是第一组群体收入的主要来源。

从第二组系数估计结果来看，家庭规模 β_{22} 的绝对值随着分位点的增加基本呈倒 U 形的变动轨迹，在 0.5 分位点下，家庭规模对居民收入负向作用达到最强，家庭规模每增加 1 人，收入将减少 0.10，在 0.9 的高分点家庭规模每增加 1 人，收入将减少 0.06。随着分位点的增加，家庭教育水平 β_{23} 对居民收入的影响程度呈倒 U 形的变化走势，在 0.5 的中分位点处，家庭教育水平对居民收入影响程度最大。工资性收入 β_{24} 对居民收入的影响呈正 U 形变化，在 0.8 的分位点处其对居民收入影响作用最大，在 0.5 的中位点处，其对居民收入的影响作用最小。能够发现在不同的分位点处，家庭教育水平和家庭收入结构对居民收入的影响作用各有所长。

2009—2015 年居民收入分布影响因素的模型估计结果如表 5-9 所示，居民群体被明显分成两组不同的收入群体，在各分位点下两组群体比例 π_1 和 π_2 的估计值相差较大。混合权重 π_1 表明第一组群体比重较高，除了 0.8 分位点的估计结果。这说明混合模型的概率不同，各自变量对居民收入的影响程度也将不同。相比 1989—2006 年估计结果，在不同的时期各变量对居民收入的影响程度不一致。

从第一组系数估计结果来看，在 0.9 的高分位点处，家庭规模 β_{12} 对居民收入的影响作用较低，家庭规模对居民收入具有明显的负向作用，但影响程度变化不大，较为平稳。家庭教育水平 β_{13} 随着分位点的增加呈倒 U 形的变化趋势，说明家庭教育水平对于中等收入家庭的影响作用强烈，对高收入家庭的影响效果较低。工资性收入 β_{14} 对于家庭收入影响作用越来越小，表示分位点越高，工资性收入占比越低。家庭教育水平对居民收入具有积极的促进影响程度，家庭规模对居民收入水平具有明显的消极影响。

从第二组系数估计结果来看，家庭规模 β_{22} 对居民收入水平具有负向影响，并且在各分位点处的影响差别较大。工资性收入 β_{24} 是影响整体居民收入分布的重要因素，尤其是在低分位点处的作用效果更为明显，工资性收入随着分位点的增加逐步减小，表示他们对居民整体收入分布的影响程度在逐渐下降。不同的分位点处，家庭教育水平 β_{23} 对收入影响程度有显著差异。

表 5-9　2009—2015 年居民收入分布影响因素的模型估计结果

τ	0.1	0.2	0.3	0.4	0.5	0.6	0.7	0.8	0.9
β_{11}	3.7983	3.9735	4.0572	4.1413	4.1832	4.2810	4.3671	4.4850	4.5231
β_{12}	−0.0909	−0.0900	−0.0903	−0.0948	−0.0921	−0.0914	−0.0874	−0.0748	−0.0740
β_{13}	0.0867	0.0906	0.0890	0.0911	0.0952	0.0908	0.0837	0.0685	0.0705
β_{14}	0.0841	0.0620	0.0562	0.0471	0.0384	0.0240	0.0130	0.0531	0.0095
β_{21}	2.1057	2.8879	3.1394	3.1501	3.2189	3.5687	3.7680	4.2292	4.0388
β_{22}	−0.0417	−0.0572	−0.0587	−0.0297	−0.0302	−0.0476	−0.0569	−0.0891	−0.0622
β_{23}	0.0496	0.0576	0.0529	0.0354	0.0025	0.0194	0.0345	0.0867	0.0331
β_{24}	0.4311	0.2589	0.2199	0.2359	0.2788	0.2306	0.2051	0.0532	0.2246
π_1	0.7496	0.6864	0.6917	0.7100	0.7549	0.6968	0.6627	0.4733	0.7788
π_2	0.2504	0.3136	0.3083	0.2900	0.2451	0.3032	0.3373	0.5267	0.2212

综上所述，不同的收入群体间，家庭规模对居民收入分布的影响程度呈现显著差异，家庭规模对居民收入水平的提高起显著的消极影响。整体上来讲，随着经济水平的提高，家庭规模对居民收入的影响作用在逐渐减弱，家庭教育水平对居民收入水平的影响作用越来越突出；家庭教育水平对提高居民收入与推动收入分布存在显著的积极作用，教育作为最主要的影响因素，其估计结果随着分位点的增加呈缩小的趋势，这表明在中低收入群体中教育对收入水平的影响作用超过中高收入人群；工资性收入水平对家庭收入具有显著的正向影响，对于第一组群体，工资性收入占比结构随着分位点的提高呈逐减的走势,而对于第二组群体，工资性收入不是影响中等收入家庭的主要收入因素。

5.4.2.3　东部、中部、西部地区居民收入分布影响因素分析

我国区域经济发展不均衡的事实，导致东部、中部、西部地区之间存在较大的收入分配差距，这样并不利于国家的整体发展，无益于提高社会生产效率和有效配置资源。因此本章进一步将所研究的样本中的各个省、自治区、直辖市按照东部、中部、西部划归为三大区域组别，从

而以区域划分角度研究教育水平、收入结构和家庭规模对居民收入分布的影响程度。根据模型构建和变量选择,模型的分位点 τ 分别取 0.1、0.2、0.3、0.4、0.5、0.6、0.7、0.8、0.9,利用贝叶斯推断估计出模型的系数和权重,如表 5-10～表 5-12 所示。

表 5-10 东部居民收入分布影响因素的模型估计结果

τ	0.1	0.2	0.3	0.4	0.5	0.6	0.7	0.8	0.9
β_{11}	2.6727	2.9393	3.0594	3.1051	3.3880	3.4531	3.7948	3.6928	4.0308
β_{12}	−0.0628	−0.0755	−0.0710	−0.0604	−0.0821	−0.0858	−0.1201	−0.1088	−0.1017
β_{13}	0.0599	0.0715	0.0716	0.0697	0.1162	0.1295	0.0850	0.1447	0.1542
β_{14}	0.2802	0.2188	0.1962	0.1931	0.1370	0.1314	0.1452	0.0979	0.0622
β_{21}	3.6405	3.7642	3.8286	3.9227	4.0764	4.1199	4.2227	4.2366	4.4989
β_{22}	−0.1095	−0.1149	−0.1139	−0.1167	−0.1057	−0.1016	−0.0982	−0.0997	−0.0844
β_{23}	0.1659	0.1545	0.1550	0.1474	0.1322	0.1285	0.0548	0.1184	0.0904
β_{24}	0.0661	0.0631	0.0581	0.0561	0.0493	0.0556	0.1205	0.0545	0.0585
π_1	0.4096	0.4382	0.4061	0.3613	0.4777	0.4122	0.4197	0.4354	0.5950
π_2	0.5904	0.5618	0.5939	0.6387	0.5223	0.5878	0.5803	0.5646	0.4050

表 5-11 中部居民收入分布影响因素的模型估计结果

τ	0.1	0.2	0.3	0.4	0.5	0.6	0.7	0.8	0.9
β_{11}	2.4373	2.9198	3.2412	3.3607	3.4360	3.5347	3.6080	3.7770	4.0026
β_{12}	−0.0579	−0.0674	−0.0718	−0.0740	−0.0723	−0.0813	−0.0856	−0.0924	−0.1060
β_{13}	0.0514	0.0459	0.0473	0.0521	0.0547	0.0659	0.0763	0.0768	0.0857
β_{14}	0.3070	0.2112	0.1547	0.1431	0.1382	0.1282	0.1205	0.1120	0.0911
β_{21}	3.4300	3.6234	3.9204	4.0107	4.0721	4.1187	4.1753	4.2998	4.4924
β_{22}	−0.0929	−0.1023	−0.1254	−0.1229	−0.1182	−0.1106	−0.1066	−0.1016	−0.0994

续表

τ	0.1	0.2	0.3	0.4	0.5	0.6	0.7	0.8	0.9
β_{23}	0.0749	0.0950	0.0897	0.0882	0.0860	0.0781	0.0806	0.0833	0.0734
β_{24}	0.1075	0.0890	0.0738	0.0685	0.0704	0.0785	0.0806	0.0787	0.0795
π_1	0.7593	0.3515	0.5425	0.5516	0.5148	0.4478	0.3995	0.4914	0.5958
π_2	0.2407	0.6485	0.4575	0.4484	0.4852	0.5522	0.6005	0.5086	0.4042

表 5-12 西部居民收入分布影响因素的模型估计结果

τ	0.1	0.2	0.3	0.4	0.5	0.6	0.7	0.8	0.9
β_{11}	2.3939	2.9059	3.1351	3.3079	3.4397	3.5192	3.5895	3.7295	3.8686
β_{12}	−0.0198	−0.0364	−0.0405	−0.0463	−0.0513	−0.0533	−0.0568	−0.0655	−0.0730
β_{13}	0.0109	0.0434	0.0374	0.0522	0.0556	0.0506	0.0544	0.0726	0.0866
β_{14}	0.2863	0.1820	0.1539	0.1351	0.1302	0.1293	0.1197	0.1193	0.1116
β_{21}	3.3934	3.5975	3.7470	3.9190	4.0318	4.0947	4.1168	4.2515	4.4223
β_{22}	−0.0695	−0.0767	−0.0847	−0.0931	−0.0991	−0.0934	−0.0828	−0.0824	−0.0821
β_{23}	0.0689	0.0757	0.0814	0.0930	0.0959	0.0950	0.0876	0.0837	0.0813
β_{24}	0.1124	0.1007	0.0945	0.0857	0.0785	0.0747	0.0791	0.0784	0.0731
π_1	0.2500	0.3920	0.4790	0.5910	0.6110	0.5550	0.4600	0.5410	0.6010
π_2	0.7500	0.6080	0.5210	0.4090	0.3890	0.4450	0.5400	0.4590	0.3990

由表 5-10 可知，东部地区居民群体被明显分成两组不同的收入群体，各分位点下两组群体 π_1 和 π_2 的估计值相差不大。对于第一组群体来讲，家庭规模 β_{12} 对居民收入的提高具有抑制作用，随着分位数的增加，家庭规模系数呈波浪式变化，整体变化幅度相对较小。随着收入水平的提高，家庭教育水平 β_{13} 对居民收入的正向影响基本逐步增强，工资性收入 β_{14} 对居民收入结构的影响程度基本逐步下降，在 0.1～0.7 分位点处，工资性收入是居民家庭收入的主要影响因素，在 0.8、0.9 高分位点处，

家庭教育水平是影响居民收入的重要因素。对于第二组群体来讲，随着分位点的增加，家庭规模 β_{22} 对居民收入水平的反面作用基本逐渐降低，收入水平的提高对家庭教育水平 β_{23} 的依赖程度基本逐渐减弱，但家庭教育水平是推动居民收入水平的主要影响因素。工资性收入 β_{24} 对家庭收入的影响程度变化较为平稳，在 0.7 分位点处，工资性收入对居民收入的影响作用达到最大，每增加 1 元工资收入，居民收入将增加 0.12。

由表 5-11 可知，中部地区居民群体被明显分成两组不同的收入群体，在 0.1、0.2、0.7 分位点处，两组群体比例 π_1 和 π_2 的估计值相差较大。对于第一组群体来讲，家庭规模 β_{12} 对居民收入的提高具有反向影响效果，而随着分点的增加，家庭规模对居民收入水平的负面作用逐渐增强。而家庭教育水平 β_{13} 和工资性收入 β_{14} 对提高居民收入水平具有正向促进作用，家庭教育水平对居民收入的影响随着分点的增加而增强，工资性收入占据收入结构的比重逐渐降低，但工资性收入仍是居民收入的主要来源。对于第二组群体来讲，家庭规模 β_{22} 对居民收入的负向作用呈倒 U 形的演化趋势，且家庭规模对居民收入水平具有显著的反面影响，家庭教育水平 β_{23} 和工资性收入 β_{24} 对居民收入水平具有平稳的正向影响。

由表 5-12 可知，西部地区居民群体被明显分成两组不同的收入群体，在 0.1、0.2、0.5、0.9 分位点处，两组群体比例 π_1 和 π_2 的估计值相差较大。对于第一组群体来讲，随着分位点的提高，家庭规模 β_{12} 对居民收入水平的负向影响逐渐加强，家庭教育水平 β_{13} 对居民收入水平的正向影响也逐渐加强，工资性收入 β_{14} 对收入水平的正向影响逐渐减弱，但工资性收入是居民收入的主要来源。对于第二组群体来讲，随着分位点的提高，家庭规模 β_{22} 对居民收入水平的负向作用呈先升后降的倒 U 形变化过程，家庭教育水平 β_{23} 对居民收入水平的正向作用呈先升后降的倒 U 形变化过程，工资性收入 β_{24} 对居民收入水平的正向作用在逐步降低。在 0.3 以下的分位点处，工资性收入是家庭收入的主要因素，整体来看各变量对居民收入的影响程度相对平衡。

对比东部、中部、西部地区两群体的估计结果，表 5-12 中家庭规模对西部地区的居民收入水平的负向作用要低于东部、中部地区,而家庭教育水平对东部地区的居民收入水平的正向作用要高于中部地区。东部、中部、西部地区明显分成两组收入群体,第一组收入群体的工资性收入都是家庭收入结构的主要来源,但随着分位数的增加其影响作用有减弱的趋势;第二组收入群体工资性收入估计值随着分位数的增加而增加。在低收入群体中家庭教育水平对居民收入水平的影响作用超过中、高收入人群,且教育程度对中低收入群体的影响作用最大,家庭教育水平是中部、西部地区低收入群体提高收入水平的主要推动力。工资性收入不是中等收入群体的主要收入来源,工资性收入是低、高收入群体的重要构成部分。

综上所述,在不同的分位点处,我国居民群体被明显分成两组不同的收入群体,家庭教育水平和家庭收入结构(工资性收入)对居民收入分布的右移均具有明显的积极作用,家庭规模对居民收入水平的提高具有明显的消极影响。在不同的收入层次下,家庭教育水平和工资性收入对居民收入水平及其结构的影响程度也不尽相同,两组群体 π_1 和 π_2 的估计值也差异较大,而且收入群体分化比例越高,各因素对居民收入的影响程度差异也越大。我国居民收入水平和收入结构较为多元化且分化程度较大,教育水平和收入结构对我国不同群组的居民收入水平和收入结构影响程度有所差异。因此,根据我国不同群体居民收入水平及其结构特征,加强我国中低收入群体的教育水平对提高居民收入水平与优化收入分布具有显著的正向影响,调整居民收入结构对收入分布的升级具有明显的积极作用。通过探讨不同的分位点下混合回归能更全面地解释教育水平与工资性收入对我国居民收入水平及其收入结构的影响程度。

5.4.2.4 研究建议

依据实证结果的研究,分析不同的地区不同的收入群体受到的影响因素的差异,提出以下两点对策建议。

1. 提高居民工资性收入,完善收入结构

随着改革开放的深入,我国居民人均收入总体趋势不断增长,家庭经营性收入增幅相对于工资性收入增幅滞后的趋势日益明显,居民工资

第 5 章 基于混合分位数回归的居民收入分布的影响因素研究

性收入占家庭收入的比重增长较快,工资性收入已经成为促进居民增收的最主要来源。但居民收入差异的一个主要原因就是工资性收入差异比较明显,工资性收入从我国东部到西部呈阶梯式递减。居民家庭收入基本上都有了提高,但是不同收入结构的家庭,家庭收入增长的速度并不相同,收入的增长速度和收入水平呈现一定的正相关性。因此减缓我国居民收入区域差异的关键在于加快欠发达地区的经济发展,要保证居民工资性收入持续稳定增长,最根本、最有效的办法就是增加居民的就业机会,只有这样才能确保充分、有效地利用劳动资源。

首先,建立完善的工资增长体制,工资制度是收入分配制度的重要组成部分,是一项带有基础性和根本性的制度安排。国家对企业的工资分配进行宏观收入调控,这有助于弥补市场经济的缺陷和企业内部分配机制的不足,从而对工资的分配及合理增长起到间接调节的作用,保障劳动者的权益得到实现。其次,适时调节工资水平的下限和提高平均工资,构建联动机制以消除通货膨胀对工资收入的影响,全方位实施工资集体协商机制,协调雇用关系以保障劳动者的合法权益。总之,推动劳动要素和其他禀赋要素共享经济发展成果,应该积极落实合理的工资增长机制。

2. 提高居民教育水平,增加教育公平程度

很大程度上,人力资本和教育水平对居民收入具有显著的促进作用,通常居民对教育越重视,受教育水平越高,获得良好的工作和晋升的概率就越大,获得高水平收入的可能性就越高。可是,我国各区域存在比较严重的教育差距问题,主要表现在教育质量水平、教育投资力度及教育公平程度。因此,针对中、低收入地区提高教育公平程度,在保证居民拥有同样公平的受教育机会时,还应努力保证全民获得尽可能相等的教育质量,尤其是加强优质教育资源的投资力度。例如,我国西部地区教育质量还远落后于东部发达地区,在提升教育公平程度时,应加大改善落后地区的办学条件,努力提高西部的教育质量。

同时,国家应继续加大对教育资金投入力度,重视对欠发达地区的

教育扶持力度，缩小地区间教育发展差距。缩减各区域间的教育发展差距，重点是要缩减区域间的经济发展差距。例如，中部、西部区域应该结合本身经济基础，大力发展知识密集型产业，充分吸收现代高新技术成果，发展规模化循环型经济产业，提高劳动生产率和资本回报率，实现本地经济的长期可持续发展。当然此种对策是否能够得以有效发挥，主要依赖于欠发达地区的整体人口素质和人力资本水平。

5.5 本章研究结论

本章基于我国居民收入分布的变化特性，探究影响收入分布的各因素的重要性。众所周知我国居民收入水平在不断提高的同时，收入差距也在不断增加，以至于收入分布呈多极化的发展趋势，出现双峰甚至是多峰的分布形式。本章在分位数回归对收入分布进行研究的基础上，针对收入分布异质性特征，以及混合模型应用的优势，将混合模型与分位数回归相结合，提出了混合分位数回归模型，用以探讨居民收入分布影响因素作用，利用贝叶斯推断中的 MCMC 算法和 Gibbs 采样估计模型中的预估参数，通过数值模拟检验此方法估计混合分位数回归的准确性和可靠性。

本章选择具有代表性的家庭教育水平、家庭规模及家庭收入结构指标为解释变量，研究各变量因素与居民收入水平之间的关系。研究结果显示，在任意分位点均可以将我国居民群体明显分成两组不同的收入群体，说明居民群体明显的存在明显的两极分化，且在不同的收入层次下，家庭规模、家庭教育水平和工资性收入（家庭收入结构）对居民收入分布及其结构的影响程度也不尽相同。不同组别自变量对因变量的依附程度不同，家庭教育水平和工资收入对我国居民收入水平的提高均具有正向的影响作用，家庭规模对居民收入具有明显的负向影响作用。其中，教育是提高居民收入水平的重要因素，尤其是对于中、低收入家庭。不同的群体家庭，影响收入来源的因素不同，换言之，不同的群体依赖提高居民收入的因素不同。

整体来讲，家庭规模对西部地区的居民家庭收入的负向作用要低于东部、中部地区，而家庭教育水平对东部地区家庭收入的正向作用要高于中部、西部地区，东部、中部、西部地区明显分成两组收入群体，在中、低收入群体中教育对收入水平的影响作用超过中、高收入人群，且教育程度对中低收入群体的影响作用最大，家庭教育水平是中西地区低收入群体提高收入水平的主要推动力。工资性收入不是中等收入群体的主要收入来源，工资性收入是低、高收入群体的重要构成部分。对比两阶段（1989—2006 年与 2009—2015 年）估计结果可知，随着经济水平的提高，家庭规模对居民收入的影响作用在逐渐减弱，家庭教育水平增加居民收入水平的影响作用越来越重要，工资性收入不是影响中等收入家庭的主要因素。通过探讨不同的分位点下混合回归，能更全面地揭示不同的家庭规模、家庭教育水平与工资性收入变量对居民家庭收入水平及其收入结构的影响程度。综上所述，研究不同收入群体教育程度和收入结构对于探究收入变化的成因无疑是重要的，应针对不同的群组变量因素对收入的影响程度，提出合理政策建议。

第 6 章

研究结论和展望

本书主要研究了居民收入分布函数、居民收入分布的演变过程及对居民收入分布的影响因素的分析。本章重点对理论方法和实证研究的主要结论进行归纳和总结。

6.1 研究结论

首先，本书以居民收入分布的拟合研究为切入点，通过多维统计描述和实证研究分析居民收入分布形态的变化和明显双峰的"右拖尾"的统计特征，利用 Yeo-Johnson 理论与混合高斯分布相结合推导收入混合分布函数，采用 EM 算法估计分布参数，运用数值模拟方法检验估计方法的可靠性。本书选用 CHNS 调查中 1989—2015 年居民家庭人均收入指标来拟合实际收入分布，利用拟合优度检验分布函数的拟合效果，结果显示所提出的混合分布能较好地拟合居民收入分布。通过对不同时期居民收入分布的对比来研究分布位置和形状的变化趋势，并从动态视角来探究时间因素对分布的位置—尺度参数的影响关系，进而拟合收入的混合动态分布模型，在此基础上，使用动态区间分解和测度法对收入分布的宏观因素进行分解和测算，分析经济增长和收入分配对收入分布演变过程的影响作用。基于收入分布的变化过程和收入数据的多层次性，

第6章 研究结论和展望

从微观视角更深入探究家庭教育水平、家庭收入结构和家庭规模对居民收入分布的影响程度，提出混合分位数回归模型，利用贝叶斯估计模型的系数，以此分析各因素变量对异质性收入分布的影响程度。

其次，通过对居民收入分布现状的描述分析及已有文献资料归纳总结，研究发现居民收入分布呈现明显的双峰和"右拖尾"的变化特征。基于居民收入分布的实际情况及数据样本特征，通过对居民收入分布拟合研究，结果发现1989—2015年居民收入分布形式明显在向右迁移，且"右拖尾"越来越严重。居民人均收入在不断地增加，中、高收入家庭的比例也在逐步上升，居民收入差距呈现持续扩大的趋势，主要是由于低收入群体的增长速度远远低于中高收入群体，绝大部分居民家庭享受到经济发展带来的经济成果，可并不是全部家庭均等地分享了经济成果，相较而言，高收入家庭被惠及的程度大于低收入家庭。历年变换参数在不断增加且越来越接近1，居民收入分布总体离化程度呈逐年缩小，变换参数的估计值都不为0和2，这说明居民收入分布随时间的推移，聚集性越来越强，对数正态分布并不能够很好地拟合居民收入分布情况。在拟合居民收入分布函数的基础上，估算出收入基尼系数，研究发现居民收入差距程度越来越大，20世纪90年代后，中国基尼系数在0.4以上，其中2006年基尼系数达到最大，2009年基尼系数有所降低但仍较高，其主要原因是受到次贷危机的影响；2009—2015年基尼系数出现下降的趋势但又有所回升，说明居民收入差距正在逐渐缩减，虽有所回升但仍未改变收入差距缩减的趋势。从微观视角探究居民收入分布随时间推移的演变过程和规律，收入分布参数估计结果表明，居民收入水平在不断提高（位置变化），但两群体内外收入分配差距都在不断扩大（标准差变化）。从整体视角来分析居民收入分布的演化趋势和经济意义，收入分布的演变过程受到位置效应、尺度效应和残差效应共同影响，收入分布还产生了社会经济效应和市场经济效应。

再次，居民收入分布的位置及形状随时间呈现多元化发展趋势，收入分布格局经历了深刻曲折的变迁过程。本书从时间维度探讨居民收入水平和收入离散程度随时间的变化趋势（位置—尺度效应），提出分布函数位置—尺度参数的模型。由于居民收入分布的位置—尺度参数存在显著的两阶段性发展态势，即第一阶段为1989—2006年，第二阶段为2009—2015年。同样利用EM算法及数值方法估计分段模型的系数，进而构建混合动态分布模型，拟合了居民收入动态分布函数，从而直观地指出随着时间推移，居民收入分布总体上呈扩展性态势向右移动，表明居民收入水平不断提高的同时，收入不平等程度具有扩大的动态趋势。研究结果表明，随着时间的推移，居民收入水平和收入差距呈逐年递增且存在显著的阶段性发展态势，从时序维度更详细地反映出收入分布的演变过程。

在收入分布动态拟合基础上，对分布演变过程进行宏观因素分解，深入探究收入分布群体变化的具体过程，经济增长效应对中、高收入群体比重的增加具有显著的促进作用，经济效应对于低收入群体比重增长具有明显的负面影响作用，收入分配效应影响对于低收入群体比重增长具有明显的正面影响作用，收入分配效应对于中等收入群体比重的扩张具有消极的负面影响作用，经济增长效应和收入分配效应影响对于不同群体的影响作用并不一致。整体来讲，居民收入分布变化过程中，各收入群体比重的变动趋势主要取决于经济增长效应和收入分配效应的共同作用，它们是影响各区间群体变动的主要影响因素，应制定合理的策略，增大中间收入群体的人口比重。

最后，基于我国居民收入分布的异质性，探究影响收入分布的重要因素。我国居民收入水平在不断提高的同时，收入差距也在不断增加，以至于收入分布演变呈多极化的发展趋势，出现双峰甚至是多峰的分布形式。因此，本书基于混合分位数模型的研究框架，采用贝叶斯推断来估计模型的未知参数，从微观层面更全面地分析个体特征因素对居民收入分布的影响作用。研究结果显示，在任意分位点均可以将我国居民群体明显分成两组不同的收入群体，说明居民群体内部存在明显的两极分化，且在不同的收入层次下，家庭规模、家庭教育水平和工资性收入对居民收入分布及其结构的影响程度也不尽相同。不同组别自变量对因变量的依附程度不同,家庭教育水平和工资性收入对我国居民收入水平的提高均具有正向影响作用,家庭规模对居民收入具有明显的负向影响作用。其中,家庭教育水平是提高居民收入水平的重要因素,尤其是对于中、低收入家庭。不同的居民群体,影响收入来源的因素不同,换言之,不同的群体依赖提高居民收入的因素不同。通过探讨不同的分位点下混合回归,能更全面地揭示家庭规模、家庭教育水平与工资性收入对我国居民收入水平及其收入结构的影响程度。根据各变量因素对居民收入影响程度的不同,针对不同的群体特性制定不同措施来提高居民家庭收入水平,能够缩小收入差距。

6.2 研究展望

在本书的进程中,笔者花了很多时间学习理论方法和分析收入分布所遇到的问题,由于受到实证数据、计算机实现方法及篇幅的限制,一些设想并没有充分展开或完全实现,在后续研究中,一些方面有待做进一步探讨。

第一,在整体分析逻辑框架下,本书根据核密度分析图主要讨论了二维混合分布模型的构建及应用,研究目的是探究具有明显双峰的居民收入分布的拟合。由于理论方法的限制,隐藏不明的"多峰"收入分布的拟合研究还有待进一步完善。由于经济发展的规律性,自 2015 年起我国进入新常态的发展阶段,从高速增长模式逐步向稳定发展模式转变,居民收入动态分布将会随之进入新的变化阶段,由于所选 CHNS 调查数据仅有 10 轮数据,减弱了收入动态分布研究的代表性,如果能进一步收集到有关数据,特别是更加细致全面、更加具有代表性的收入微观数据,将本书提出的方法应用到实际收入分布问题研究中,定量预测下一轮调查居民收入分布的演变路径,这对收入分配等相关研究具有很大的应用价值,将为下一步研究收入分布的演变过程奠定基础。

第二，由于影响居民收入分布演变的因素是众多的、复杂的。如何更深入地研究影响居民收入分布演变的复杂因素，如宏观因素乃至居民个人因素等，是需要进一步研究的课题。本书提出的收入分布的拟合方法不仅适用于收入分配领域，也可以被应用到其他社会经济的研究领域中，对相关变量的分布及其演变过程进行分析或对不同群体同一特征变量分布差异进行分析。

第三，在收入主题的分析中，经济学作用机理分析较为缺乏，须避免"为了数据分析而分析"，因此如何将发展机理与数据模型分析相结合进行探索，发现新的创新结论应该是下一步努力方向。

鉴于以上不足，本书的后续工作将致力于深入探究收入分布的推断与拟合，同时随着收入分布研究深入，发现还有很多问题远没有解决，收入分配领域还有许多令人感兴趣的重要课题有待今后进一步深入研究。

参 考 文 献

[1] 曾国安，胡晶晶. 2000 年以来中国城乡居民收入差距形成和扩大的原因：收入来源结构角度的分析[J]. 财贸经济，2008，(3)：53-58.

[2] 程名望，史清华，JIN Yanhong，等. 农户收入差距及其根源：模型与实证[J]. 管理世界，2015，(7)：17-29.

[3] 李实，罗楚亮. 中国收入差距究竟有多大？——对修正样本结构偏差的尝试[J]. 经济研究，2011，(4)：68-77.

[4] 吕世斌. 城市化会减少中国的收入差距吗[J]. 统计研究，2016，(1)：87-95.

[5] 孙敬水，何东. 我国地区收入差距监测预警研究[J]. 经济问题探索，2010.

[6] 吴伟. 我国居民收入差距现状及国际比较[J]. 调研世界，2015，(9)：11-15.

[7] 陈斌开，林毅夫. 发展战略、城市化与中国城乡收入差距[J]. 中国社会科学，2013，(4)：83-102.

[8] 张晶，王淼晗，方匡南. 我国城乡居民收入影响因素研究——基于省际面板分位数回归分析[J]. 数理统计与管理，2015，34(4)：571-580.

[9] 杨楠，马绰欣. 基于面板门槛模型的我国金融发展对城乡收入差距影响机制研究[J]. 数理统计与管理，2014，(3)：478-490.

[10] 吴彬彬，李实. 中国地区之间收入差距变化：2002—2013 年[J]. 经济与管理研究，2018，(10)：31-45.

[11] RODRIGUEZ-POSE A, TSELIOS V. Education and income inequality in the regions of the European Union[J]. Journal of regional science, 2010, 49 (3): 411-437.

[12] ARNOLD B C. Pareto distribution[M]. Fairland, Maryland: International Co-operative Publishing House, 1983.

[13] Lydall H. The Structure of earning[M]. Oxford: Oxford University Press, 1968.

[14] LUKASIEWICZ P, ORLOWSKI A. Probabilistic models of income distributions[J]. Physica A, 2004, 344: 146-151.

[15] BANERJEE A, YAKOVENKO V M, DI MATTEO T. A study of the personal income distribution in Australia[J]. Physica A, 2006, 370: 54-59.

[16] NEWBY M, BEHR A, FEIZABADI M S. Investigating the distribution of personal income obtained from the recent U. S. data[J]. Economic modelling, 2011, 28: 1170-1173.

[17] 王亚峰. 中国1985—2009年城乡居民收入分布的估计[J]. 数量经济技术经济研究, 2012, (6): 61-72.

[18] 迟巍, 黎波, 余秋梅. 基于收入分布的收入差距扩大成因的分解[J]. 数量经济技术经济研究, 2008, (9): 52-64.

[19] 阮敬, 纪宏. 分布视角下的异质性群体收入分配格局研究[J]. 数理统计与管理, 2015, (1): 110-121.

[20] QUAH D. Galton's fallacy and convergence in models of distribution dynamics[J]. Scandinavian journal of economics, 1993, 95: 427-443.

[21] 纪宏, 陈云. 我国中等收入者比重及其变动的测度研究[J]. 经济学动态, 2009, (6): 11-12.

[22] 陈娟. 基于收入分布的基尼系数非参数估算[J]. 数理统计与管理, 2013, (4): 627-634.

[23] 刘洪, 王超. 组合分布在我国居民收入分布拟合中的应用研究[J].

统计研究, 2017, (6): 61-69.

[24] EASTERLY W. Inequality does cause underdevelopment: Insights from a new instrument[J]. Journal of development economics, 2007, 84(2): 755-776.

[25] 陆铭, 陈钊, 万广华. 因患寡, 而患不均——中国的收入差距、投资、教育和增长的相互影响[J]. 经济研究, 2005, (12).

[26] 曹裕, 陈晓红, 马跃如. 城市化、城乡收入差距与经济增长——基于我国省级面板数据的实证研究[J]. 统计研究, 2010, 27(3): 29-36.

[27] ALESINA A, RODRIK D. Distributive politics and economic growth [J]. Quarterly journal of economics, 1994, 109 (2): 465-490.

[28] BARRO R J. Inequality and growth in a panel of countries[J]. Journal of economic growth, 2000, 5 (1): 87-120.

[29] BANERJEE A B, DUFLO E. Inequality and growth: What can the data say?[J]. Journal of economic growth, 2003, 8: 267-299.

[30] 黄斌, 高蒙蒙, 查晨婷. 中国农村地区教育收益与收入差异[J]. 中国农村经济, 2014, (11): 28-38.

[31] 李鹏, 王明华. 城乡教育差距与收入差距关系的实证研究[J]. 山西财经大学学报, 2014, 36 (12): 24-32.

[32] 童光荣, 罗婵. 教育对不同群体收入差距的影响——基于CHNS 1989—2011年数据的实证研究[J]. 经济与管理, 2017, (1): 30-38.

[33] 李振宇, 张昭, 刘浩. 农村教育结构变迁与收入贫困改善的系统研究[J]. 国家行政学院学报, 2018, (1): 98-104.

[34] 廖富洲. 更公平: 我国收入分配制度改革的方向[J]. 黄河科技大学学报, 2013, (1): 40-47.

[35] 贾康. 调节居民收入分配需要新思路[J]. 当代财经, 2008, (1): 5-8.

[36] 白重恩. 谁在挤占居民的收入——中国国民收入分配格局分析[J]. 中国社会科学, 2009, (5): 99-206.

[37] 任太增. 政府主导、企业偏向与国民收入分配格局失衡——一个基

于三方博弈的分析[J]. 经济学家, 2011, 3 (3): 42-48.

[38] 权衡. 收入分配经济学[M]. 上海: 上海人民出版社, 2017.

[39] 赵桂芝. 中国税收对居民收入分配调控研究[D]. 沈阳: 辽宁大学, 2016.

[40] 王小鲁. 阻断扩大收入分配差距的"灰手"[J]. 人力资源, 2010.

[41] 刘赣州, 安琨. 政府权力、机会不平等与社会收入差距: 中国分配制度的转型特征[J]. 生产力研究, 2008, (23): 13-15.

[42] 刘勇, 滕越, 邹薇. 税收、经济增长与收入不平等[J]. 经济科学, 2018, (1): 21-34.

[43] 万广华. 中国农村地区消费收敛的证据: 家庭调查数据[J]. 世界经济文汇, 2005, (1): 1-10.

[44] BALVOCIUTE R. The evaluation of EU countries population at-risk-of-poverty: The aspect of income inequality changes[J]. regional studies on economic growth, financial economics and management, Eurasian studies in business and economics, 2017, 7: 307-317.

[45] YEO I K, JOHNSON R A. A new family of power transformations to improve normality or symmetry[J]. Biometrika, 2000, 87(4): 954-959.

[46] 尚娟, 王璐. 基于数据的城乡居民收入流动性分析[J]. 中国农村经济, 2013, (12): 4-16.

[47] 庄巨忠, 保罗·范登堡, 黄益平, 等. 中国的中等收入转型[M]. 北京: 社会科学文献出版社, 2016: 189-245.

[48] 孙敬水, 赵倩倩. 中国收入分配公平测度研究——基于东中西部地区面板数据的比较分析[J]. 财经论丛, 2017, (2): 18-27.

[49] 陈斌开, 曹文举. 从机会均等到结果平等: 中国收入分配现状与出路[J]. 经济社会体制比较, 2013, (6): 44-59.

[50] 高淑桂. 共享发展视野的跨越"中等收入陷阱"[J]. 改革, 2016, (1): 113-120.

[51] 孙迎联. 收入分配机制: 共享发展视野下的理论新思[J]. 理论与改

革，2016，(5)：155-159.

[52] 易培强. 收入初次分配要保障人民共享发展成果[J]. 湖南师范大学社会科学学报，2013,42（2）：13-19.

[53] FLACHAIRE E，NUNEZ O. Estimation of the income distribution and detection of subpopulations：An explanatory model[J]. Computational statistics & data analysis，2007，51：3368-3380.

[54] CLEMENTI F，GALLEGATI M. Power law tails in the Italian personal income distribution[J]. Physica A，2005，350：427-438.

[55] 朱长存. 城镇中等收入群体测度与分解——基于非参数估计的收入分布方法[J]. 云南财经大学学报，2012，(2)：63-68.

[56] 陈宗胜，高玉伟. 论我国居民收入分配格局变动及橄榄型格局的实现条件[J]. 经济学家，2015，(1)：30-41.

[57] 王海港. 中国居民收入分配的格局——帕累托分布方法[J]. 南方经济，2006，(5)：73-82.

[58] 权衡. 收入分配与社会公平[M]. 上海：上海人民出版社，2013.

[59] BARRO R，SALA-I-MARTIN X. Economic growth[M]. New York: McGraw-Hill，1995.

[60] ALESINA A，PEROTTI R. Income distribution，political instability and investment[J]. European economic review，1996，40：1203-1228.

[61] 李实，岳希明，等. 中国收入分配格局的最新变化[M]. 北京：中国财政经济出版社，2018.

[62] 王元龙. 中国收入分配制度的症结与改革举措[J]. 武汉金融，2013，(4)：4-8.

[63] 章上峰，许冰，胡祖光. 中国城乡收入分布动态演进及经验检验[J]. 统计研究，2009，(12)：32-41.

[64] 李忠桂，何书元. 右删失数据下分位数回归的光滑经验似然检验[J]. 应用概率统计，2019，(2)：153-164.

[65] 李坤明，方丽婷. 空间滞后分位数回归模型的工具变量估计及参数

检验[J]. 统计研究，2018，(10)：103-115.

[66] YAN D，KONG Y，REN X H，et al. The determinants of urban sustainability in Chinese resource-based cities：A panel quantile regression approach[J]. Science of the total environment，2019，686: 1210-1219.

[67] XUE W J，ZHANG L W. Revisiting the asymmetric effects of bank credit on the business cycle：A panel quantile regression approach [J]. The journal of economic asymmetries，2019，20: e00122.

[68] SALMAN M，LONG X L，DAUDA L，et al. Different impacts of export and import on carbon emissions across 7 ASEAN countries：A panel quantile regression approach[J]. Science of the total environment，2019，686:1019-1029.

[69] CHIANG H D，HSU Y C，SASAKI Y. Robust uniform inference for quantile treatment effects in regression discontinuity designs[J]. Journal of econometrics，2019，211（2）:589-618.

[70] ZHOU A H，LI J. Heterogeneous role of renewable energy consumption in economic growth and emissions reduction：Evidence from a panel quantile regression[J]. Environmental science and pollution research international，2019，26（22）：22575-22595.

[71] 何冬妮. 公共服务财政支出对中等收入群体的影响路径和机理[J]. 经济体制改革，2019，(3)：122-128.

[72] 宋建，王静. 区域城乡收入差距的动态收敛性与影响因素探究[J]. 经济经纬，2019，36（1）：18-25.

[73] CERCI P A，DUMLUDAG D. Life satisfaction and job satisfaction among university faculty：The impact of working conditions，academic performance and relative income[J]. Social indicators research，2019，144（2）：785-806.

[74] ADHA M R，NURROHMAH S，ABDULLAH S. Multinomial logistic

regression and spline regression for credit risk modelling[J]. Journal of physics: Conference series, 2018, 1108 (1): 012019.

[75] KIM Y D, KWON S H, SONG S H. Multiclass sparse logistic regression for classification of multiple cancer types using gene expression data[J]. Computational statistics and data analysis, 2006, 51 (3): 1643-1655.

[76] 崔景华, 谢远涛. 城镇居民区域收入流动、税收负担及收入分配动态均衡[J]. 财经研究, 2017, 43 (8): 43-55.

[77] 权衡. 中国城乡居民收入流动性与长期不平等: 实证与比较[J]. 上海财经大学学报, 2015, 17 (2): 4-19.

[78] 章奇, 米建伟, 黄季焜. 收入流动性和收入分配: 来自中国农村的经验证据[J]. 经济研究, 2007, (11): 123-138.

[79] 尹恒, 李实, 邓曲恒. 中国城镇个人收入流动性研究[J]. 经济研究, 2006, (10): 30-43.

[80] 王洪亮. 中国区域居民收入流动性的实证分析—对区域收入位次变动强弱的研究[J]. 管理世界, 2009, (3): 36-44.

[81] JIN M J, BAI X M, LI K X, et al. Are we born equal: A study of intergenerational income mobility in China[J]. Journal of demographic economics, 2019, 85 (1): 1-19.

[82] ALLANSON P. Marginal analysis of income mobility effects by income source with an application to the agricultural policy mix[J]. Journal of agricultural economics, 2019, 70 (1): 259-266.

[83] KOENKER R W BASSETT G W. Regression quantiles[J]. Econometrica, 1978, 46: 33-50.

[84] GUTENBRUNNER C, JURECKOVA J. Regression quantile and regression rank score process in the linear model and derived statistics[J]. Annals of statistics, 1991, 20: 305-330.

[85] KOENKER R W. Confidence intervals for regression quantiles[A].

Mandl P, Huskova M.（eds.）Asymptotic statistics[C]. New York: Springer-Verlag, 1994: 349-359.

[86] KOENKER R, PORTNOY S. The Gaussian hare and the Laplacean tortoise: Computability of squared-error vs absolute error estimators[J]. Statistical science, 1997, 12: 279-300.

[87] KOENKER R W. Quantile regression[M]. Cambridge: Cambridge University Press, 2005.

[88] CHEN K, YING Z, ZHANG H, et al. Analysis of least absolute deviations[J]. Biometrika, 2008, 95: 107-122.

[89] BOR J, COHEN G H, GALEA S.Population health in an era of rising income inequality: USA, 1980—2015[J]. Lancet, 2017, 389: 1476-1490.

[90] 谭凤连, 彭宇文. 城镇化、经济增长、农民收入相关性分析[J]. 湖南农业大学学报（社会科学版）, 2018, 19（5）: 94-100.

[91] 周强. 经济增长、城镇化与旅游产业发展对城乡收入差异的影响——基于省级空间面板数据的实证研究[J]. 现代城市研究, 2019,（2）: 60-68.

[92] 马金利, 李翠锦. 经济增长、收入分配对农村减贫的影响分析[J]. 当代经济, 2019,（2）: 98-100.

[93] 王慧敏. 经济增长、物价变动对农村居民收入影响探析[J]. 经济与管理, 2014, 28（4）: 62-66.

[94] PARK K. Educational expansion and educational inequality on income distribution[J]. Economics of education review, 1996, 15: 51-58.

[95] RUFFIN R. Globalization and income inequality[J]. Trade and development review, 2009, 2: 56-69.

[96] ANDERSON E, D'OREY M A J, DUVENDACK M, et al. Does government spending affect income poverty? A meta-regression analysis [J]. World development, 2018, 103: 60-71.

[97] BARRO R. Education and economic growth[J]. Annals of economics and finance，2013，14（2）：301-328.

[98] CORAK M. Income inequality，equality of opportunity，and intergenerational mobility[J]. Journal of economic perspectives，2013，27（3）：79-102.

[99] 白雪梅，李莹. 教育对中国居民收入的影响分析——基于分位数回归和收入分布的考察[J]. 财经问题研究，2014，（4）：11-18.

[100] 王慧，李欣章. 我国城乡居民收入影响因素分析研究[J]. 山东社会科学，2016，（8）：174-178.

[101] 高云，詹慧龙，陈伟忠，等. 我国农村居民收入现状与影响因素分析[J]. 江西农业大学学报（社会科学版），2013，12（2）：178-185.

[102] AFONSO A，SCHUKNECHT L，TANZI V. Public sector efficiency：evidence for new EU member states and emerging markets[J]. Applied economics，2010，42（17）：2147-2164.

[103] AFONSO A，KAZEMI M. Assessing public spending efficiency in 20 OECD countries[J]. SSRN electronic journal，2016，23：7-42.

[104] 张学敏，张明. 教育能带来满意的收入吗？——受教育程度影响收入满意度的实证研究[J]. 教育与经济，2016，（1）：3-10.

[105] 龙翠红. 中国的教育回报率是如何分布的？——基于分位数回归的实证分析[J]. 经济经纬，2017，34（4）：135-140.

[106] SICULAR T，YUE X M，GUSTAFSSON B，et al. The urban-rural income gap and inequality in China[J]. Review of income and wealth，2007，（1）：93-126.

[107] SU B W，HESHMATI A. Analysis of the determinants of income and income gap between urban and rural China[J]. Institute of labor economics，2013，（7162）：1-26.

[108] 姚旭兵，罗光强. 城镇化对农民收入增长的影响[J]. 城市问题，2015，（7）：97-103.

[109] 李红梅. 居民收入的分位数回归与反事实因素分解[D]. 北京：首都经济贸易大学，2012.

[110] 周文兴. 中国城镇居民收入分配与经济增长关系实证分析[J]. 经济科学，2002，（1）：40-47.

[111] NAM J Y. Government spending during childhood and intergenerational income mobility in the United States[J]. Children and youth services review，2019，100：332-343.

[112] NKEKI F N, ASIKHIA M O. Geographically weighted logistic r egression approach to explore the spatial variability in travel beh aviour and built environment interactions: Accounting simultaneou sly for demographic and socioeconomic characteristics[J]. Applied geography，2019，108：47-63.

[113] NI N N, LIU Y L. Financial liberalization and income inequality：A meta-analysis based on cross-country studies[J]. China economic review，2019，56：101316.

[114] AKADIRI S S，ALOLA A A，AKADIRI A C. The role of globalization，real income，tourism in environmental sustainability target. Evidence from Turkey[J]. Science of the total environment，2019，687：423-432.

[115] LERMAN R I，YITZHAKI S. A note on the calculation and interpretation of the Gini index[J]. Economics letters，1984，15：363-368.

[116] SUNDRUM R M. Income distribution in less development countries [M]. London and New York：Routledge，1990.

[117] COWELL A. Measurement of inequality in handbook of income distribution[M]. Amsterdam：North-Holland，2000.

[118] 付晓枫，李峥. 财政支出对我国城乡居民收入调节作用分析[J]. 财政研究，2014，（10）：42-46.

[119] 李建军. 城镇居民收入、财政支出与农民收入——基于1978—2006年中国数据的协整分析[J]. 农业技术经济, 2008, (4): 34-41.

[120] 万定山. 中国城市居民收入分布的变化: 1988—1999年[J]. 经济学（季刊）, 2005, (S1): 45-66.

[121] 罗楚亮. 我国居民收入分布与财产分布的极化[J]. 统计研究, 2018, 35 (11): 82-92.

[122] 李建伟. 居民收入分布特征及其影响因素[J]. 改革, 2018, (4): 57-72.

[123] 张萌旭, 陈建东, 蒲明. 城镇居民收入分布函数的研究[J]. 数量经济技术经济研究, 2013, 30 (4): 57-71.

[124] 周浩, 邹薇. 中国城市居民收入的分布动态研究: 1995—2004年[J]. 财贸经济, 2008, (10): 16-22.

[125] 张建升. 农村居民收入分布的动态演进及趋势[J]. 西北农林科技大学学报（社会科学版）, 2012, 12 (2): 42-46.

[126] 胡志军, 陶纪坤. 我国居民收入分布的极化测度及其影响因素[J]. 当代财经, 2018, (4): 3-13.

[127] 程永宏. 二元经济中城乡混合基尼系数的计算与分解[J]. 经济研究, 2006, (1): 109-120.

[128] 程永宏. 改革以来全国总体基尼系数的演变及其城乡分解[J]. 中国社会科学, 2007, (10): 45-60, 205.

[129] 陈家鼎, 房祥忠, 时丕旭, 等. 混合总体基尼系数的下限——兼论我国城乡合在一起时基尼系数的计算[J]. 应用概率统计, 2012, 28 (4): 367-379.

[130] 徐映梅, 张学新. 中国基尼系数警戒线的一个估计[J]. 统计研究, 2011, 28 (1): 80-83.

[131] 杨耀武, 杨澄宇. 中国基尼系数是否真地下降了？——基于微观数据的基尼系数区间估计[J]. 经济研究, 2015, 50 (3): 75-86.

[132] 艾小青. 城乡混合基尼系数分解方法研究[J]. 统计研究, 2015, 32 (9): 91-96.

[133] SALA-I-MARTIN X. The world distribution of income[J]. Quarterly journal of economics, 2006, 121: 351-397.

[134] 王海港, 周开国. 中国城乡居民收入分配的不平等程度被低估了吗——基于帕累托分布的一个检验[J]. 统计研究, 2006, (4): 8-15.

[135] 段景辉, 陈建宝. 基于家庭收入分布的地区基尼系数的测算及其城乡分解[J]. 世界经济, 2010, (1): 100-122.

[136] GIBRAT R. Les inegalites economiques[M]. Paris: Librairie du Recueil Sirey, 1931.

[137] STEYN S. A model for the distribution of incomes[J]. South African journal of economics, 1959, 27: 149-156.

[138] MCDONALD B, RANSOM M. Functional forms, estimation techniques, and the distribution of income[J]. Econometrica, 1979, 47: 1513-1526.

[139] 朱岩, 关士来. 广义对数正态分布与收入分配[J]. 数量经济技术经济研究, 1991, (6): 67-70.

[140] SALEM A B Z, MOUNT T D. A convenient descriptive model of income distribution: The gamma density[J]. Econometrica, 1974, 42 (6): 1115-1127.

[141] BANDOURIAN R, MCDONALD J B, TURLEY R S. A comparison of parametric models of income distribution across countries and over time[J]. Ssrn electronic journal, 2002, 164: 127-142.

[142] AMOROSO L. Ricerche intorno alla curva dei redditi[J]. Annali di matematica pura ed applicata, 1925, 2 (1): 123-159.

[143] 阮敬, 丁琳, 纪宏. 收入分布视角下的收入分配研究[J]. 数理统计与管理, 2018, 37 (1): 104-121.

[144] 陈建东, 罗涛, 赵艾凤. 收入分布函数在收入不平等研究领域的应用[J]. 统计研究, 2013, 30 (9): 79-86.

[145] 胡志军, 刘宗民, 龚志民. 中国总体收入基尼系数的估计: 1985—2008[J]. 经济学 (季刊), 2011, (4): 1423-1436.

[146] 周雪娇,张宝学,李群. 基于混合动态模型的居民收入分布的演变研究[J]. 数理统计与管理,2024,43(4):684-704.

[147] 陈云. 居民收入分布及其变迁的统计研究[D]. 北京:首都经济贸易大学,2009.

[148] 黄恒君. 收入测度泛函分析框架及模型构建[D]. 北京:首都经济贸易大学,2013.

[149] DEATON A. The analysis of household surveys: A microeconometric approach to development policy[M]. Baltimore: Johns Hopkins University Press,1997.

[150] 王薇. 我国中等收入群体现状及其变动的测度与研究[D]. 北京:首都经济贸易大学,2013.

[151] 龙莹. 中等收入群体比重变动的因素分解——基于收入极化指数的经验证据[J]. 统计研究,2015,32(02):37-43.

[152] 冯云. 中国教育不平等对居民收入差距影响研究[D]. 大连:东北财经大学,2014.

[153] YU K,MOYEED R A. Bayesian quantile regression[J]. Statistics and probability letters,2001,54(4):437-447.

[154] KOZUMI H,KOBAYASHI G. Gibbs sampling methods for Bayesian quartile regression[J]. Journal of statistical computation and simulation,2011,81(11):1565-1578.

[155] LEE S Y,SONG X Y. Bayesian model selection for mixture of structure equation models with an unknown number of components[J]. British journal of mathematical and statistical psychology,2003,56(1):145-165.

[156] JASRA A,HOLMES C,STEPHENS D. Markov chain Monte Carlo methods and the label switching problem in Bayesian mixture modeling[J]. statistical science,2005,20(1):50-67.

[157] 周雪娇,刘鹤飞. 基于混合分位数回归的居民收入分布影响因素的统计推断[J]. 统计与决策,2022,38(17):47-51.

附 录 A

对 $Q(\tilde{\theta}, \tilde{\theta}^{(m)})$ 中参数求导使其导函数为 0，得到 $\tilde{\theta}^{(m+1)}$ 中各参数的表达式。首先对 $Q(\tilde{\theta}, \tilde{\theta}^{(m)})$ 中 $\tilde{a}_1$ 求导，

$$\frac{\partial Q(\tilde{\theta}, \tilde{\theta}^{(m)})}{\partial \tilde{a}_1} = \frac{\partial \{\sum_{s=1}^{n_1}[\tilde{\gamma}_s^{(m)} \log f_1(x_s) + (1-\tilde{\gamma}_s^{(m)}) \log f_2(x_s)]\}}{\partial \tilde{a}_1}$$

$$= \sum_{s=1}^{n_1} \tilde{\gamma}_s^{(m)} t_s \frac{\varphi(\tilde{\alpha}^{(m)}, \tilde{\beta}^{(m)}, x_s) - (\tilde{a}_1 t_s + \tilde{b}_1^{(m)})}{\tilde{A}_1^{(m)} t_s + \tilde{B}_1^{(m)}}$$

$$= \sum_{s=1}^{n_1} \tilde{\gamma}_s^{(m)} t_s \frac{\varphi(\tilde{\alpha}^{(m)}, \tilde{\beta}^{(m)}, x_s) - \tilde{b}_1^{(m)}}{\tilde{A}_1^{(m)} t_s + \tilde{B}_1^{(m)}} - \sum_{j=1}^{n_1} \frac{\tilde{\gamma}_s^{(m)} t_s^2 \tilde{a}_1}{\tilde{A}_1^{(m)} t_s + \tilde{B}_1^{(m)}} = 0$$

得

$$\tilde{a}_1^{(m+1)} = \sum_{s=1}^{n_1} [\tilde{\gamma}_s^{(m)} t_s \frac{\varphi(\tilde{\alpha}^{(m)}, \tilde{\beta}^{(m)}, x_s) - \tilde{b}_1^{(m)}}{\tilde{A}_1^{(m)} t_s + \tilde{B}_1^{(m)}}] \bigg/ \sum_{s=1}^{n_1} \frac{\tilde{\gamma}_s^{(m)} t_s^2}{\tilde{A}_1^{(m)} t_s + \tilde{B}_1^{(m)}}$$

第二步，对 $Q(\tilde{\theta}, \tilde{\theta}^{(m)})$ 中 $\tilde{b}_1$ 求导，

$$\frac{\partial Q(\tilde{\theta}, \tilde{\theta}^{(m)})}{\partial \tilde{b}_1} = \frac{\partial \{\sum_{s=1}^{n_1}[\tilde{\gamma}_s^{(m)} \log f_1(x_s) + (1-\tilde{\gamma}_s^{(m)}) \log f_2(x_s)]\}}{\partial \tilde{b}_1}$$

$$= \sum_{s=1}^{n_1} \tilde{\gamma}_s^{(m)} \frac{\varphi(\tilde{\alpha}^{(m)}, \tilde{\beta}^{(m)}, x_s) - (\tilde{a}_1^{(m)} t_s + \tilde{b}_1)}{\tilde{A}_1^{(m)} t_s + \tilde{B}_1^{(m)}}$$

$$= \sum_{s=1}^{n_1} \tilde{\gamma}_s^{(m)} \frac{\varphi(\tilde{\alpha}^{(m)}, \tilde{\beta}^{(m)}, x_s) - \tilde{a}_1^{(m)} t_s}{\tilde{A}_1^{(m)} t_s + \tilde{B}_1^{(m)}} - \sum_{s=1}^{n_1} \frac{\tilde{\gamma}_s^{(m)} \tilde{b}_1}{\tilde{A}_1^{(m)} t_s + \tilde{B}_1^{(m)}} = 0$$

得

$$\tilde{b}_1^{(m+1)} = \sum_{s=1}^{n_1} [\tilde{\gamma}_s^{(m)} \frac{\varphi(\tilde{\alpha}^{(m)}, \tilde{\beta}^{(m)}, x_s) - \tilde{a}_1^{(m)} t_s}{\tilde{A}_1^{(m)} t_s + \tilde{B}_1^{(m)}}] \Big/ \sum_{s=1}^{n_1} \frac{\tilde{\gamma}_s^{(m)}}{\tilde{A}_1^{(m)} t_s + \tilde{B}_1^{(m)}}$$

第三步，对 $Q(\tilde{\theta}, \tilde{\theta}^{(m)})$ 中 $\tilde{c}_1$ 求导，

$$\frac{\partial Q(\tilde{\theta}, \tilde{\theta}^{(m)})}{\partial \tilde{c}_1} = \frac{\partial \{\sum_{k=1}^{n_2} [\tilde{\gamma}_k^{(m)} \log f_1(x_k) + (1 - \tilde{\gamma}_k^{(m)}) \log f_2(x_k)]\}}{\partial \tilde{c}_1}$$

$$= \sum_{k=1}^{n_2} \tilde{\gamma}_k^{(m)} t_k \frac{\varphi(\tilde{\alpha}^{(m)}, \tilde{\beta}^{(m)}, x_k) - (\tilde{c}_1 t_k + \tilde{d}_1^{(m)})}{\tilde{C}_1^{(m)} t_k + \tilde{D}_1^{(m)}}$$

$$= \sum_{k=1}^{n_2} \tilde{\gamma}_k^{(m)} t_k \frac{\varphi(\tilde{\alpha}^{(m)}, \tilde{\beta}^{(m)}, x_k) - \tilde{d}_1^{(m)}}{\tilde{C}_1^{(m)} t_k + \tilde{D}_1^{(m)}} - \sum_{k=1}^{n_2} \frac{\tilde{\gamma}_k^{(m)} t_k^2 \tilde{c}_1}{\tilde{C}_1^{(m)} t_k + \tilde{D}_1^{(m)}} = 0$$

得

$$\tilde{c}_1^{(m+1)} = \sum_{k=1}^{n_2} \tilde{\gamma}_k^{(m)} t_k \frac{\varphi(\tilde{\alpha}^{(m)}, \tilde{\beta}^{(m)}, x_k) - \tilde{d}_1^{(m)}}{\tilde{C}_1^{(m)} t_k + \tilde{D}_1^{(m)}}] \Big/ \sum_{k=1}^{n_2} \frac{\tilde{\gamma}_k^{(m)} t_k^2}{\tilde{C}_1^{(m)} t_k + \tilde{D}_1^{(m)}}$$

第四步，对 $Q(\tilde{\theta}, \tilde{\theta}^{(m)})$ 中 $\tilde{d}_1$ 求导，

$$\frac{\partial Q(\tilde{\theta}, \tilde{\theta}^{(m)})}{\partial \tilde{d}_1} = \frac{\partial \{\sum_{k=1}^{n_2} [\tilde{\gamma}_k^{(m)} \log f_1(x_k) + (1 - \tilde{\gamma}_k^{(m)}) \log f_2(x_k)]\}}{\partial \tilde{d}_1}$$

$$= \sum_{k=1}^{n_2} \tilde{\gamma}_k^{(m)} \frac{\varphi(\tilde{\alpha}^{(m)}, \tilde{\beta}^{(m)}, x_k) - (\tilde{c}_1^{(m)} t_k + \tilde{d}_1)}{\tilde{C}_1^{(m)} t_k + \tilde{D}_1^{(m)}}$$

$$= \sum_{k=1}^{n_2} \tilde{\gamma}_k^{(m)} \frac{\varphi(\tilde{\alpha}^{(m)}, \tilde{\beta}^{(m)}, x_k) - \tilde{c}_1^{(m)} t_k}{\tilde{C}_1^{(m)} t_k + \tilde{D}_1^{(m)}} - \sum_{k=1}^{n_2} \frac{\tilde{\gamma}_k^{(m)} \tilde{d}_1}{\tilde{C}_1^{(m)} t_k + \tilde{D}_1^{(m)}} = 0$$

得

$$\tilde{d}_1^{(m+1)} = \sum_{k=1}^{n_2} \tilde{\gamma}_k^{(m)} \frac{\varphi(\tilde{\alpha}^{(m)}, \tilde{\beta}^{(m)}, x_k) - \tilde{c}_1^{(m)} t_k}{\tilde{C}_1^{(m)} t_k + \tilde{D}_1^{(m)}}] \Big/ \sum_{k=1}^{n_2} \frac{\tilde{\gamma}_k^{(m)}}{\tilde{C}_1^{(m)} t_k + \tilde{D}_1^{(m)}}$$

第五步，对 $Q(\tilde{\theta}, \tilde{\theta}^{(m)})$ 中 $\tilde{A}_1$ 求导，

$$\frac{\partial Q(\tilde{\theta},\tilde{\theta}^{(m)})}{\partial \tilde{A}_1} = \frac{\partial\{\sum_{s=1}^{n_1}[\tilde{\gamma}_s^{(m)}\log f_1(x_s)+(1-\tilde{\gamma}_s^{(m)})\log f_2(x_s)]\}}{\partial \tilde{A}_1}$$

$$= \sum_{s=1}^{n_1}\frac{\tilde{\gamma}_s^{(m)}t_s}{2}[\frac{(\varphi(\tilde{\alpha}^{(m)},\tilde{\beta}^{(m)},x_s)-\tilde{a}_1^{(m)}t_s-\tilde{b}_1^{(m)})^2}{(\tilde{A}_1^{(m)}t_s+\tilde{B}_1^{(m)})^2}-\frac{1}{\tilde{A}_1 t_s+\tilde{B}_1^{(m)}}]$$

$$= \sum_{s=1}^{n_1}\frac{\tilde{\gamma}_s^{(m)}t_s}{2}[\frac{(\varphi(\tilde{\alpha}^{(m)},\tilde{\beta}^{(m)},x_s)-\tilde{a}_1^{(m)}t_s-\tilde{b}_1^{(m)})^2-\tilde{B}_1^{(m)}}{(\tilde{A}_1^{(m)}t_s+\tilde{B}_1^{(m)})^2}]-$$

$$\sum_{s=1}^{n_1}[\frac{\tilde{\gamma}_s^{(m)}t_s^2\tilde{A}_1}{2(\tilde{A}_1^{(m)}t_s+\tilde{B}_1^{(m)})^2}]=0$$

得

$$\tilde{A}_1^{(m+1)} =$$
$$\sum_{s=1}^{n_1}[\tilde{\gamma}_s^{(m)}t_s\frac{(\varphi(\tilde{\alpha}^{(m)},\tilde{\beta}^{(m)},x_s)-\tilde{a}_1^{(m)}t_s-\tilde{b}_1^{(m)})^2-\tilde{B}_1^{(m)}}{(\tilde{A}_1^{(m)}t_s+\tilde{B}_1^{(m)})^2}]\Big/\sum_{s=1}^{n_1}[\frac{\tilde{\gamma}_s^{(m)}t_s^2}{(\tilde{A}_1^{(m)}t_s+\tilde{B}_1^{(m)})^2}]$$

第六步，对 $Q(\tilde{\theta},\tilde{\theta}^{(m)})$ 中 $\tilde{B}_1$ 求导，

$$\frac{\partial Q(\tilde{\theta},\tilde{\theta}^{(m)})}{\partial \tilde{B}_1} = \frac{\partial\{\sum_{s=1}^{n_1}[\tilde{\gamma}_s^{(m)}\log f_1(x_s)+(1-\tilde{\gamma}_s^{(m)})\log f_2(x_s)]\}}{\partial \tilde{B}_1}$$

$$= \sum_{s=1}^{n_1}\frac{\tilde{\gamma}_s^{(m)}}{2}[\frac{(\varphi(\tilde{\alpha}^{(m)},\tilde{\beta}^{(m)},x_s)-\tilde{a}_1^{(m)}t_s-\tilde{b}_1^{(m)})^2}{(\tilde{A}_1^{(m)}t_s+\tilde{B}_1^{(m)})^2}-\frac{1}{\tilde{A}_1^{(m)}t_s+\tilde{B}_1^{(m)}}]$$

$$= \sum_{s=1}^{n_1}\frac{\tilde{\gamma}_s^{(m)}}{2}[\frac{(\varphi(\tilde{\alpha}^{(m)},\tilde{\beta}^{(m)},x_s)-\tilde{a}_1^{(m)}t_s-\tilde{b}_1^{(m)})^2-\tilde{A}_1^{(m)}t_s}{(\tilde{A}_1^{(m)}t_s+\tilde{B}_1^{(m)})^2}]-$$

$$\sum_{j=1}^{n_1}[\frac{\tilde{\gamma}_s^{(m)}\tilde{B}_1}{2(\tilde{A}_1^{(m)}t_s+\tilde{B}_1^{(m)})^2}]=0$$

得

$$\tilde{B}_1^{(m+1)} =$$
$$\sum_{s=1}^{n_1}[\tilde{\gamma}_s^{(m)}\frac{(\varphi(\tilde{\alpha}^{(m)},\tilde{\beta}^{(m)},x_s)-\tilde{a}_1^{(m)}t_s-\tilde{b}_1^{(m)})^2-\tilde{A}_1^{(m)}t_s}{(\tilde{A}_1^{(m)}t_s+\tilde{B}_1^{(m)})^2}]\Big/\sum_{s=1}^{n_1}[\frac{\tilde{\gamma}_s^{(m)}}{(\tilde{A}_1^{(m)}t_s+\tilde{B}_1^{(m)})^2}]$$

第七步，对 $Q(\tilde{\theta}, \tilde{\theta}^{(m)})$ 中 $\tilde{C}_1$ 求导，

$$\frac{\partial Q(\tilde{\theta}, \tilde{\theta}^{(m)})}{\partial \tilde{C}_1} = \frac{\partial \{\sum_{k=1}^{n_2}[\tilde{\gamma}_k^{(m)} \log f_1(x_k) + (1-\tilde{\gamma}_k^{(m)}) \log f_2(x_k)]\}}{\partial \tilde{C}_1}$$

$$= \sum_{k=1}^{n_2} \frac{\tilde{\gamma}_k^{(m)} t_k}{2} [\frac{(\varphi(\tilde{\alpha}^{(m)}, \tilde{\beta}^{(m)}, x_k) - \tilde{c}_1^{(m)} t_k - \tilde{d}_1^{(m)})^2}{(\tilde{C}_1^{(m)} t_k + \tilde{D}_1^{(m)})^2} - \frac{1}{\tilde{C}_1^{(m)} t_k + \tilde{D}_1^{(m)}}]$$

$$= \sum_{k=1}^{n_2} \frac{\tilde{\gamma}_k^{(m)} t_k}{2} [\frac{(\varphi(\tilde{\alpha}^{(m)}, \tilde{\beta}^{(m)}, x_k) - \tilde{c}_1^{(m)} t_k - \tilde{d}_1^{(m)})^2 - \tilde{D}_1^{(m)}}{(\tilde{C}_1^{(m)} t_k + \tilde{D}_1^{(m)})^2}] -$$

$$\sum_{k=1}^{n_2} [\frac{\tilde{\gamma}_k^{(m)} t_k^2 \tilde{C}_1}{2(\tilde{C}_1^{(m)} t_k + \tilde{D}_1^{(m)})^2}] = 0$$

得

$$\tilde{C}_1^{(m+1)} =$$

$$\sum_{k=1}^{n_2} [\tilde{\gamma}_k^{(m)} t_k \frac{(\varphi(\tilde{\alpha}^{(m)}, \tilde{\beta}^{(m)}, x_k) - \tilde{c}_1^{(m)} t_k - \tilde{d}_1^{(m)})^2 - \tilde{D}_1^{(m)}}{(\tilde{C}_1^{(m)} t_k + \tilde{D}_1^{(m)})^2}] \bigg/ \sum_{k=1}^{n_2} [\frac{\tilde{\gamma}_k^{(m)} t_k^2}{(\tilde{C}_1^{(m)} t_k + \tilde{D}_1^{(m)})^2}]$$

第八步，对 $Q(\tilde{\theta}, \tilde{\theta}^{(m)})$ 中 $\tilde{D}_1$ 求导，

$$\frac{\partial Q(\tilde{\theta}, \tilde{\theta}^{(m)})}{\partial \tilde{D}_1} = \frac{\partial \{\sum_{k=1}^{n_2}[\tilde{\gamma}_k^{(m)} \log f_1(x_k) + (1-\tilde{\gamma}_k^{(m)}) \log f_2(x_k)]\}}{\partial \tilde{D}_1}$$

$$= \sum_{k=1}^{n_2} \frac{\tilde{\gamma}_k^{(m)}}{2} [\frac{(\varphi(\tilde{\alpha}^{(m)}, \tilde{\beta}^{(m)}, x_k) - \tilde{c}_1^{(m)} t_k - \tilde{d}_1^{(m)})^2}{(\tilde{C}_1^{(m)} t_k + \tilde{D}_1^{(m)})^2} - \frac{1}{\tilde{C}_1^{(m)} t_k + \tilde{D}_1^{(m)}}]$$

$$= \sum_{k=1}^{n_2} \frac{\tilde{\gamma}_k^{(m)}}{2} [\frac{(\varphi(\tilde{\alpha}^{(m)}, \tilde{\beta}^{(m)}, x_k) - \tilde{c}_1^{(m)} t_k - \tilde{d}_1^{(m)})^2 - \tilde{C}_1^{(m)} t_k}{(\tilde{C}_1^{(m)} t_k + \tilde{D}_1^{(m)})^2}] -$$

$$\sum_{k=1}^{n_2} [\frac{\tilde{\gamma}_k^{(m)} \tilde{D}_1}{2(\tilde{C}_1^{(m)} t_k + \tilde{D}_1^{(m)})^2}] = 0$$

得

$$\tilde{D}_1^{(m+1)} =$$

$$\sum_{k=1}^{n_2} [\tilde{\gamma}_k^{(m)} \frac{(\varphi(\tilde{\alpha}^{(m)}, \tilde{\beta}^{(m)}, x_k) - \tilde{c}_1^{(m)} t_k - \tilde{d}_1^{(m)})^2 - \tilde{C}_1^{(m)} t_k}{(\tilde{C}_1^{(m)} t_k + \tilde{D}_1^{(m)})^2}] \bigg/ \sum_{k=1}^{n_2} [\frac{\tilde{\gamma}_k^{(m)}}{(\tilde{C}_1^{(m)} t_k + \tilde{D}_1^{(m)})^2}]$$

同理，对 $Q(\tilde{\theta}, \tilde{\theta}^{(m)})$ 中 $\tilde{a}_2, \tilde{b}_2, \tilde{c}_2, \tilde{d}_2$ 求导，得

$$\tilde{a}_2^{(m+1)} = \sum_{s=1}^{n_1}[(1-\tilde{\gamma}_s^{(m)})t_s \frac{\varphi(\tilde{\alpha}^{(m)},\tilde{\beta}^{(m)},x_s)-\tilde{b}_2^{(m)}}{\tilde{A}_2^{(m)}t_s+\tilde{B}_2^{(m)}}] \Big/ \sum_{s=1}^{n_1}\frac{(1-\tilde{\gamma}_s^{(m)})t_s^2}{\tilde{A}_2^{(m)}t_s+\tilde{B}_2^{(m)}}$$

$$\tilde{b}_2^{(m+1)} = \sum_{s=1}^{n_1}[(1-\tilde{\gamma}_s^{(m)})\frac{\varphi(\tilde{\alpha}^{(m)},\tilde{\beta}^{(m)},x_s)-\tilde{a}_2^{(m)}t_s}{\tilde{A}_2^{(m)}t_s+\tilde{B}_2^{(m)}}] \Big/ \sum_{s=1}^{n_1}\frac{1-\tilde{\gamma}_s^{(m)}}{\tilde{A}_2^{(m)}t_s+\tilde{B}_2^{(m)}}$$

$$\tilde{c}_2^{(m+1)} = \sum_{k=1}^{n_2}(1-\tilde{\gamma}_k^{(m)})t_k\frac{\varphi(\tilde{\alpha}^{(m)},\tilde{\beta}^{(m)},x_k)-\tilde{d}_2^{(m)}}{\tilde{C}_2^{(m)}t_k+\tilde{D}_2^{(m)}}] \Big/ \sum_{k=1}^{n_2}\frac{(1-\tilde{\gamma}_k^{(m)})t_k^2}{\tilde{C}_2^{(m)}t_k+\tilde{D}_2^{(m)}}$$

$$\tilde{d}_2^{(m+1)} = \sum_{k=1}^{n_2}(1-\tilde{\gamma}_k^{(m)})\frac{\varphi(\tilde{\alpha}^{(m)},\tilde{\beta}^{(m)},x_k)-\tilde{c}_2^{(m)}t_k}{\tilde{C}_2^{(m)}t_k+\tilde{D}_2^{(m)}}] \Big/ \sum_{k=1}^{n_2}\frac{1-\tilde{\gamma}_k^{(m)}}{\tilde{C}_2^{(m)}t_k+\tilde{D}_2^{(m)}}$$

同理，对 $Q(\tilde{\theta}, \tilde{\theta}^{(m)})$ 中 $\tilde{A}_2, \tilde{B}_2, \tilde{C}_2, \tilde{D}_2$ 求导，得

$$\tilde{A}_2^{(m+1)} = \sum_{s=1}^{n_1}[(1-\tilde{\gamma}_s^{(m)})t_s\frac{(\varphi(\tilde{\alpha}^{(m)},\tilde{\beta}^{(m)},x_s)-\tilde{a}_2^{(m)}t_s-\tilde{b}_2^{(m)})^2-\tilde{B}_2^{(m)}}{(\tilde{A}_2^{(m)}t_s+\tilde{B}_2^{(m)})^2}] \Big/ \sum_{s=1}^{n_1}[\frac{(1-\tilde{\gamma}_s^{(m)})t_s^2}{(\tilde{A}_2^{(m)}t_s+\tilde{B}_2^{(m)})^2}]$$

$$\tilde{B}_2^{(m+1)} = \sum_{s=1}^{n_1}[(1-\tilde{\gamma}_s^{(m)})\frac{(\varphi(\tilde{\alpha}^{(m)},\tilde{\beta}^{(m)},x_s)-\tilde{a}_2^{(m)}t_s-\tilde{b}_2^{(m)})^2-\tilde{A}_2^{(m)}t_s}{(\tilde{A}_2^{(m)}t_s+\tilde{B}_2^{(m)})^2}] \Big/ \sum_{s=1}^{n_1}[\frac{1-\tilde{\gamma}_s^{(m)}}{(\tilde{A}_2^{(m)}t_s+\tilde{B}_2^{(m)})^2}]$$

$$\tilde{C}_2^{(m+1)} = \sum_{k=1}^{n_2}[(1-\tilde{\gamma}_k^{(m)})t_k\frac{(\varphi(\tilde{\alpha}^{(m)},\tilde{\beta}^{(m)},x_k)-\tilde{c}_2^{(m)}t_k-\tilde{d}_2^{(m)})^2-\tilde{D}_2^{(m)}}{(\tilde{C}_2^{(m)}t_k+\tilde{D}_2^{(m)})^2}] \Big/ \sum_{k=1}^{n_2}[\frac{(1-\tilde{\gamma}_k^{(m)})t_k^2}{(\tilde{C}_2^{(m)}t_k+\tilde{D}_2^{(m)})^2}]$$

$$\tilde{D}_2^{(m+1)} = \sum_{k=1}^{n_2}[(1-\tilde{\gamma}_k^{(m)})\frac{(\varphi(\tilde{\alpha}^{(m)},\tilde{\beta}^{(m)},x_k)-\tilde{c}_2^{(m)}t_k-\tilde{d}_2^{(m)})^2-\tilde{C}_2^{(m)}t_k}{(\tilde{C}_2^{(m)}t_k+\tilde{D}_2^{(m)})^2}] \Big/ \sum_{k=1}^{n_2}[\frac{1-\tilde{\gamma}_k^{(m)2}}{(\tilde{C}_2^{(m)}t_k+\tilde{D}_2^{(m)})^2}]$$

关于对 $Q(\tilde{\theta},\tilde{\theta}^{(m)})$ 对 $\tilde{\alpha}$、$\tilde{\beta}$ 求导，令其导数等于0，结果如下：

$$\frac{\partial Q(\tilde{\theta},\tilde{\theta}^{(m)})}{\partial \tilde{\alpha}}$$

$$=\frac{\partial\{\sum_{s=1}^{n_1}[\tilde{\gamma}_s^{(m)}\log f_1(x_s)+(1-\tilde{\gamma}_s^{(m)})\log f_2(x_s)]+\sum_{k=1}^{n_2}[\tilde{\gamma}_k^{(m)}\log f_1(x_k)+(1-\tilde{\gamma}_k^{(m)})\log f_2(x_k)]\}}{\partial \tilde{\alpha}}$$

$$=-\sum_{s=1}^{n_1}\{[\tilde{\gamma}_s^{(m)}\frac{\varphi(\tilde{\alpha},\tilde{\beta}^{(m)},x_s)-\tilde{a}_1^{(m)}t_s-\tilde{b}_1^{(m)}}{\tilde{A}_1^{(m)}t_s+\tilde{B}_1^{(m)}}+(1-\tilde{\gamma}_s^{(m)})\frac{\varphi(\tilde{\alpha},\tilde{\beta}^{(m)},x_s)-\tilde{a}_2^{(m)}t_s-\tilde{b}_2^{(m)}}{\tilde{A}_2^{(m)}t_s+\tilde{B}_2^{(m)}}]\cdot\varphi_\alpha'(\tilde{\alpha},\tilde{\beta}^{(m)},x_s)\}$$

$$-\sum_{k=1}^{n_2}\{[\tilde{\gamma}_k^{(m)}\frac{\varphi(\tilde{\alpha},\tilde{\beta}^{(m)},x_k)-\tilde{c}_1^{(m)}t_k-\tilde{d}_1^{(m)}}{\tilde{C}_1^{(m)}t_k+\tilde{D}_1^{(m)}}+(1-\tilde{\gamma}_k^{(m)})\frac{\varphi(\tilde{\alpha},\tilde{\beta}^{(m)},x_k)-\tilde{c}_2^{(m)}t_k-\tilde{d}_2^{(m)}}{\tilde{C}_2^{(m)}t_k+\tilde{D}_2^{(m)}}]\cdot\varphi_\alpha'(\tilde{\alpha},\tilde{\beta}^{(m)},x_k)\}$$

$$+\sum_{s=1}^{n}\mathrm{sgn}(x_s)\log(|x_s|+1)=0$$

$$\frac{\partial Q(\tilde{\theta},\tilde{\theta}^{(m)})}{\partial \tilde{\beta}}$$

$$=\frac{\partial\{\sum_{s=1}^{n_1}[\tilde{\gamma}_s^{(m)}\log f_1(x_s)+(1-\tilde{\gamma}_j^{(m)})\log f_2(x_s)]+\sum_{k=1}^{n_2}[\tilde{\gamma}_k^{(m)}\log f_1(x_k)+(1-\tilde{\gamma}_k^{(m)})\log f_2(x_k)]\}}{\partial \tilde{\beta}}$$

$$=-\sum_{s=1}^{n_1}\{[\tilde{\gamma}_s^{(m)}\frac{\varphi(\tilde{\alpha}^{(m)},\tilde{\beta},x_s)-\tilde{a}_1^{(m)}t_s-\tilde{b}_1^{(m)}}{\tilde{A}_1^{(m)}t_s+\tilde{B}_1^{(m)}}+(1-\tilde{\gamma}_s^{(m)})\frac{\varphi(\tilde{\alpha}^{(m)},\tilde{\beta},x_s)-\tilde{a}_2^{(m)}t_s-\tilde{b}_2^{(m)}}{\tilde{A}_2^{(m)}t_s+\tilde{B}_2^{(m)}}]\cdot\varphi_\alpha'(\tilde{\alpha}^{(m)},\tilde{\beta},x_s)\}$$

$$-\sum_{k=1}^{n_2}\{[\tilde{\gamma}_k^{(m)}\frac{\varphi(\tilde{\alpha}^{(m)},\tilde{\beta},x_k)-\tilde{c}_1^{(m)}t_k-\tilde{d}_1^{(m)}}{\tilde{C}_1^{(m)}t_k+\tilde{D}_1^{(m)}}+(1-\tilde{\gamma}_k^{(m)})\frac{\varphi(\tilde{\alpha}^{(m)},\tilde{\beta},x_k)-\tilde{c}_2^{(m)}t_k-\tilde{d}_2^{(m)}}{\tilde{C}_2^{(m)}t_k+\tilde{D}_2^{(m)}}]\cdot\varphi_\alpha'(\tilde{\alpha}^{(m)},\tilde{\beta},x_k)\}$$

$$+\sum_{s=1}^{n}\mathrm{sgn}(x_s)\log(|x_s|+1)^{t_s}=0$$

附 录 B

第 3 章主要程序代码

```r
phi_x <- function(lambda0,x){
  phi <- yeo.johnson(x, lambda0)
   return(phi)
}
rmse<- function(y,y1){
   (sum((y-y1)^2)/length(y))^(0.5)
}
library(VGAM)
D_phi_x <- function(lambda0,x){
   Dphi <- numeric(length(x))-NA
   x1 <- x[which(x>=0)]
   x0 <- x[which(x<0)]
   Dphi[which(x>=0)] = (x1+1)**(lambda0-1)
   Dphi[which(x <0)] =   (-1*x0+1)**(1 -lambda0)
   return(Dphi)
}
gmm <- function(x, mean, sd = NULL, probs0, it_max=800)
{
   num <- length(mean)
   if(is.null(sd))
```

```r
    {
        sd <- rep(1, num)
    }
epsilon <- 1e-4
    probs <- probs0
    lambda_s <- 0.4
    mu_s <- mean
    sigma_s <- sd**2
    n <- length(x)
    k = 1
    kk=1
    A_f <- numeric(length(x))-NA
    A_f[x>=0] = log(abs(x[which(x>=0)])+1)
    A_f[x<0] = -1*log(abs(x[which(x<0)])+1)
    while(k <=it_max)
    {
        ps <- matrix(0, ncol = num, nrow = n)
for(j in seq(num))
        {
            ps[, j] <- probs[j] * (dnorm(phi_x(lambda_s,x), mean = mu_s[j], sd = sqrt(sigma_s[j]))+0.001)* D_phi_x(lambda_s,x)
        }
        ps <- ps / rowSums(ps)
        sigma_s_p <- sigma_s
        lambda_s_p <- lambda_s
        mu_s_p <- mu_s
        for(j in seq(num))
        {
```

```
        sigma_s[j] <- sum( ps[, j] * (phi_x(lambda_s,x) - mu_s[j])^2) / sum(ps[, j])
        mu_s[j] <- sum(phi_x(lambda_s,x) * ps[, j]) / sum(ps[, j])
        #probs[j] <- mean( ps[, j])
    }
f <- function(lambda){
        Aa <- c(1:num)
        for(j in seq(num))
        {
            Aa_n <- ps[,j]* ((-1/sigma_s[j])*(phi_x(lambda,x)-mu_s[j])*yeo.johnson(x, lambda,derivative = 1)+A_f)
            Aa[j] <- sum(Aa_n)
        }
        yy <- Aa[1]+Aa[2]
        return(yy)
    }
    lambda_s <- uniroot(f,c(-6, 6))$root
    error <-   max(abs(sigma_s_p - sigma_s),abs(mu_s_p-mu_s),abs(lambda_s_p-lambda_s))
    if(error< epsilon)
    {
      kk <- 0;
      break
    }
      k <- k+1
}
    return (list(mu = mu_s, sd = sqrt(sigma_s),k=k, prob = probs,lmabda=lambda_s,err=error,kk=kk))
}
```

第4章主要程序代码

1. 混合动态模型 I 的模拟程序

```
gam <- function(x1,x2,t1,t2,m1,m2,m3,m4,m5,m6,probs0,it_max=1000)
{
  num <- length(m1)
  epsilon <- 1e-4
  probs<- probs0
  l<- 0.3
  h<- 0.05
  a<- m1
  b<- m2
  c<- m3
  d<- m4
  e<- m5
  f<- m6
  k=1;i=1
  kk=1;tol=1e-4
  n1 <- length(x1)
  n2 <- length(x2)
  while(k<=it_max){
    ps <- matrix(0, ncol = num, nrow = n1)
    pr <- matrix(0, ncol = num, nrow = n2)
    for(j in seq(num))
    {
      ps[,j] <- probs[j]*(dnorm(jhi_x(h,l,x1,t1), mean = a[j]*t1+b[j], sd =sqrt(d[j]*t1+e[j])))* dhi_x(h,l,x1,t1)
    }
    ps <- ps / rowSums(ps)
```

```
    for(j in seq(num))
      {
    pr[,j] <- probs[j]*(dnorm(jhi_x(h,l,x2,t2), mean = a[j]*t2+b[j]+c[j]*(t2-7),
sd =sqrt(d[j]*t2+e[j]+f[j]*(t2-7))))* dhi_x(h,l,x2,t2)
      }
    pr <- pr / rowSums(pr)
    a_s <- a
    b_s <- b
    c_s <- c
    d_s <- d
    e_s <- e
    f_s <- f
    h_s <- h
    l_s <- l
    jz1<-c(); jz2<-c();jz3<-c();jz4<-c()
    for(j in seq(num))
      {
       jz1[j]<- sum(ps[, j]*t1*(jhi_x(h,l,x1,t1)-b[j])/(d[j]*t1+e[j]))+sum(pr[,
j]*t2*(jhi_x(h,l,x2,t2)-b[j]-c[j]*(t2-7))/(d[j]*t2+e[j]+f[j]*(t2-7)))
       jz2[j]<-  sum(ps[, j]*t1^2/(d[j]*t1+e[j]))+sum(pr[, j]*t2^2/(d[j]*t2+
e[j]+f[j]*(t2-7)))
       a[j] <-    jz1[j] /jz2[j]
       jz3[j]<- sum(ps[, j]*(jhi_x(h,l,x1,t1)-a[j]*t1)/(d[j]*t1+e[j]))+sum(pr[,
j]*(jhi_x(h,l,x2,t2)-a[j]*t2-c[j]*(t2-7))/(d[j]*t2+e[j]+f[j]*(t2-7)))
       jz4[j]<- sum(ps[, j]/(d[j]*t1+e[j]))+sum(pr[, j]/(d[j]*t2+e[j]+f[j]*(t2-7)))
       b[j]<- jz3[j] /jz4[j]
       c[j]<- sum(pr[, j]*(jhi_x(h,l,x2,t2)-a[j]*t2-b[j])*(t2-7)/(d[j]*t2+e[j]+f[j]*
(t2-7)))/sum(pr[, j]*(t2-7)^2/(d[j]*t2+e[j]+f[j]*(t2-7)))
```

```
        #probs[j] <- mean(ps[, j])
      }
   fc1<-c(); fc2<-c();fc3<-c();fc4<-c();fc5<-c();fc6<-c()
     for (j in 1:2) {
       fc1[j]<- sum(ps[, j]*t1*((jhi_x(h,l,x1,t1)-a[j]*t1-b[j])^2-e[j])/(d[j]*t1+
e[j])^2)+sum(pr[, j]*t2*((jhi_x(h,l,x2,t2)-a[j]*t2-b[j]-c[j]*(t2-7))^2-e[j]-f[j]*
(t2-7))/(d[j]*t2+e[j]+f[j]*(t2-7))^2)
       fc2[j]<- sum(ps[, j]*t1^2/(d[j]*t1+e[j])^2)+sum(pr[, j]*t2^2/(d[j]*t2+
e[j]+f[j]*(t2-7))^2)
       d[j]<-    fc1[j] /fc2[j]
       fc3[j]<- sum(ps[, j]*((jhi_x(h,l,x1,t1)-a[j]*t1-b[j])^2-d[j]*t1)/(d[j]*t1+
e[j])^2)+sum(pr[, j]*((jhi_x(h,l,x2,t2)-a[j]*t2-b[j]-c[j]*(t2-7))^2-d[j]*t2-f[j]*
(t2-7))/(d[j]*t2+e[j]+f[j]*(t2-7))^2)
       fc4[j]<- sum(ps[, j]/(d[j]*t1+e[j])^2)+sum(pr[, j]/(d[j]*t2+e[j]+f[j]*
(t2-7))^2)
       e[j]<- fc3[j]/fc4[j]
       f[j]<- sum(pr[, j]*(t2-7)*((jhi_x(h,l,x2,t2)-a[j]*t2-b[j]-c[j]*(t2-7))^2-
d[j]*t2-e[j])/(d[j]*t2+e[j]+f[j]*(t2-7))^2)/sum(pr[,j]*(t2-7)^2/(d[j]*t2+e[j]+
f[j]*(t2-7))^2)
     }

   fun_h <- function(hh){
     w11<- -sum((ps[,1]*(jhi_x(hh,l,x1,t1)-a[1]*t1-b[1])/(d[1]*t1+e[1])+ps[,2]*
(jhi_x(hh,l,x1,t1)-a[2]*t1-b[2])/(d[2]*t1+e[2]))*lhi_h(hh,l,x1,t1))
     w12<--sum((pr[,1]*(jhi_x(hh,l,x2,t2)-a[1]*t2-b[1]-c[1]*(t2-7))/(d[1]*
t2+e[1]+f[1]*(t2-7))+pr[,2]*(jhi_x(hh,l,x2,t2)-a[2]*t2-b[2]-c[2]*(t2-7))/
(d[2]*t2+e[2]+f[2]*(t2-7)))*lhi_h(hh,l,x2,t2))
     w13<-   sum(t1*Aa_f(x1))+sum(t2*Aa_f(x2))
```

```
    w<- w11+w12+w13
    return(w)
    }
    h <- uniroot(fun_h,c(-0.00001,0.3))$root
    fun_h(-0.0000001);fun_h(0.3)
    error <-   max(abs(a_s- a),abs(b_s-b),abs(c_s-c),abs(d_s-d),
              abs(e_s-e),abs(f_s-f),abs(h_s-h))#,abs(l_s-l))#
    if(error< epsilon)
    {
      break
    print(k)
      }
    k <- k+1
  }
  return (list(au = a,bu =b,cu= c, du =d, eu =e,fu =f,hu =h,lu=l,
          k=k, prob = probs,err=error))#,er0=err1,i=i,
}
```

2. 混合动态模型 II 的模拟程序

```
gam <- function(x1,x2,t1,t2,m1,m2,m3,m4,m5,m6,m7,m8,probs0,it_max=1000)
{
  num <- length(m1)
  epsilon <- 1e-4
  probs<- probs0;#x1= pp1;x2=pp2,probs1
  m= 0.05;
  q= 0.3
  a<- m1
  b<- m2
  c<- m3
```

```
d<- m4
e<- m5
f<- m6
h<- m7
l<- m8
k=1;i=1
kk=1;tol=1e-4
n1 <- length(x1)
n2 <- length(x2)
while(k<=it_max){
  ps <- matrix(0, ncol = num, nrow = n1)
  pr <- matrix(0, ncol = num, nrow = n2)
  for(j in seq(num))
  {   #j=2
    ps[,j] <- probs[j]*(dnorm(jhi_x(m,q,x1,t1),mean=a[j]*t1+b[j],sd=sqrt(e[j]*t1+f[j])))*dhi_x(m,q,x1,t1)
  }
  ps <- ps / rowSums(ps)
  
  for(j in seq(num))
  {
    pr[,j] <- probs[j]*(dnorm(jhi_x(m,q,x2,t2),mean=c[j]*t2+d[j],sd=sqrt(h[j]*t2+l[j])))*dhi_x(m,q,x2,t2)
  }
  pr <- pr / rowSums(pr)
  a_s <- a
  b_s <- b
  c_s <- c
```

```
d_s <- d
e_s <- e
f_s <- f
h_s <- h
l_s <- l; m_s <- m
h_s <- h; q_s <- q
for(j in seq(num))
{
a[j]<- sum(ps[,j]*t1*(jhi_x(m,q,x1,t1)-b[j])/(e[j]*t1+f[j]))/sum(ps[,j]*t1^2/(e[j]*t1+f[j]))
b[j]<- sum(ps[,j]*(jhi_x(m,q,x1,t1)-a[j]*t1)/(e[j]*t1+f[j]))/sum(ps[,j]/(e[j]*t1+f[j]))
c[j]<- sum(pr[,j]*t2*(jhi_x(m,q,x2,t2)-d[j])/(h[j]*t2+l[j]))/sum(pr[,j]*t2^2/(h[j]*t2+l[j]))
d[j]<- sum(pr[,j]*(jhi_x(m,q,x2,t2)-c[j]*t2)/(h[j]*t2+l[j]))/sum(pr[,j]/(h[j]*t2+l[j]))
#probs[j] <- mean(ps[, j])
}
for (j in 1:2) {
e[j]<- sum(ps[,j]*t1*((jhi_x(m,q,x1,t1)-a[j]*t1-b[j])^2-f[j])/(e[j]*t1+f[j])^2)/sum(ps[,j]*t1^2/(e[j]*t1+f[j])^2)
f[j]<- sum(ps[,j]*((jhi_x(m,q,x1,t1)-a[j]*t1-b[j])^2-e[j]*t1)/(e[j]*t1+f[j])^2)/sum(ps[,j]/(e[j]*t1+f[j])^2)
h[j]<- sum(pr[,j]*t2*((jhi_x(m,q,x2,t2)-c[j]*t2-d[j])^2-l[j])/(h[j]*t2+l[j])^2)/sum(pr[,j]*t2^2/(h[j]*t2+l[j])^2)
l[j]<- sum(pr[,j]*((jhi_x(m,q,x2,t2)-c[j]*t2-d[j])^2-h[j]*t2)/(h[j]*t2+l[j])^2)/sum(pr[,j]/(h[j]*t2+l[j])^2)
}
```

```r
fun_q <- function(qq){
  v1<- -sum((ps[,1]*(jhi_x(m,qq,x1,t1)-a[1]*t1-b[1])/(e[1]*t1+f[1])+
ps[,2]*(jhi_x(m,qq,x1,t1)-a[2]*t1-b[2])/(e[2]*t1+f[2]))*lhi_h(m,qq,x1,t1))
  v2<- -sum((pr[,1]*(jhi_x(m,qq,x2,t2)-c[1]*t2-d[1])/(h[1]*t2+l[1])+pr[,2]*
(jhi_x(m,qq,x2,t2)-c[2]*t2-d[2])/(h[2]*t2+l[2]))*lhi_h(m,qq,x2,t2))
  v3<-   sum(Aa_f(x1))+sum(Aa_f(x2))
  v<- v1+v2+v3
  return(v)
  }
qq<-    uniroot(fun_q,c(-0.5,3))$root
fun_m <- function(mm){
  w1<- -sum((ps[,1]*(jhi_x(mm,q,x1,t1)-a[1]*t1-b[1])/(e[1]*t1+f[1])+
ps[,2]*(jhi_x(mm,q,x1,t1)-a[2]*t1-b[2])/(e[2]*t1+f[2]))*lhi_h(mm,q,x1,t1))
  w2<- -sum((pr[,1]*(jhi_x(mm,q,x2,t2)-c[1]*t2-d[1])/(h[1]*t2+l[1])+
pr[,2]*(jhi_x(mm,q,x2,t2)-c[2]*t2-d[2])/(h[2]*t2+l[2]))*lhi_h(mm,q,x2,t2))
  w3<-   sum(t1*Aa_f(x1))+sum(t2*Aa_f(x2))
  w<- w1+w2+w3
  return(w)
  }
m<- uniroot(fun_m,c(-0.095,1.5))$root
fun_m(-0.035);fun_m(0.15)
error  <-    max(abs(a_s- a),abs(b_s-b),abs(c_s-c),abs(d_s-d),abs(e_s-e),
abs(f_s-f),
                 abs(m_s-m),abs(h_s-h),abs(l_s-l))#,abs(q_s-q))#
if(error< epsilon)
{
  break
  print(k)
```

```
    }
    k <- k+1
  }
  return (list(au=a,bu=b,cu=c,du=d,eu=e,fu=f,hu =h,lu=l,mu=m,qu=q,
               k=k, prob1 = probs,err=error))#,er0=err1,i=i,
}
```

第 5 章主要程序代码

```
library(mcmc);library(DIRECT);library(GIGrvg);library(IGG);library(quantreg)
rmse<- function(y,y1){
    (sum((y-y1)^2)/length(y))^(0.5)
}
fam<- function(Data,prob_c,bt_c1,bt_c2,v_c,sb_c,tau=0.25,xh_m=10000)
{
  beta_z1<- matrix(0,ncol=4,nrow=xh_m)
  beta_z2<- matrix(0,ncol=4,nrow=xh_m)
  sigm_z<-   matrix(0,ncol=2,nrow=xh_m)
  pai_z<-    matrix(0,ncol=2,nrow=xh_m)
  prob<- prob_c
  bt1<- bt_c1;
  bt2<- bt_c2;
  v<- v_c;
  sigm<- sb_c
  a=1;
  I<- diag(4);B0=100*I;BT0= c(0,0,0,0)
  n0=0.01; b0=0.01
  ks1= (1-tau*2)/(tau*(1-tau));ks2= 2/(tau*(1-tau))
```

```r
tes1<-c(); tes2<-c()
Data=Data2
for(ii in 1:xh_m){
  ps <- matrix(0,ncol=2,nrow=n)
  mu1<- bt1[1]*Data[,2]+bt1[2]*Data[,3]+bt1[3]*Data[,4]+bt1[4]*Data[,5]+ks1*v
  mu2<- bt2[1]*Data[,2]+bt2[2]*Data[,3]+bt2[3]*Data[,4]+bt2[4]*Data[,5]+ks1*v
  ps[,1]<- prob[1]*dnorm(Data[,1],mean=mu1,sd=sqrt(ks2*sigm[1]*v))*dexp(v,1/sigm[1])
  ps[,2]<- prob[2]*dnorm(Data[,1],mean=mu2,sd=sqrt(ks2*sigm[2]*v))*dexp(v,1/sigm[2])
  rr<- ps/rowSums(ps);rr[,1]+rr[,2]
  r1<- rr[,1];r1
  z1<-c();
  for (i in 1:n) {
    zz1<- rbinom(1,1,r1[i])
    z1<-  rbind(z1,zz1)
  }
  
  n1<- sum(z1);n2=n-n1; n1;n2
  data1<- matrix(0,ncol=5,nrow=n1)
  data2<- matrix(0,ncol=5,nrow=n2)
  data1<- Data[which(z1==1),]
  data2<- Data[which(z1==0),]
  
  v1<- v[which(z1==1)]; v2<- v[which(z1==0)]
  length(v1)                                    #检查
```

prob<- rDirichlet(1,c(n1+a,n2+a))

B11<- (data1[,2]/v1)%*%data1[,2]; B12<- (data1[,2]/v1)%*%data1[,3]; B13<- (data1[,2]/v1)%*%data1[,4];B14<- (data1[,2]/v1)%*%data1[,5];

B21<- (data1[,3]/v1)%*%data1[,2]; B22<- (data1[,3]/v1)%*%data1[,3]; B23<- (data1[,3]/v1)%*%data1[,4];B24<- (data1[,3]/v1)%*%data1[,5];

B31<- (data1[,4]/v1)%*%data1[,2]; B32<- (data1[,4]/v1)%*%data1[,3]; B33<- (data1[,4]/v1)%*%data1[,4];B34<- (data1[,4]/v1)%*%data1[,5];

B41<- (data1[,5]/v1)%*%data1[,2]; B42<- (data1[,5]/v1)%*%data1[,3]; B43<- (data1[,5]/v1)%*%data1[,4];B44<- (data1[,5]/v1)%*%data1[,5];

BPn<- array(c(B11,B12,B13,B14,B21,B22,B23,B24,B31,B32,B33,B34,B41, B42,B43,B44),c(4,4))/(ks2*sigm[1])+solve(B0);BPn

BP<-   solve(BPn);BP

T1<- sum(data1[,2]*(data1[,1]-ks1*v1)/v1);

T2<- sum(data1[,3]*(data1[,1]-ks1*v1)/v1);

T3<- sum(data1[,4]*(data1[,1]-ks1*v1)/v1);

T4<- sum(data1[,5]*(data1[,1]-ks1*v1)/v1);

BT<-   BP%*%(c(T1/(ks2*sigm[1]),T2/(ks2*sigm[1]),T3/(ks2*sigm[1]), T4/(ks2*sigm[1]))+solve(B0)%*%BT0)

Bt_1<- mvrnorm(1,BT,BP)

b11<- (data2[,2]/v2)%*%data2[,2]; b12<- (data2[,2]/v2)%*%data2[,3]; b13<- (data2[,2]/v2)%*%data2[,4];b14<- (data2[,2]/v2)%*%data2[,5];

b21<- (data2[,3]/v2)%*%data2[,2]; b22<- (data2[,3]/v2)%*%data2[,3]; b23<- (data2[,3]/v2)%*%data2[,4];b24<- (data2[,3]/v2)%*%data2[,5];

b31<- (data2[,4]/v2)%*%data2[,2]; b32<- (data2[,4]/v2)%*%data2[,3]; b33<- (data2[,4]/v2)%*%data2[,4];b34<- (data2[,4]/v2)%*%data2[,5];

b41<- (data2[,5]/v2)%*%data2[,2]; b42<- (data2[,5]/v2)%*%data2[,3];

```
b43<- (data2[,5]/v2)%*%data2[,4];b44<- (data2[,5]/v2)%*%data2[,5];
  bPn<- array(c(b11,b12,b13,b14,b21,b22,b23,b24,b31,b32,b33,b34,b41,b42,
b43,b44),c(4,4))/(ks2*sigm[2])+solve(B0)
  bP<-   solve(bPn);bP   #协方差阵&&&


  t1<-   sum(data2[,2]*(data2[,1]-ks1*v2)/v2);
  t2<-   sum(data2[,3]*(data2[,1]-ks1*v2)/v2);
  t3<-   sum(data2[,4]*(data2[,1]-ks1*v2)/v2);
  t4<-   sum(data2[,5]*(data2[,1]-ks1*v2)/v2);
  bT<-   bP%*%(c(t1/(ks2*sigm[2]),t2/(ks2*sigm[2]),t3/(ks2*sigm[2]),t4/
(ks2*sigm[2]))+solve(B0)%*%BT0)
  Bt_2<- mvrnorm(1,bT,bP);Bt_2


  v11<- c()
  w1<-  (data1[,1]-Bt_1[1]*data1[,2]-Bt_1[2]*data1[,3]-Bt_1[3]*data1[,4]-
Bt_1[4]*data1[,5])^2/(ks2*sigm[1])
   o1<- 2/sigm[1]+ks1^2/(ks2*sigm[1])
     for (k in 1:n1) {
     w11<- w1[k]
     vv1<- rgig(1,0.5,w11,o1)
     v11<- rbind(v11,vv1)
   }
  v22<- c()
  w2<-  (data2[,1]-Bt_2[1]*data2[,2]-Bt_2[2]*data2[,3]-Bt_2[3]*data2[,4]-
Bt_2[4]*data2[,5])^2/(ks2*sigm[2])
   o2<- 2/sigm[2]+ks1^2/(ks2*sigm[2])
    for (kk in 1:n2) {
     w22<- w2[kk]
```

```
    vv2<- rgig(1,0.5,w22,o2)
    v22<-rbind(v22,vv2)
  }
    length(v22);length(v11)#    检验


    cs1<- (3*n1+n0)/2
    cs2<-  (b0+2*sum(v11)+sum((data1[,1]-Bt_1[1]*data1[,2]-Bt_1[2]*data1[,3]-Bt_1[3]*data1[,4]-Bt_1[4]*data1[,5]-ks1*v11)^2/(ks2*v11)))/2
    sig1<- rigamma(1,cs1,cs2)
    cs3<- (3*n2+n0)/2
    cs4<-  (b0+2*sum(v22)+sum((data2[,1]-Bt_2[1]*data2[,2]-Bt_2[2]*data2[,3]-Bt_2[3]*data2[,4]-Bt_2[4]*data2[,5]-ks1*v22)^2/(ks2*v22)))/2
    sig2<- rigamma(1,cs3,cs4)
  bizh<-   Bt_1[1]-Bt_2[1]
    if( bizh > 0){
      bt_z <- Bt_1
      Bt_1 <- Bt_2
      Bt_2 <- bt_z
      sm_z <- sig1
      sig1 <- sig2
      sig2 <- sm_z
      pr_z1 <- prob[1]
      pr_z2 <- prob[2]
      prob_z<-   c(pr_z2,pr_z1 )
    }else{
  Bt_1 <- Bt_1
      Bt_2 <- Bt_2
      sig1 <- sig1
```

```
      sig2 <- sig2
      pr_z1 <- prob[1]
      pr_z2 <- prob[2]
      prob_z<-   c(pr_z1,pr_z2 )
    }
   Data3 <- matrix(0,n,6);
    Data3[,1]<- c(data1[,1],data2[,1]); Data3[,2]<- c(data1[,2],data2[,2]);
    Data3[,3]<- c(data1[,3],data2[,3]); Data3[,4]<- c(data1[,4],data2[,4]);
    Data3[,5]<- c(data1[,5],data2[,5]); Data3[,6]<- c(v11,v22)
    Data<- Data3[sample(nrow(Data3)),]
    v<-   Data[,6]

    bt1<- Bt_1;bt2<- Bt_2;
    sigm<- c(sig1,sig2)
    prob<- prob_z
    beta_z1[ii,]<- bt1;beta_z2[ii,]<- bt2
    sigm_z[ii,]<- sigm;   pai_z[ii,]<- prob
 }
      return(list(beta_n1=beta_z1,beta_n2=beta_z2,sigm_u=sigm_z,
pai_u=pai_z,t1=tes1,t2= tes2)
```